W0012462

Politische Erziehung

Bisher veröffentlicht:

Elin-Birgit Berndt u. a.
Erziehung der Erzieher: Das Bremer Reformmodell
Ein Lehrstück zur Bildungspolitik [6782]

Wendula Dahle
Deutschunterricht und Arbeitswelt:
Modelle kritischen Lernens
Materialien für Lehrer und Schüler [6785]

Michael Masuch
Politische Ökonomie der Ausbildung
Lernarbeit und Lohnarbeit im Kapitalismus [6813]

Heiner Boehncke (Hg.)
«Vorwärts und nicht vergessen». Ein Lesebuch
Klassenkämpfe in der Weimarer Republik [6805]

Göttinger Kollektiv
Lehrerausbildung durch Projektstudium
Erfahrungen von Lehrenden und Lernenden [6799]

Heiner Boehncke / Jürgen Humburg (Hg.)
Wer verändert die Schule?
Schulkämpfe in Italien [6823]

In Vorbereitung:

Johannes Beck
Lernen in der Klassenschule
Untersuchungen für die Praxis

Barbara Busch
Bildungsalternativen für die Arbeiterjugend
Materialien und Vorschläge

**Analysen, Modelle, Materialien
für Schüler, Lehrlinge, Studenten, Lehrer**

Erziehung und Schule

Bisher veröffentlicht:

Ivan Illich
Schulen helfen nicht. Über das mythenbildende Ritual der
Industriegesellschaft. Einleitung von Erich Fromm [6778]

Initiativgruppe Solingen
Schule ohne Klassenschranken
Entwurf einer Schulkooperative [6724]

Mosse Jørgensen
Schuldemokratie – keine Utopie
Das Versuchsgymnasium Oslo [6802]

Everett Reimer
Schafft die Schulen ab!
Befreiung aus der Lernmaschine [6795]

George B. Leonard
Erziehung durch Faszination
Anschlag auf die ordentliche Schule [6809]

Selma Fraiberg
Die magischen Jahre in der Persönlichkeitsentwicklung
des Vorschulkindes
Psychoanalytische Erziehungsberatung [6794]

Autorengruppe ASP/MV
Abenteuerspielplatz – Wo verbieten verboten ist
Experiment und Erfahrung, Berlin Märkisches Viertel [6814]

Jakob R. Schmid
Freiheitspädagogik. Schulreform und Schulrevolution
in Deutschland 1919–33 [6817]

Ivan Illich
Entschulung der Gesellschaft
Entwurf eines demokratischen Erziehungssystems [6828]

In Vorbereitung:

Paolo Freire
Pädagogik der Unterdrückten
Bildung als Praxis der Freiheit [6830]

Modelle emanzipierter Erziehungspraxis

Menschen werden nicht erst in der Fabrik zu Arbeitern. Arbeiter werden in der Familie und in der Schule «gemacht», sie erwerben dort schon psychische Dispositionen, die auf Industriearbeit vorbereiten. Ihre Anpassung an oft unmenschliche Arbeitsverhältnisse bezahlen die Arbeiter mit seelischer Verelendung. Extreme Formen der psychischen Schäden, die den Arbeiter erst zur Arbeit qualifizieren, werden von der psychiatrischen Forschung als Symptome der Schizophrenie interpretiert.

Wer die identitätszerstörenden Bedingungen am Arbeitsplatz, in der Familie, der Schule durch politisches Handeln verändern will, kann auf therapeutische Erfahrungen und sozialisationstheoretische Einsichten nicht verzichten. Die kollektive Emanzipation von bedrückenden Verhältnissen kann rationaler und damit wirksamer gestaltet werden, wenn sie Erfahrungen mit Versuchen der individuellen Emanzipation in der Therapie uminterpretiert in sich aufnimmt.

Dieses Buch will daher die Analyse des «subjektiven Faktors» im Rahmen der materialistischen Theorie der Gesellschaft vorantreiben; es will klären helfen, wie sich gesellschaftliche Verhältnisse in den Köpfen der Menschen reproduzieren. Zugleich will es dazu beitragen, die verengten Horizonte einer «fortschrittlichen» Psychiatrie aufzubrechen, die sich ihrer Verstrickung in kapitalistische Verhältnisse nicht oder nicht zureichend bewußt ist.

Gerhard Vinnai, geboren 1940 in Stuttgart, ist Professor für Sozialpsychologie an der Universität Bremen. Studium der Soziologie und Psychologie in Frankfurt; Mitarbeiter der Arbeitsgruppe für vergleichende Psychopathologie an der Medizinischen Hochschule Hannover. Veröffentlichungen: Fußballsport als Ideologie. Frankfurt am Main 1970; Sport in der Klassengesellschaft. Frankfurt am Main 1972 (Herausgeber); Buchartikel, Zeitschriftenaufsätze.

Gerhard Vinnai

Sozialpsychologie der Arbeiterklasse

Identitätszerstörung im Erziehungsprozeß

Rowohlt

Die mit dem Aufdruck «Politische Erziehung» versehenen
Bände veröffentlichen im Rahmen des rororo-Sachbuch-Programms
für Schüler, Lehrlinge, Studenten, Sozialarbeiter und Lehrer:

● Projektberichte aus Schul-, Hochschul-, Stadtteil-, Betriebs-
und Sozialarbeit,
Berichte und Analysen wichtiger Erziehungskonzeptionen,
auch aus anderen Ländern,
Erfahrungen und Perspektiven der Organisation aller
im Ausbildungsbereich Tätigen;

● Vorschläge, Modelle und Materialien für eine veränderte
Praxis in den genannten Bereichen, insbesondere Vorschläge zum Unterricht für Lehrer und Schüler;

● Untersuchungen des Zusammenhangs von Produktion,
Ausbildung und Bewußtseinsbildung, die Voraussetzungen
sind für eine politische Erziehung.

Herausgeber: Johannes Beck, Heiner Boehncke, Gerhard Vinnai

ERSTAUSGABE

1.–20. Tausend September 1973
21.–25. Tausend Juni 1975

Veröffentlicht im Rowohlt Taschenbuch Verlag GmbH,
Reinbek bei Hamburg, September 1973
Umschlagentwurf Jürgen Wulff
Alle Rechte vorbehalten
© Rowohlt Taschenbuch Verlag GmbH, Reinbek bei Hamburg, 1973
Satz Aldus (Linofilm-Super-Quick)
Gesamtherstellung Clausen & Bosse, Leck/Schleswig
Printed in Germany
480-ISBN 3 499 16812 X

Inhalt

Einleitung 9

Schizophrenie und Familie 14

Die Misere der Arbeiterfamilie 28

Familiärer Terrorzusammenhang und
gesamtgesellschaftliche Irrationalität 49

Sozialisation als Produktion der
Ware Arbeitskraft 74

Zur Psychopathologie des proletarischen
Sozialcharakters 90

Therapie und politische Praxis 128

G. und der bürgerlichen Psychiatrie
In Abneigung

Einleitung

Die Analyse des «subjektiven Faktors» im Rahmen der materialistischen Theorie der Gesellschaft ist bisher nicht zureichend gelungen. Die Frage, wie sich gesellschaftliche Verhältnisse, über Bedürfnisdispositionen vermittelt, in den Köpfen der Menschen reproduzieren, bedarf noch der theoretischen Durchdringung. Auf den folgenden Seiten soll versucht werden, anzudeuten, wie Befunde der bürgerlichen Psychiatrie in den Interpretationsrahmen der Kritik der politischen Ökonomie integriert werden können, um der Analyse der Subjektivität proletarischer Individuen dienlich zu sein. Die vorliegende Arbeit versucht die marxistische Ökonomiekritik durch sozialisationstheoretische Einsichten aus dem Bereich der Psychopathologie zu bereichern; Ergebnisse der interaktionistisch und psychoanalytisch orientierten Schizophrenieforschung sollen im Horizont der marxistischen Kritik kapitalistischer Verhältnisse interpretiert werden. Die Analyse geht von der Einsicht aus, daß die «menschliche Natur» des Arbeiters nicht biologisch gegeben ist, sondern vom Zeitpunkt der Geburt an im Hinblick auf ihre Verwertung als Arbeitskraft produziert wird: Die Erziehung für die Arbeit in der Fabrik beginnt bereits mit der Deformation der Psyche des proletarischen Kleinkindes. Die Interaktionen in der Familie als gesellschaftlicher Sozialisationsagentur, denen die psychische Grundausstattung des Arbeiters entspringt, sind weitgehend im Hinblick auf die Produktion bzw. Reproduktion der Ware Arbeitskraft funktionalisiert, auf deren Anhängsel der Arbeiter als deren Träger von der kapitalistischen Ökonomie reduziert wird. Die mit der materiellen Verelendung des Arbeiters verbundene psychische Verelendung ist konstitutiv für die proletarische Arbeitskraft.

Die psychische Voraussetzung für die entfremdete Produktion besteht in dem, was in extremer Form als Schizophrenie erscheint: Der Wahn ist Teil der kapitalistischen Rationalität. Der Qualifikationsprozeß der Arbeitskraft ist für die Arbeiterklasse vorwiegend negativ zu bestimmen; die Ausbildung einer beschädigten Identität, der dem Einzelnen permanent auferlegte Zwang, eine organisierte Unmündigkeit hinnehmen zu müssen, die ihn zu regressiven Verhaltensweisen zwingt, macht den entscheidenden Aspekt proletarischer Sozialisation aus.

Der Text geht von der Hypothese aus, daß bestimmte Formen dessen, was die Psychiatrie als Schizophrenie bezeichnet, als Extremvariante des proletarischen Sozialcharakters begriffen werden können. Die empirisch belegte Tatsache, daß schizophrene Erkrankungen für die Arbeiterklasse, speziell für deren untere Schichten, typisch sind,[1] liefert einen ersten Hin-

1 Vgl. hierzu z. B. Hollingshead und C. Redlich: Social Class and Mental Illness. New York 1958, oder H. Berndt: Zur Soziogenese psychischer Erkrankungen. In: Soziale Welt 19, 1968.

weis auf die Legitimität eines derartigen Ansatzes. Sozial bedingte, von der Psychiatrie als krankhaft interpretierte psychische Dispositionen sind sinnvoll nur zu begreifen, wenn man sie als Extremvariante der Pathologie des Normalen unter irrationalen gesellschaftlichen Verhältnissen begreift. Die Analyse schwerer seelischer Defekte setzt ein Wissen über die seelischen Verstümmelungen voraus, mit denen eine gelungenere Anpassung ans Bestehende bezahlt wird. Umgekehrt wirft die Einsicht in das Wesen extremer seelischer Störungen erst Licht auf als normal deklarierte seelische Verkrüppelungen. Einen Beleg dafür, daß das Verhältnis von Pathologie und Normalität in dieser Weise begriffen werden muß, verschafft die Analyse der Beziehung des psychisch Kranken zum Psychiater, als dem Repräsentanten der Normalität. Das rationale Verhalten des Psychiaters ist an sinnverstehende Anstrengungen geknüpft. Um die psychischen Störungen des Patienten zu durchschauen, muß der Psychiater versuchen, subjektiv nachzuvollziehen, was im Patienten vorgeht; er muß versuchen zu verstehen, welchen Sinn seine Symptome haben. Das bedeutet, daß die eigenen psychischen Defekte auf den Patienten projiziert werden und diese Projektionen dann daraufhin überprüft werden, ob sie die Realität der seelischen Erkrankung treffen. In der Sprache der Psychoanalyse werden die infantilen Persönlichkeitsanteile des Analytikers auf den Patienten übertragen und diese Übertragungen dann vom Analytiker einer kritischen Prüfung unterzogen. Derartige Prozeduren setzen voraus, daß das Verhältnis Psychiater–Patient nicht simpel als Beziehung eines Gesunden zu einem Kranken verstanden wird, sondern daß davon ausgegangen wird, daß sich ein seelisch weniger Beschädigter mit einem stärker Beschädigten auseinandersetzt: Eine aufgeklärte Psychiatrie setzt die Psychiatrie des Psychiaters voraus.

Was die Psychiatrie als Schizophrenie klassifiziert, stellt eine extreme Variante beschädigter Identität dar, die bei allen Mitgliedern der bestehenden Gesellschaft in Ansätzen anzutreffen ist. Die Symptome des Psychotikers erscheinen rudimentär auch bei «normalen» Individuen; als Kontaktunfähigkeit, Autoritätsfixierung, Realitätsflucht, zwanghaft falsches Bewußtsein, Genußunfähigkeit oder erstarrte Verhaltensrituale. (Daß quantitative Differenzen dabei in qualitative umschlagen, soll durch diese Feststellung nicht bestritten werden.) Ein latent kollektiv vorhandenes pathologisches Potential, tritt beim Schizophrenen lediglich offener zutage. Die Ausgrenzung der «Irren» dient den übrigen Mitgliedern der Gesellschaft dazu, ihr eigenes Irresein projektiv abzuwehren. Die Diskriminierung des «Verrückten» dient der Verhüllung der Verrücktheit konformer Verhaltensweisen und hilft den Wunsch niederzuhalten, wie dieser das von der etablierten Herrschaft auferlegte Realitätsprinzip abzustreifen. Je mehr seelische Deformationen eine Gesellschaftsordnung hervorbringt, desto mehr bedarf sie der Ausmerzung von Charakteren, die diese offen repräsentieren: Zum faschistischen Wahn gehört notwendig die

Euthanasie, die Liquidierung seelisch Kranker als «lebensunwertes Leben». Wenn ein gesellschaftlich produziertes regressives Potential das herrschende Realitätsprinzip infrage zu stellen droht, reagieren die Agenten des Bestehenden, nicht zuletzt diejenigen in den psychiatrischen Institutionen, mit abschreckenden Stigmatisierungsstrategien, die diejenigen, die das gesellschaftlich Geforderte nicht mehr zu leisten vermögen, so zurichten, daß sie den Karikaturen ähneln, die man für sie vorgesehen hat. Die Realität der Abweichung des Schizophrenen ist zugleich bloßer Schein, der von denen produziert wird, die, wenn sie nicht noch mehr unter die Räder der herrschenden Vernunft geraten wollen, gezwungen sind, sich selbst und anderen gegenüber zu verschleiern, wie sehr sie selber die Zeichen schwerer seelischer Beschädigung tragen.

In einer Gesellschaft, die nicht von einer aufgeklärten, demokratischen Vernunft, sondern von blinden ökonomischen Zwangsgesetzen regiert wird, muß eine Analyse der Subjektivität weitgehend eine Psychologie des Unbewußten sein.[2] Diese hat zu den tiefersitzenden psychischen Dispositionen vorzustoßen, mittels derer die entfremdete Ökonomie die Menschen bewußtlos gefangen hält. Keineswegs lediglich durch falsches Bewußtsein, sondern durch eine psychische Gesamtstruktur, also auch durch pervertierte Bedürfnisse, durch eine bestimmte Triebökonomie, sind die Individuen subjektiv ans Bestehende gefesselt. «Daß die Menschen ökonomische Verhältnisse, über die ihre Kräfte und Bedürfnisse hinausgewachsen sind, aufrechterhalten, anstatt sie durch eine höhere und rationalere Organisationsform zu ersetzen, ist nur möglich, weil das Handeln numerisch bedeutender sozialer Schichten nicht durch die Erkenntnis, sondern durch eine das Bewußtsein verfälschende Triebmotorik bestimmt ist.»[3] Die gängigen Klassenbewußtseinsanalysen sind noch weitgehend idealistisch; sie haben die Beschränktheit der rationalistischen Anthropologie der bürgerlichen Aufklärung kaum hinter sich gelassen. Eine Analyse des Unbewußten der Massen wäre nur hinfällig, wenn die Menschen ihr Schicksal aufgrund eigener Einsichten bestimmen würden. Solange das Handeln der Menschen nicht durch vernünftige, autonome Entscheidungen geleitet wird, sondern einer wildgewordenen Ökonomie verfallen ist, ist es notwendig, aufzuhellen, wie sich diese mit dem notwendigen menschlichen Kitt versorgt, den eine nichthumanisierte innere Natur zur Verfügung stellt.

Der Begriff «Arbeiterklasse» bezeichnet im Rahmen dieser Arbeit das Industrieproletariat im traditionellen Sinn. Differenzierungen innerhalb dieser Gruppe werden nicht berücksichtigt. Daß die für die materialistische Theorie wesentliche historische Dimension kaum in die Analyse einbezogen wird, macht einen entscheidenden Mangel der Arbeit aus. Die

2 Vgl. hierzu M. Horkheimer: Geschichte und Psychologie. In: Zeitschrift für Sozialforschung. Leipzig 1932, S. 125 ff.
3 Ebd. S. 137.

Analyse trifft am ehesten den gegenwärtigen Zustand der politisch desorientierten an- und ungelernten Maschinenarbeiter in der Fabrik. Der Text nimmt geschlechtsspezifische Differenzen in den Lebensschicksalen nicht zureichend zur Kenntnis, er beschäftigt sich vorwiegend mit männlichen Mitgliedern der Arbeiterklasse. Die Analyse der Sozialisation des Kindes ist auf die Phase vor dem Schuleintritt beschränkt, die die Basis des proletarischen Charakters hervorbringt. Bis zu welchem Grad manche der im folgenden herangezogenen Forschungsergebnisse durch die Optik der bürgerlichen Wissenschaft verzerrt wurden und ob der Ertrag der Untersuchungen in den angelsächsischen Ländern auf bundesrepublikanische Verhältnisse ohne weiteres übertragen werden kann, hat eine kritische empirische Sozialforschung noch zu überprüfen.

Die Begriffe «Schizophrenie» und «Psychose» werden in der vorliegenden Arbeit sicherlich mitunter in einer für die etablierte Psychiatrie nicht akzeptablen Weise gebraucht. Das rührt daher, daß diese Begriffe im Horizont einer Theorie des gesellschaftlichen Ganzen einen veränderten Inhalt gewinnen. Mit dieser Feststellung soll nicht geleugnet werden, daß die seelische Verelendung in der Arbeiterklasse die Gestalt der Psychose, der Neurose, der Sucht, der Delinquenz oder anderer Formen der Dissozialität annehmen kann, ohne daß der Text, was notwendig wäre, diese Konfliktlösungsformen voneinander abgrenzt und zeigt, welche von ihnen wann gewählt wird. Der Begriff «Identitätszerstörung», der nach gängigem wissenschaftlichem Sprachgebrauch die Destruktion der Fähigkeit thematisiert, sich in wechselnden Situationen als identisches Selbst zu erfahren, wird im Text nicht selten in etwas fahrlässiger Weise benutzt. Er wird mitunter zur Bezeichnung von Prozessen psychischer Verkrüppelung verwandt, für die er nicht zureichend ist, weil er lediglich die Bewußtseinsebene thematisiert und damit idealistischen Verzerrungen Vorschub leistet (der Begriff ist auch deshalb irreführend, weil er die Zerstörung von etwas thematisiert, von dem im Text nachgewiesen wird, daß es unter den bestehenden gesellschaftlichen Verhältnissen gar nicht erst entstehen kann).

Bei dieser Arbeit handelt es sich um Vorüberlegungen zu einer materialistischen Psychologie, an der der Autor arbeitet. Die einzelnen Kapitel wurden zu verschiedenen Zeiten, auf einem verschiedenen Reflexionsstand, mit einem verschiedenen Anspruchsniveau formuliert; sie sind nicht zureichend in eine Gesamtkonzeption integriert. Die Arbeit hat den Charakter einer Vorarbeit für exaktere Analysen. Analogisierendes Denken, das durch die Konstitution der kapitalistischen Realität, die einem schlechten Identitätsprinzip verfallen ist, in gewisser Weise legitimiert ist, ersetzt noch teilweise die entfaltete Analyse. Die Notwendigkeit, von Befunden der bürgerlichen Forschung auszugehen, um eine empirisch gesicherte Basis zu haben, bringt einen schiefen Einstieg in die Thematik mit sich. Eine Analyse der Konstitution der Subjektivität in der bestehenden Gesellschaft hätte sinnvollerweise von einer differenzierten Analyse der kapitalistischen Ökonomie auszugehen und diese dann bis zur Durchdringung der sich wandelnden psychischen Strukturen voranzutreiben, die von dieser erzwungen werden. Der Band, der aufgrund beruflicher Verpflichtungen unter Zeitdruck abgeschlossen werden mußte, will in erster Linie Problemzonen einer derartigen Analyse aufzeigen.

Schizophrenie und Familie

Eine sozialwissenschaftlich orientierte Richtung der positivistischen angelsächsischen Schizophrenieforschung sucht Schizophrenie als Resultat
bestimmter Familienkonstellationen zu begreifen, denen das Kind während der primären Sozialisation ausgesetzt ist.[1] Mit Hilfe von rollentheoretischen, beziehungsweise interaktionistischen Interpretationsmustern
sucht sie Familienverhältnisse zu erfassen, die beim Kind die Disposition
zu einer späteren schizophrenen Erkrankung erzeugen. Der von dieser Forschung benutzte theoretische Bezugsrahmen erlaubt es nicht, den Terrorzusammenhang einer «schizophrenogenen» Familie zureichend wissen-
schaftlich zu durchdringen, die soziale Realität kann mit seiner Hilfe nur
in schiefer Perspektive dargestellt werden. Die Begrifflichkeit scheitert an
familiären und innerpsychischen Widersprüchlichkeiten, sie ist zu sehr
formalisiert, um dem Untersuchungsgegenstand wirklich angemessen zu
sein. Trotzdem liefern die vorliegenden Ergebnisse von empirischen
Untersuchungen Material, das die materialistische Theorie bereichern
kann; die Untersuchungen fördern Einsichten zutage, die sinnvolle wei-
terreichende Reflexionen anleiten können; sie stellen theoretischen Bemühungen eine wichtige empirische Abstützung zur Verfügung. Die folgende
Darstellung von Forschungsergebnissen verzichtet auf notwendige wis-
senschaftstheoretische Auseinandersetzungen, sie referiert die vorliegenden Texte weitgehend in ihrer fragwürdigen Sprache.

Die schizophrene Störung wird von den Autoren, deren Forschungsergebnisse im folgenden skizziert werden sollen, als Ausdruck der Verinnerlichung eines prekären familiären Rollensystems begriffen. «Die Fragmentierung der Erfahrung, die Identitätsdiffusion, die gestörten Wahr-
nehmungs- und Kommunikationsmöglichkeiten und bestimmte andere
Merkmale der Charakterstruktur des akut-reaktiven Schizophrenen entstammen in bedeutendem Maße aufgrund von Verinnerlichungsprozessen
den Wesenseigenschaften der familiären Sozialorganisation.»[2] Die unter
Verwendung des problematischen rollentheoretischen Instrumentariums
durchgeführten empirischen Untersuchungen haben einige, eng miteinander verbundene, strukturelle Defekte der «schizophrenogenen» Familie
aufgedeckt.

Die Rollenmuster, die die Interaktionen in der schizophrenogenen Familie
steuern, zeichnen sich durch eine extreme Starrheit aus. Die Familie stellt,

---

1 Vgl. hierzu: Bateson, Jackson u. a.: Schizophrenie und Familie. Frankfurt am
Main 1969 und H. Berndt: Zur Soziogenese psychiatrischer Erkrankungen. In:
Der Kranke in der modernen Gesellschaft, hg. von A. Mitscherlich u. a., Köln
1967, S. 454 ff.
2 Schizophrenie und Familie, a. a. O., S. 68.

Pseudogemeinschaft

wie Wynne und andere aufgezeigt haben, ein statisches, depersonalisie-
rendes, Autonomie verneinendes Sozialsystem dar, das von seinen Mitgliedern als eine Art archaisches Über-Ich erfahren wird, das ihre Individualität einengt oder gänzlich unterminiert. Die Familienrollen (Vater,
Mutter, Kind) sind stereotypisiert, komplexe wechselseitige Erwartungen
werden in simple Formeln gepreßt, die jede Spontaneität ersticken. Die
Starrheit der familiären Organisationsprinzipien bringt die massive Unterdrückung oder Eingrenzung von individuellen Interessen mit sich, die
das bestehende familiäre Gleichgewicht bedrohen. Die nicht selten heftigen Konflikte zwischen den Familienmitgliedern dürfen das versteinerte
Rollensystem nicht infrage stellen; Bedürfnisse müssen verdrängt werden, wenn sie sich nicht in die Gleise der eingefahrenen Interaktionsmuster zwingen lassen. Die Rollenmuster sind so organisiert, daß die Familienmitglieder gegenseitig ihre Identität destruieren müssen, um das
Funktionieren eines irrationalen Zwangszusammenhangs zu sichern: Die
Familie hat den Charakter einer repressiven «Pseudogemeinschaft»
(Wynne).

Da Abweichung vom vorgegebenen Rahmen nicht geduldet wird, ist
der Weg zu bedürfnisadäquaten Beziehungen unter den Familienmitgliedern verbaut: «Die pseudo-gemeinsame Beziehung enthält ein charakteri-
stisches Dilemma: Divergenz erscheint als Störung der Beziehung und
muß deshalb vermieden werden; vermeidet man aber Divergenzen, ist ein
Wachstum der Beziehung unmöglich.»[3] Der Versuch der Kinder, diese
starren Muster zu sprengen, stößt auf den massiven Widerstand der
Eltern. Wenn die Kinder sich aufzulehnen versuchen, wenn sie aus dem
repressiven Zwangszusammenhang ausbrechen wollen, demonstrieren
die Eltern ihre Macht, das verhindern zu können mit massiven oder subli-
men Mitteln. Es bestehen Abhängigkeitsverhältnisse, «deren hervorste-
chendstes Merkmal die Dichotomie von Allmacht und Hilflosigkeit ist».[4]
Die Abwehr von Modifikationen der familiären Konstellationen verhindert, so die rollentheoretisch orientierte Forschung, das Experimentieren
im Hinblick auf den Umgang mit Rollenzwängen. Das Kind kann nicht lernen, Distanz zu Rollen zu gewinnen, es kann nicht lernen, Rollenzwänge
seinen Bedürfnissen entsprechend zu modifizieren oder verschiedene Rollenanforderungen einer wenn auch fragwürdigen Identität entsprechend
zu integrieren. Eigenschaften wie Flexibilität und Phantasie, die notwendig sind, um sich veränderten Situationen entsprechend zu verhalten, können nicht entwickelt werden.

Der Zwangszusammenhang der schizophrenogenen Familie erzeugt
eine paradoxe Solidarität zwischen Eltern und Kindern. Die hochgradig
seelisch gestörten Eltern können ihr psychisches Überleben nur sichern,

3 Ebd. S. 49.
4 Ebd. S. 316.

indem sie die Psyche der Kinder verstümmeln; die Kinder, als Opfer, sind aufgrund der mit diesen Verstümmelungen einhergehenden Unmündigkeit zwanghaft an die Eltern fixiert. «Das Kind orientiert sich an der Realität des Stärkeren. In diesem Anpassungsschema ist das Kind in vielem Mutter für seine Mutter, ein Instrument, das sie benötigt, um ihren eigenen manifesten psychotischen Zusammenbruch zu verhindern.»[5]. Viele Psychiater haben eine geradezu fanatische Anhänglichkeit von präschizophrenen Kindern an ihre hochgradig gestörte Mutter festgestellt. Das Autoritätsgefälle zwischen Mutter und Kind und die beiderseitige emotionale Abhängigkeit können das erzwingen, was Searles als «das liebevolle Opfer des Kindes in Form seiner ganzen Individualität zum Wohle der Mutter»[6] beschreibt. Die Defekte des Kindes haben entscheidende funktionale Bedeutung für das labile psychische Gleichgewicht der Elternfiguren. «Symptome und Verhalten des Patienten, eingebettet in das soziale Feld der Familie, sind integrale Faktoren zur Aufrechterhaltung eines Status quo, der für die Gruppe funktional ist.»[7] Die Reifung des zukünftigen Patienten wird von seinen Eltern als Attentat auf die eigene prekäre Identität erlebt. Die Eltern setzen den Ablösungsbestrebungen des Kindes manifeste Gewalt oder die Erzeugung von selbstzerstörerischen Schuldgefühlen entgegen.

Die schizophrenogene Familie verhält sich als scheinbar selbstgenügsames Sozialsystem mit weitgehend geschlossenen Umgrenzungen gegenüber dem sozialen Umfeld. Die Familiengruppe ist isoliert, die sozialen Beziehungen zur Umwelt sind auf ein Minimum reduziert. Kontakte der Eltern mit Arbeitskollegen oder Nachbarn bestehen kaum; Freunde oder Bekannte sind selten vorhanden. Was für die Eltern gilt, gilt auch für die Kinder; sie sind von den Gleichaltrigen isoliert und werden ständig auf das Beziehungsnetz der Familie zurückgeworfen. Das potentiell schizophrene Kind kann sich deshalb den familiären Zwängen kaum entziehen; wie es seine Bedürfnisse organisieren muß, kann es einzig im Kontext mit seinem Platz im familiären Rollensystem ausmachen. «Diese Schwierigkeit des potentiell Schizophrenen, sich von der Rollenstruktur der Familie ausdrücklich abzugrenzen, bedeutet, daß die familiäre Rollenstruktur als allumfassend erfahren wird.»[8] Bedürfnisse und Erwartungen, die sich in der Kleinfamilie nicht befriedigen lassen, müssen tabuisiert werden. Im isolierten Familienverband mit seinen gestörten Kommunikationsweisen, Wahrnehmungsstrukturen und Realitätsinterpretationen kann sich das Kind keine Orientierungsmuster aneignen, die ihm helfen, sich außerhalb

5 Ebd. S. 311.
6 H. Searles: Positive Gefühle in der Beziehung zwischen dem Schizophrenen und seiner Mutter. In: Psyche XIV, 1960 S. 162.
7 Schizophrenie und Familie, S. 334.
8 Ebd. S. 57.

16

gespaltene eheliche Beziehungen

der Familie zurechtzufinden. Beim Verlassen der Familie muß das Kind den radikalen Bruch zwischen pathologischer familiärer Realitätsorientierung und außerfamiliären Realitätsanforderungen ertragen; es muß das Auseinanderklaffen von Realitätszwängen und den erlernten falschen Realitätsdeutungen verarbeiten, dem es nicht gewachsen ist. Ein Patient: «Ich hätte leicht in der Welt leben können, hätte sie sich so erwiesen, wie Mutter sie mir dargestellt hat. Aber als ich älter wurde, erkannte ich, daß die Welt anders ist, und ich brach zusammen.»[9]

Theodor Lidz und seine Mitarbeiter haben versucht, die Beziehungen der Eltern von Schizophrenen innerhalb des Interaktionssystems Familie zu erfassen. Das Verhalten des Elternpaares wird dabei nicht als aufsummiertes Verhalten von zwei Einzelpersonen interpretiert, sondern mit Hilfe eines gruppendynamischen Bezugsrahmens begriffen, der die Familie als soziales System erfaßt, in dem psychische Dispositionen und Verhaltensmuster von Familienmitgliedern ständig aufeinander bezogen sind. Bei allen von Lidz untersuchten Ehepaaren fanden sich schwere Störungen der ehelichen Beziehungen, den Ehepaaren gelang es nicht, sich auf positive Weise wechselseitig zu ergänzen. Es zeigten sich verfestigte Spaltungen (marital schism) oder Strukturverschiebungen (marital skew) in der Ehe, die das Familiengleichgewicht stets prekär erscheinen ließen.

Die gespaltenen ehelichen Beziehungen zeichnen sich durch ritualisierte Kampfsituationen aus, in denen jeder Partner den anderen zu zwingen sucht, sich den eigenen Erwartungen und Bedürfnissen zu unterwerfen. «Mann und Frau geben einander bei ihren Bedürfnissen keinen Rückhalt, die eheliche Wechselwirkung verstärkt ihre emotionalen Schwierigkeiten, nimmt ihnen jedes Gefühl von Lebenserfülltheit und artet in feindseliges Sich-Bekämpfen aus, bei dem beide Partner Verlierer sind.»[10] Die Interaktionen in Kampfehen bestehen weitgehend darin, auf stereotype Art Zwang und Widerstand gegen Zwang auszuüben, ohne Aussicht dadurch emanzipiertere Formen der Bedürfnisbefriedigung zu erreichen. Aufgrund der Unfähigkeit, zu den Gefühlen des Partners Zugang finden zu können, ergeben sich permanent Verständigungsschwierigkeiten. Da die Zuneigung des Partners fehlt, rivalisieren die Eltern um die Zuneigung der Kinder, um sich Ersatz zu verschaffen. Die Kinder sind gezwungen, eine eheliche Partnerrolle partiell zu übernehmen, was einen tendenziellen Abbau der Generationsschranke zur Konsequenz hat, die in der Kleinfamilie notwendig ist, um die Ablösung der Kinder von den Eltern zu ermöglichen. Um die Kinder für sich zu gewinnen, untergraben die Eltern gegenseitig ihr Ansehen bei diesen. Sie diffamieren sich gegenseitig, so daß es den Kindern unmöglich gemacht ist, einen Elternteil als Liebesobjekt oder

9 Ebd. S. 319.
10 Ebd. S. 120.

Identifikationsmodell zu wählen, ohne mit dem anderen in schwere Konflikte zu geraten. Die Eltern fallen als Träger stabiler primärer Liebesbeziehungen aus, sie produzieren sich widersprechende Identifikationszwänge, die nicht sinnvoll integriert werden können. Die Kinder sind gezwungen, sich potenzierende elterliche Schwächen zu introjizieren.

Bei männlich dominierten Kampfehen strebt der Mann in pathologischem Maße danach, seine «männliche» Übermacht durchzusetzen, meist als Reaktionsbildung auf seine ausgeprägten «feminin» abhängigen Regungen. Sein Charakter zeigt zwanghafte, paranoide Züge. Um seine unstillbaren narzißtischen Bedürfnisse zu befriedigen, sucht er die Frau zu zwingen, ihm zu Willen zu sein. Wenn sie ihm mit Mißachtung antwortet, gerät er in heftigen Zorn, weil er kaum in der Lage ist, narzißtische Kränkungen rational zu verarbeiten. Die Ehe ist durch chronisches Mißtrauen gekennzeichnet, das aus wechselseitigen Enttäuschungen resultiert, ein Mißtrauen, das sich beim Mann dadurch verschärft, daß seine Frau sein Ansehen bei den Kindern zu untergraben sucht. Obwohl die Frau sich gegen den Mann wehrt, beherrscht dieser die Szene, seine Rücksichtslosigkeit zwingt die Frau nachzugeben.

Bei weiblich dominierten Kampfehen beherrscht die Frau die Szene. Der Vater ist in der Familie ein Außenseiter, eine zweitrangige Figur neben der Mutter. Wenn er den Versuch unternimmt, sich auf tyrannische Art durchzusetzen, wird er von den anderen Familienmitgliedern überlistet. Als Familienmitglied ist der Vater weitgehend auf seine Rolle als Broterwerber reduziert. Die Frau verhält sich gegenüber dem Mann meist emotional kalt und distanziert, sie ist sexuell kaum ansprechbar. Ihre Beziehung zu den Kindern ist ebenso starr und unduldsam, oder sie bemüht sich – besonders bei Söhnen – intensiv um deren Zuneigung, mit dem Wunsch, unerfüllte erotische Bedürfnisse auf regressive Art zu befriedigen.

Wenn zwischen den Eltern der potentiell Schizophrenen die offenen Spaltungen der Kampfehen ausbleiben, wird das Familienleben durch Verschiebungen der Ehebeziehungen verzerrt. Die Ehe scheint nach außen hin einigermaßen intakt zu sein, was aber nur mit Hilfe ausgeprägter Verschleierungsstrategien in bezug auf Konfliktpotentiale erreicht wird. «Es fand sich eine beträchtliche ‹Maskierung› von potentiellem Konfliktstoff, wodurch eine unwirkliche Atmosphäre geschaffen wurde, in der alles, was gesagt und anerkannt wurde, verschieden war von dem, was tatsächlich gemeint oder getan wurde.»[11] Die Szene wird gewöhnlich von der Pathologie eines Partners beherrscht, der den anderen zu einem willenlosen Anhängsel seiner selbst degradiert, indem er ihn mit Erfolg dazu nötigt, sich ohne Widerstand seinen pathologischen narzißtischen Bedürfnissen zu beugen.

Die Spaltungen oder Strukturverschiebungen in ihrer Ehe bringen es

11 Ebd. S. 121.

mit sich, daß Vater und Mutter ihren Kindern kein sinnvolles Modell für geschlechtsspezifische Verhaltensmuster anbieten können, dessen Übernahme die Basis einer befriedigenden sexuellen Identität darstellen könnte. Das Kind findet weder ein gleichgeschlechtliches Elternteil, mit dem es sich identifizieren kann, noch ein gegengeschlechtliches Elternteil, das sich als Liebesobjekt auf dem Weg der Identifizierung mit dem anderen Elternteil bewähren könnte. Entweder versagt ein Elternteil völlig und überläßt seine Funktion dem Gatten, oder die Eltern bekämpfen sich mit Mitteln, die keinem von beiden erlauben, die Elternrolle wirksam auszufüllen.

Die Kleinfamilie gliedert sich in zwei Generationen. Um zu verhindern, daß die noch unreifen Kinder von den allgegenwärtigen, allmächtigen Erwachsenen zu sehr abhängig werden und zu wenig Energien für eine selbständige Entwicklung frei haben, muß zwischen ihnen und den Eltern eine Generationsschranke etabliert werden. Ihre Aufrechterhaltung verhindert, daß die Kinder an das gegengeschlechtliche Elternteil zu stark erotisch gebunden werden, was ihnen erlaubt, sich allmählich von der Familie abzulösen. Die Eltern von potentiell Schizophrenen durchbrechen die Generationsbarriere auf mancherlei Weise: Sie benutzen die Kinder zur Erfüllung von erotischen Bedürfnissen, die aufgrund der mißlungenen Beziehung zum Gatten unerfüllt bleiben, oder ein Elternteil verhält sich eher wie ein Kind als wie ein erwachsener Ehepartner und rivalisiert deshalb mit den Kindern um die Gunst des Gatten. Da die Eltern keine sich positiv ergänzenden psychischen Dispositionen aufweisen, da sie keine ausbalancierte Einheit darstellen, in der instrumentelle und expressive Verhaltensdimensionen koordiniert sind, erfüllen sie nicht die geschlechts- und generationsspezifischen Anforderungen, die erfüllt sein müssen, um den gekonnten Umgang mit Geschlechterrollen zu tradieren. Sie produzieren statt dessen bei ihren Kindern eine bei Schizophrenen häufig auftretende inzestiöse und homosexuelle Problematik. Eine sexuelle Identität, in der eine stabile Ich-Identität wesentlich wurzelt, kann von den Eltern nicht sozialisiert werden.

Die Rigidität, mit der die Eltern an den hochgradig repressiven, familiären Verkehrsformen festhalten, produziert bei ihnen eine permanente Beunruhigung in bezug auf möglichen Widerstand und drohende Abweichung. Diese ständige Beunruhigung forciert ihrerseits die Verhärtung der Verkehrsformen, weil die Abwehr der mit ihr verbundenen Ängste starre infantile Abwehrmechanismen verlangt. Der Zwang zur massiven Triebunterdrückung ist mit ausgeprägten Ängsten verbunden, die eine Kanalisierung verlangen, wenn Panik vermieden werden soll. Um die Stabilität des familiären Unterdrückungszusammenhangs gegenüber der Gefahr des Durchbruchs von verdrängten Bedürfnissen abzusichern, müssen bestimmte Abwehrstrategien installiert werden.

Sündenbock - Theorie

Wie Vogel und Bell aufgezeigt haben, benützen die pathogenen Familien Mechanismen der Sündenbockjagd zur Eindämmung übergroßer Ängste und Spannungen. Ausgeprägte offene und latente Konflikte zwischen den Eltern und zwischen Eltern und Kindern, die den Zusammenhalt der Familie ständig zu sprengen drohen, können in Grenzen gehalten werden, wenn ein Ventil für destruktive Regungen in Gestalt eines Sündenbocks gefunden wird, auf dessen Kosten sich eine falsche Solidarität etablieren läßt. Die Familie überläßt sich dem Abwehrmechanismus, ihre ungelösten Schwierigkeiten auf ein Kind als Opfer projizieren zu müssen. Ein Kind wird von Eltern und Geschwistern ausgesucht, das verdrängte unerwünschte Persönlichkeitsanteile verkörpern muß, die in die Identität der anderen Familienmitglieder nicht integriert werden können. Indem das schwächste Familienmitglied dazu benutzt wird, an ihm Frustrationen abzureagieren, erlaubt es, daß seine Eltern und Geschwister familiären und außerfamiliären Anforderungen leidlich Genüge tun können. Aus der Unfähigkeit, miteinander glücklich sein zu können, entsteht das Bedürfnis, ein wehrloses Opfer verrückt zu machen. Die Sündenbockstrategien beinhalten von Searles untersuchte «Techniken des Verrücktmachens». Es werden gleichzeitig oder kurz hintereinander bestimmte Regungen stimuliert und frustriert; es werden Botschaften mit kontradiktorischen Gehalten auf den verschiedenen Kommunikationsebenen übermittelt; es findet ständig ein plötzlicher Wechsel der «emotionalen Wellenlänge» statt. Unbewußte Motive dieser Verhaltensweisen sind nach Searles beispielsweise Todeswünsche, die aufgrund des Verbots der physischen Vernichtung als Drang zur psychischen Zerstörung wirksam werden, oder der Zwang, das eigene pathologische Potential externalisieren zu müssen.

Um die Stabilität des paradoxen Familiensystems zu verteidigen, führen die Eltern falsche Definitionen der Realität ein, die sie sich selbst und den Kindern aufzwingen. Sie produzieren starre vorgefaßte Interpretationsschemata für das Familienleben, durch die Spannungsquellen maskiert und verleugnet werden. Zur Verteidigung ihrer Autoritätsrollen, mit deren Hilfe sie ihre Ängste kanalisieren, um Konflikten auszuweichen, die sie nicht lösen können, greifen die Eltern zu Techniken, die Laing als «Mystifikation» bezeichnet. «Es wird unmöglich, zu erkennen, was wirklich erlebt oder getan wird oder was vor sich geht, und es wird unmöglich, die tatsächlichen Streitpunkte festzustellen und zu unterscheiden. Die Folge ist, daß richtige Auffassungen hinsichtlich dessen, was erlebt oder getan wird (Praxis) bzw. vor sich geht (Prozeß), durch falsche Auffassungen ersetzt und Scheinfragen als die tatsächlichen Streitobjekte ausgegeben werden.»[12] Die Opfer der Mystifikation geraten in einen Zustand der Konfusion, der von ihnen nicht notwendig als solcher empfunden wird. Die Mystifikation kann darauf zielen, die Austragung von Konflikten

12 Ebd. S. 275.

20

Mystifikation (Laing)

gänzlich zu vermeiden, meist besteht ihre Funktion vor allem darin, die Ursachen der aufgrund permanenter Versagung unvermeidbaren Konflikte zu verdecken. «Der Verschleierungseffekt der Mystifikation kann den Konflikt nicht verhindern, wenn er auch das, um was es geht, verbirgt.»[13] Die Konflikte können von den Mystifizierten nur so ausgetragen werden, daß der Status quo erhalten bleibt, daß den Konflikten ihre Sprengkraft genommen wird. Die repressiven Interaktionsrituale der Pseudogemeinschaft werden dadurch zementiert, daß die Eltern ihren Kindern glauben machen, ihre Bedürfnisse würden durch sie befriedigt, indem sie die unverstellte Bedürfnisartikulation des Kindes als unvernünftig, egoistisch oder hemmungslos denunzieren; die Existenz von subversiven emanzipatorischen Bedürfnissen wird zum Produkt einer wildgewordenen Phantasie umgedeutet.

Der Zwang zur Billigung der bestehenden Familienverhältnisse hat Verheimlichungsmechanismen zur Konsequenz, die sich in der Formel zusammenfassen lassen: «Was nicht zu billigen ist, wird geheimgehalten.»[14] Diese Zwangsmechanismen sollen verhindern, daß Divergenzen erkennbar werden, daß die schiefen Interpretationsmuster der familiären Realität zurecht gerückt werden. Das Familienklima ist durch eine spezifische Verlogenheit gekennzeichnet. Von jedem Mitglied der Familie wird erwartet, daß es das verheimlicht, was die repressiven, stereotypen Umgangsformen in Frage stellen könnte. Der Verheimlichungszwang bezieht sich in besonderem Maße auf Aktivitäten der Familienmitglieder außerhalb des Familienbereichs. Es ist z. B. typisch für eine von der Frau beherrschte Familie, «daß der Vater mit den anderen Familienmitgliedern zusammen so tut, als würden die Charaktereigenschaften, die durch seine Tüchtigkeit im Beruf an den Tag gebracht werden, gar nicht existieren».[15] Die Belastungen, die von außerhalb auf die Familie einwirken, werden tabuisiert. Derartige Tabuisierungsstrategien haben eine Verkümmerung von Ichleistungen zur Konsequenz; was nicht in die vorgefaßten Perzeptionsmuster paßt, muß abgespalten und von der Wahrnehmung ausgeschlossen werden.

Die Strategien zur Verteidigung pseudogemeinschaftlicher Familienverhältnisse untergraben die realitätsgerechte Strukturierung der Aufmerksamkeit und die Konstellierung von Sinnzusammenhängen. Die Organisation sinnvoller Erfahrungen und bedürfnisadäquater, zweckgerichteter Verhaltensmuster fällt einem Familienklima zum Opfer, das von Gefühlen der Leere und Sinnlosigkeit geprägt ist. Die Doppelbödigkeit der Gefühle und die Vagheit, mit der sie artikuliert werden, lassen konfuse Beziehungen entstehen, bei denen Nähe und Distanz sprunghaft wechseln. Die Familie liefert keinen Rahmen für die Entfaltung optimistischer

13 Ebd. S. 276.
14 Ebd. S. 62.
15 Ebd. S. 62.

Sprache

Lebenseinstellungen, ihre Mitglieder bezahlen ihre Anpassung an ein terroristisches statisches System mit seelischen Dispositionen, aus denen die Dimension der Zukunft getilgt ist.

Der familiäre Zwangzusammenhang wird, wie Lidz zu belegen versucht hat, durch die Zerstörung der sprachlichen Kompetenz seiner heranwachsenden Mitglieder gestützt. Die Familie erlaubt nicht, Erfahrungen realitätsadäquat sprachlich zu erfassen, sie führt ständig eine falsche Begrifflichkeit ein. Die Lösung sozialer Konflikte, die Entwicklung individueller und kollektiver Zukunftsperspektiven, setzt Sprache als Medium rationaler Kommunikation voraus. Sinnvolle Handlungsstrategien können nur entwickelt werden, wenn der Aufbau einer internalisierten symbolischen Version der Realität gelingt, mit der phantasierend umgegangen werden kann, ehe Handlungen inszeniert werden. Die psychischen Defekte der Eltern in der schizophrenogenen Familie manifestieren sich nach Lidz in der mangelnden Logik dessen, was sie mitzuteilen haben.[15a] Sie bringen die Erfahrung lähmender Sinn- und Zwecklosigkeit mit sich, die verhindert, daß sich eine klare Begrifflichkeit entwickeln oder behaupten kann. Aus dem Umgang der Eltern mit den Kindern resultiert keine feste Verankerung von Semantik und Syntax, aus ihm folgen entstellte Sinnbedeutungen und wenig schlüssiges Denken. Das Bild, das die Eltern von sich selbst und der Familie entwerfen, um ihr labiles psychisches Gleichgewicht zu wahren, schmiegt sich weder der Realität an, noch kann es durch veränderte Umstände modifiziert werden. «Die Abgrenzung von der Außenwelt und die Starrheit der Eltern, mit der sie die Wahrnehmungen und Sinnerfassungen der Familienmitglieder entstellen, schafft ein verschrobenes Familienmilieu voller Ungereimtheiten, widersprüchlicher Bedeutungen und der Verleugnung des Offenkundigen. Wenn aber einander widersprechende Erfahrungen akzeptiert werden müssen, so geht es nur mit Hilfe paralogischen Denkens.»[16] Die Kinder müssen ihre Bedürfnisse weitgehend dem Abwehrsystem der Eltern unterwerfen; ihre Bemühungen zur begrifflichen Erfassung der Realität stehen mehr im Dienste der elterlichen Problemverschleierungen als im Dienste der Bewältigung ihrer eigenen Probleme. Die Sprachmuster, die die Eltern vorgeben, erlauben dem Kind nicht, sich Sprache als sinnvolles Instrument zur Bewältigung der sozialen Realität dienstbar zu machen. Die eigenen Bedürfnisse und die Verhaltensweisen der anderen lassen sich daher kaum in ein symbolisches Ordnungsschema integrieren, das vernünftiges Handeln anleiten kann. Die Familie versagt bei der Vermittlung generalisierbarer also gesellschaftlich bedeutsamer Symbole, sie verkrüppelt die Symbolisierungsfähigkeit ihrer Mitglieder: eine scheinbare Übersymbolisierung

15 a Die Kommunikation in der schizophrenogenen Familie hat im Gegensatz zur Feststellung von Lidz durchaus ihre Logik. Es handelt sich lediglich um eine «Privatlogik», die von der gesellschaftlichen Norm abweicht.

16 Th. Lidz: Sprache und Schizophrenie. In: Psyche XIX 1965, S. 212.

Double - Bind (Bateson)

geht, wie Searles aufgezeigt hat, mit einem extremen Konkretismus einher.

Eine von Bateson geleitete Forschergruppe an der Stanford Universität (USA) sucht die Kommunikationsstrukturen in der schizophrenogenen Familie mit Hilfe des «Double-Bind»-Theorems zu begreifen. Diesem Theorem zufolge sind die Interaktionen in der pathogenen Familie durch spezifische paradoxe Grundmuster geprägt, denen das Kind permanent ausgesetzt ist. Nicht in erster Linie traumatische Einzelerlebnisse prädisponieren das Kind für die Schizophrenie, sondern die Tatsache, daß es ständig in ein System von Kommunikationsfallen verstrickt ist. Das Kind ist als Opfer ständig feindseligen Abhängigkeitsbeziehungen zu den Eltern ausgesetzt, in denen von ihm verlangt wird, daß es gleichzeitig auf widersprüchliche Anforderungen reagiert. Diese Abhängigkeitsbeziehungen verwehren es dem Kind darüber hinaus, diese Widersprüche zu kommentieren; auch sich diesen paradoxen Anforderungen zu entziehen, ist dem Kind aufgrund seiner Ohnmacht nicht möglich. Das Kind macht ständig die traumatische Erfahrung, daß alles was es tut oder unterläßt, auf seine Diskriminierung hinausläuft.

Die schematische Darstellung von Double-Bind-Situationen zeigt folgende Bestandteile:

1. Das Kind ist Opfer von Botschaften mit gleichzeitig übermittelten widersprüchlichen Gehalten auf verschiedenen (oder auch denselben) Kommunikationsebenen. Beispielsweise steht einer verbalen Aufforderung der Mutter an das Kind, sich ihr zu nähern, ein gleichzeitig auf averbalem, expressivem Weg übermittelter Widerwille gegen eine Annäherung gegenüber, der durch einen bestimmten Tonfall oder bestimmte Gesten übermittelt wird.

2. Es ist dem Kind unmöglich gemacht, sich für eine der alternativen Botschaften ohne schwerwiegende nachteilige Konsequenzen zu entscheiden; auch die Möglichkeit, sich einer solchen Entscheidung zu entziehen, ist dem Kind verbaut.

3. Die Situation impliziert das Verbot, die Widersprüchlichkeit der Botschaften zu entschleiern. Dem Kind ist es verwehrt, die Unvereinbarkeit der Gehalte derselben oder der verschiedenen Kommunikationsebenen zu interpretieren, es darf sich nicht metakommunikativ kritisch mit ihr auseinandersetzen. Das Verbot wird durch die Drohung oder Anwendung des Liebesentzugs gesetzt.

4. Es liegt eine Ohnmachtssituation des Kindes gegenüber den Eltern vor, die es ihm nicht erlaubt, das soziale Feld zu verlassen. Das Kind kann sich der identitätszerstörenden elterlichen Gewalt aufgrund seiner Abhängigkeit von den Eltern nicht durch Flucht entziehen.

Ein einfaches Beispiel für eine Double-Bind-Situation: Die Mutter fordert das Kind auf, sich auf ihren Schoß zu setzen, bringt diese Aufforde-

rung aber in einem ablehnenden Ton, verbunden mit einem leichten körperlichen Rückzug vor. Sowohl eine Annäherung des Kindes als auch sein
Vermeiden einer Annäherung wirkt sich nachteilig auf seine Bedürfnisbefriedigung aus: Bei seiner Annäherung erstarrt die Mutter und weist es
damit ab; sein Fernbleiben bringt ihm den Vorwurf fehlender Zuneigung
ein. Teilt das Kind der Mutter die Zweifel an ihrer Zuneigung mit, indem
es auf die ablehnenden Komponenten ihrer Botschaften hinweist, tadelt
die Mutter es wegen seines Mangels an Vertrauen oder bezichtigt es einer
falschen Realitätseinschätzung. Das Kind wird also bestraft, wenn es
genau unterscheidet, was die Mutter ausdrückt, und auch wenn es das
nicht tut, indem es Teile der mütterlichen Botschaften ausblendet: das
Kind steckt in einer Beziehungsfalle.

Das Verhalten der Mutter darf nicht als simples Täuschungsmanöver
interpretiert werden; ihr Verhalten ist weitgehend von unbewußten
Zwangsmechanismen bestimmt. Sie versucht ihre Ängste unter Kontrolle
zu halten, indem sie weitgehend blind die Nähe und Distanz zum Kind
steuert. Sobald sie ihre Zuneigung zum Kind aktiviert und seine Nähe will,
fühlt sie sich von dieser Nähe bedroht und muß sich zwanghaft zurückzie-
hen; diesen feindseligen Akt kann sie aber nicht akzeptieren, sie muß sich
deshalb ihre Aggressivität verschleiern, was sie zwingt, dem Kind gegenüber Zuneigung zu demonstrieren.

Um das Netz der Double-Bind-Situationen verarbeiten zu können, darf
das Kind seine metakommunikativen Fähigkeiten nicht entfalten. Es muß
weitgehend auf die Fähigkeit verzichten, sich rational mit der Bedeutung
des fremden und, damit verbunden, des eigenen Verhaltens auseinanderzusetzen. Die Sabotage seiner kommunikativen Kompetenzen erlaubt es
ihm nicht, Botschaften realitätsgerecht zu qualifizieren: Es kann nicht den
Kontext, in dem eine Äußerung steht, den Ton, in der sie vorgebracht wird,
die Mimik, die sie begleitet, so in sein Denken einbeziehen, daß es genau
weiß, was sein Gegenüber mitteilen will.

Die Zerstörung der kommunikativen Fähigkeiten kann verschiedene
Verhaltensweisen zur Konsequenz haben, die von der traditionellen
Psychiatrie als Paranoia, Hepephrenie oder Katatonie (stuporös oder
agiert) klassifiziert werden.

Unter dem Terror der paradoxen Interaktionssysteme kann das Opfer
zwanghaft genötigt sein, hinter jeder Äußerung Bedeutungen zu suchen,
die ihm zum Schaden gereichen. Es kann ständig in Angst sein, Anhalts-
punkte für Bedrohungen durch eine gegebene Situation oder bestimmte
Personen zu übersehen. Das Opfer kann permanent vermuten, daß Gefah-
renmomente von anderen absichtlich verschleiert werden. Unter dem
Zwang, bedeutsame Hinweise auf Bedrohungen auffinden zu müssen, um
seine Ängste steuern zu können, kann das Opfer schließlich seine Ver-
dachtsmomente auf unwahrscheinliche oder bedeutungslose Phänomene
ausdehnen. Es erfolgt eine Ablösung von der Realität, die noch verständli-

cher wird, wenn man berücksichtigt, daß ein wesentliches Moment der Double-Bind-Konstellationen in dem Verbot besteht, die in der Realität enthaltenen Paradoxien zu bewältigen. Diese Konfliktlösung, die dem klinischen Bild der Paranoia entspricht, beinhaltet nicht nur eine Flucht vor der bedrohlichen Realität, sondern auch den Versuch zu zeigen, daß man nicht mehr gewillt ist, sich weiterhin täuschen zu lassen. Der Kranke zeigt auch ein Widerstandspotential gegen verschleiernde Botschaften, das sich allerdings falscher Mittel bedient, indem es ihn nötigt, hinter allen Vorkommnissen seiner Umgebung zwanghaft verhüllte Bedeutungen zu suchen und sich deshalb, auch wenn es nicht nötig ist, zwanghaft mißtrauisch und trotzig zu verhalten.

Das Opfer kann zu der Taktik Zuflucht nehmen, sich anstatt auf eine endlose Suche nach verborgenen Bedeutungen zu begeben, einfach nur noch die oberflächlichen Bedeutungen von Botschaften zur Kenntnis zu nehmen. Widersprechen. Ton, Gestik oder der Zusammenhang, in dem eine Äußerung getan wird, ihrem verbalen Gehalt, so kann es lachend darüber hinweggehen. Der Kranke hat den Versuch aufgegeben, die verschiedenen Botschaftsebenen zu unterscheiden; er verzichtet darauf, ihre Gehalte nach Wichtigkeitsgraden zu bewerten. Die Aufgabe des Bemühens, Wesentliches von Unwesentlichem zu unterscheiden, das Verhaftetsein am Oberflächlichen läßt das Verhalten für den Außenstehenden läppisch oder dumm erscheinen. Das Bild entspricht dem, was als hepephrene Variante der Schizophrenie klassifiziert wird.

Ein dritter Versuch, mit dem Universum der Double-Bind-Situationen fertig zu werden, besteht darin, sie zwanghaft zu ignorieren. Wenn das Opfer nicht Botschaften durch zwanghaftes Mißtrauen zu bewältigen sucht oder sich bemüht, alle Botschaften mit Lachen abzutun, kann es den Versuch unternehmen, sich einfach zu weigern, Botschaften zur Kenntnis zu nehmen. Es kann seinen Widerstand gegen paradoxe Kommunikationsverhältnisse dadurch äußern, daß es demonstriert, nicht mehr nötig zu haben, zur Kenntnis zu nehmen, was um es herum vorgeht. Es zieht sein Interesse von der Außenwelt ab und konzentriert sich auf innerpsychische Vorgänge. Das Opfer blockiert den Kommunikationsempfang und wählt die Isolierung; es erscheint anderen als unnahbar und autistisch. Als Kehrseite dieses Verhaltens läßt sich ein hyperaktives Verhalten interpretieren, das so intensiv und ausdauernd ist, daß an ihm praktisch jede Kommunikation mit der Umwelt scheitert: Ein wildes Agieren blockiert wie die Selbstisolierung die Entgegennahme von Botschaften. Diese Lösungsmuster entsprechen dem klinischen Bild der stuporösen oder agierten Katatonie.

Die paranoiden, hepephrenen oder katatonen Lösungsformen sind für die Autoren des Double-Bind-Konzepts nicht die einzig möglichen. Wesentlich ist allen Lösungsformen, daß sie dem Opfer nicht erlauben, relativ präzise zu bestimmen, was andere meinen und daß das Opfer seinen

Widerstand gegen unerträgliche Verhältnisse durch blinde Abwehrformen äußert, die ihm die Diskriminierung der Umwelt eintragen.

Double-Bind-Situationen können vor allem von der Mutter produziert werden, meist sind sie jedoch das Resultat des Beziehungsnetzes einer ganzen Familie. Nicht nur die «schizophrenogenic mother» allein kann das Kind mit widersprüchlichen Botschaften konfrontieren, auch beide Elternteile zusammen können das Kind mit Anforderungen tyrannisieren, deren Inkongruenz es nicht bewältigen kann. Die Eltern können dem Kind gegenüber als Einheit auftreten und auf verschleierte Art kontradiktorische Anforderungen stellen. Bei Strukturverschiebungen in der Ehe ist die Übereinstimmung zwischen den Ehepartnern mehr scheinhaft als real, was dazu führt, daß beide Eltern Botschaften produzieren, deren Widersprüchlichkeiten sie verleugnen und mit dem Verbot der Kommentierung versehen, um einen falschen Frieden abzusichern. Auch bei Spaltungen in den Ehebeziehungen sind Double-Bind-Situationen auszumachen, weil die Kontroversen der Ehepartner meist den Charakter einer «Pseudofeindschaft» (Wynne) haben. Ständige rüde Auseinandersetzungen tragen oft dazu bei, eine tiefgehende gegenseitige Abhängigkeit zu verleugnen, wodurch sich das Kind ständig mit falsch qualifizierten Äußerungen auseinanderzusetzen hat.

Gegen das Double-Bind-Konzept wie gegen die gesamte interaktionistisch orientierte psychiatrische Forschung lassen sich innerpsychiatrische Einwände vorbringen, die auf die kommunikationstheoretische Verkürzung von Problemlagen zielen. Die Familienforschung überwindet partiell Schwächen des orthodoxen psychoanalytischen Ansatzes, indem sie mehr soziale Realität zur Kenntnis nimmt und die Sozialorganisation der Familie als ganze in die Analyse einbezieht, sie fällt aber zugleich hinter wesentliche psychoanalytische Einsichten zurück. Ob die pathogenen Interaktionsmuster nicht auf verschiedenen Stufen der Entwicklung der kindlichen Triebstruktur (im Freudschen Modell auf der oralen, analen oder phallischen Phase) nicht verschiedene Konsequenzen nach sich ziehen, wird kaum reflektiert. Die orthodoxe psychoanalytische Theorie begreift Psychosen als Ausdruck von Sozialisationsdefekten während den ersten Lebensmonaten, während der «oralen Phase». Auf dieser Entwicklungsstufe besteht beim Kind weder die Fähigkeit, verschiedene Kommunikationsebenen zu trennen, noch ist es in der Lage, sich metakommunikativ mit Kommunikation auseinanderzusetzen, so daß sich das Double-Bind-Theorem hier nicht anwenden läßt. Dem Double-Bind-Konzept fehlt eine psychologische Basis, die vor allem psychoanalytische Einsichten in die Triebökonomie und die Verarbeitung von Bedürfnisrepressionen verarbeitet hat. Die Manifestationen des natürlichen Anteils des Menschen werden von den Autoren allzu unstandslos zu personalen Regungen «veredelt». Ihre Texte vermitteln den Eindruck, als ob in den schizophrenogenen Familien nur «zwischenmenschliche Beziehungen», nicht aber auch vom natürlichen Anteil der Persönlichkeit aufgeladene Triebbedürfnisse verzerrt würden. Die Freudsche Einsicht, daß vor psychotischen Erkrankungen Triebregungen durch Verdrängung pervertiert worden sind, wird vernachlässigt. Die widersprüchlichen Gehalte von verschiedenen Kommunikationsebenen lassen sich nur begreifen, wenn man sie im Kontext mit widersprüchlichen Triebregungen begreift.

Theoretische Ansätze, die schizophrene Dispositionen als Resultat eines Lernprozesses innerhalb einer pathogenen Familie begreifen, stellen gegenüber einer herrschenden Lehre in der Psychiatrie, die Schizophrenie als erblichen Defekt interpretiert, zweifellos einen Fortschritt dar. Trotzdem läßt sich vor allem ein Einwand gegen sie vorbringen, der sie als ideologisch entlarvt. Die Familie wird von nahezu allen Autoren, die derartige Ansätze vertreten, als isoliertes Sozialsystem gesehen, als exterritoriales Gebiet, dessen Verstrickungen in gesellschaftliche Zusammenhänge vernachlässigt werden. Die Analyse der Abhängigkeit der Misere der Kleinfamilie von kapitalistischen Produktions- und Herrschaftsverhältnissen bleibt außerhalb der theoretischen Bemühungen. Die Ansätze verkennen, daß die Familie als Moment der gesellschaftlichen Totalität nur unter Zuhilfenahme einer Theorie des gesellschaftlichen Ganzen analysiert werden kann. Die Struktur der Familie wird von gesamtgesellschaftlichen Strukturen geprägt, in der Dynamik der familiären Interaktionen schlagen sich gesamtgesellschaftliche Prozesse nieder. Die formalisierten rollentheoretischen Interpretationsmuster übersehen, daß das, was als Rollenzwang erscheint, nur begriffen werden kann, wenn man es als Ausdruck der Gewalt eines historisch sich entfaltenden gesellschaftlichen Entfremdungszusammenhangs erfaßt. Die standardisierten interaktionistischen Interpretationsfolien verleugnen, daß sich in menschlichem Verhalten spezifische, historisch gewordene Sozialstrukturen niederschlagen.

Nachdem die traditionellen genetischen Ansätze ins Wanken geraten sind, weil sich die sozialen Ursachen psychischer Störungen kaum noch übersehen lassen, rekonstruiert sich die bürgerliche Psychiatrie als Familienpathologie. Nicht in der Irrationalität der kapitalistischen Produktionsweise, nicht in entfremdeten Arbeitsverhältnissen und ungerechten Eigentumsverhältnissen wird das soziale Übel dingfest gemacht, sondern in der bloß vermittelnden Instanz der Familie. Nicht an den wesentlichen gesamtgesellschaftlichen Antagonismen setzt die Kritik an, sondern an den Erscheinungsweisen dieser Antagonismen in Gestalt der familiären Pathogenität. Die Sündenbockrolle wird einem individuellen elterlichen Defekt, einer bloß privaten Familienpathogenität zugeschoben; durch den politischen Kampf veränderbare, maßgebende sozialstrukturelle Gegebenheiten, die psychisches Leiden primär verursachen, bleiben außerhalb des Schußfeldes.

Die rollentheoretisch orientierte psychiatrische Familienforschung be-

greift menschliches Verhalten primär im Horizont von Normen, Bewußtsein, Deutung, Interpretation. Sie ist auf spezifische Weise vulgärideali-
stisch, indem sie das Verhältnis von Basis und Überbau, von Sein und
Bewußtsein verkehrt[17] und die reale Wurzel von irrationalen Verhaltensweisen in der kapitalistischen Ökonomie und der aus dieser abzuleitenden
Triebökonomie als sekundär erachtet. Die verkehrte, vernunftlose Aneignung von äußerer und innerer Natur, auf der nach Marx' und Freuds Einsicht menschliches Leiden basiert, wird nicht thematisiert, sondern nur
deren verkehrte Erscheinungsweise im Bewußtsein bürgerlicher Psychiater. Die folgenden Kapitel wollen diese ideologische Verengung aufbrechen, sie wollen andeuten, wie psychiatrische Befunde in einer materialistischen Theorie der Gesellschaft aufgehoben werden können.

Die Misere der Arbeiterfamilie

Die idealtypisch vereinfachte Darstellung der Erscheinungsweise der Familie in der Arbeiterklasse zeigt die Zwangszusammenhänge, Konfliktkonstellationen, Deformationen, die die psychiatrische Familienforschung als für die schizophrenogene Familie kennzeichnend ausgemacht
hat. Eine oberflächliche, stark phänomenologisch orientierte Skizze der
Misere der Arbeiterfamilie unter Zuhilfenahme der empirischen Befunde
der bürgerlichen Sozialforschung[17a] — der in den folgenden Kapiteln Versuche analytischer Durchdringung folgen werden — demonstriert, daß für
die Arbeiterfamilie typisch ist, was die Schizophrenieforschung als rigide
Rollenmuster, Pseudogemeinschaft, Gummizaun, Double-Bind-Konstellationen, Mystifikationen oder Sündenbockstrategien begreift.

Die Arbeitereltern übermitteln im familiären Erziehungsprozeß ihren Kindern Verhaltensdispositionen, zu denen sie selbst, aufgrund ihrer Stellung
im kapitalistischen Produktionsprozeß, gezwungen werden. Die Sozialisation des Arbeiterkindes stellt gleichzeitig eine permanente Resozialisa-
tion der Arbeitereltern dar: Die Eltern sichern ihre Anpassung ans Bestehende, indem sie bei ihren Kindern zwanghaft diskriminieren, was die
Unterdrückung problematisiert, die sie als Erwachsene auf sich nehmen
müssen, um der Rationalität des Kapitals gerecht zu werden. Sie bekämp-

17 Vgl. hierzu F. Haug: Kritik der Rollentheorie. Frankfurt am Main 1972.
17 a Die Skizze trifft am ehesten die Lage in den unteren Fraktionen der Arbeiterklasse. Die herangezogenen amerikanischen Ergebnisse treffen nach Untersuchungen, die der Autor im Rahmen der Arbeitsgruppe für vergleichende Psychopathologie an der Medizinischen Hochschule in Hannover durchgeführt hat, auch
die Situation in der BRD, obwohl sie teilweise Untersuchungen von Slumpopula-
tionen entstammen.

fen bei ihren Kindern Autonomiebestrebungen und unreglementierte Sinnlichkeit, um ihre eigene Unterwerfung unter die etablierte Herrschaft nicht in Frage stellen zu müssen. Indem die Arbeitereltern ihren Kindern gegenüber starre, autoritäre Erziehungsstandards vertreten, verhindern sie, daß diese Triebregungen freien Lauf lassen, die ihre eigenen verdrängten Wünsche mobilisieren und sie in Widerspruch zum Bestehenden treten lassen; indem sie ihre Kinder unterdrücken, stabilisieren sie bei sich selbst die psychischen Verstümmelungen, die ihrer Arbeitskraft den Verkauf sichern. Solange die Arbeiterklasse sich im Sinne des Kapitals reproduzieren muß, sind die Eltern gezwungen, bei ihren Kindern das zu bekämpfen, was sie sich selbst nicht gestatten dürfen, wenn sie als isolierte einzelne überleben wollen.

Die Produktion von Arbeitskraft, in Gestalt der Sozialisation des Kindes, und die Reproduktion von Arbeitskraft, in Gestalt der Regeneration der Eltern in der von Berufsarbeit freien Zeit, sind miteinander verquickt. Die Eltern konsolidieren bei sich selbst ein prekäres psychisches Gleichgewicht, das funktional für die entfremdete Produktion ist, indem sie ihre Kinder auf eine Art verstümmeln, die diese zum späteren Träger der Arbeitskraft in der entfremdeten Produktion prädisponiert. Das Erziehungsverhalten der Eltern zeigt dabei eine eigenartige Widersprüchlichkeit: Die Mittel, mit denen sie die Unterwerfung der Kinder unter das proletarische Realitätsprinzip bewerkstelligen, erlauben ihnen zugleich eine fragwürdige Loslösung von diesem Realitätsprinzip. Die im Betrieb und anderswo Unterdrückten dürfen zu Hause den Unterdrücker spielen; sie dürfen im Prozeß der Unterdrückung ihrer Kinder Triebregungen freien Lauf lassen, die sonst nicht geduldet werden. Die Unterdrückung der Kinder, die ihre eigene Unterdrückung stabilisieren hilft, erlaubt den Eltern zugleich eine problematische Loslösung von ihrer Unterdrückung; sie verschafft den Eltern einen fragwürdigen Lustgewinn, indem diese sich Aggressionsregungen und hinter diesen verborgene, pervertierte, erotische Regungen gestatten dürfen.

Die weitgehende Fixierung der elterlichen Verhaltensweisen an die Gesetze der Produktionssphäre nötigt der Arbeiterfamilie verhärtete Verkehrsformen auf. Die Arbeitereltern erzwingen bei ihren Kindern potentiell die Verhaltensmuster, die ihnen die Fabrik täglich von neuem einbleut. Die Art und Weise, wie die Kapitalherrschaft in der Fabrik den Arbeitern gegenübertritt, liefert einen Schlüssel zum Verständnis ihrer Erziehungsforderungen gegenüber ihren Kindern.[1] In der Arbeitssphäre wird vom Arbeiter verlangt, daß er blind Anforderungen Folge leistet, ohne daß er einen Anspruch darauf hat, deren Sinn zu hinterfragen. Ihm wird selbständiges Handeln ausgetrieben; er hat sich vorgegebenen Regeln zu

1 Vgl. hierzu: E. Brechstein: Die Sozialisation des Arbeiterkindes in Familie und Schule. Freiburg 1971.

unterwerfen, die ihm eine bestimmte Ordnung auferlegen, die von seinen individuellen Bedürfnissen abstrahiert. Die subjektive Einstellung des Arbeiters gegenüber der betrieblichen Rationalität ist für das Kapital irrelevant, solange der Produktionsablauf nicht ernsthaft durch sie in Frage gestellt wird. Der Arbeiter kann kaum Anteil am Inhalt seiner Arbeit nehmen, er fühlt sich für sie nicht verantwortlich; er beachtet Vorschriften, die seine Existenz nicht bedrohen, nur wenn deren Einhaltung kontrolliert wird. Der Gewalt der Kapitalherrschaft im Betrieb begegnet der Arbeiter mit einer Mischung aus einer kalkulierenden Moral, die gebietet, nur das zu tun, was nötig ist, um den Lebensunterhalt zu sichern, und einer zwanghaften blinden Unterwerfung unter äußerliche Zwänge. Eine Verhaltenssteuerung durch verinnerlichte Verhaltensmaximen, die bürgerliche Individuen zur Bewältigung ihrer beruflichen Anforderungen benötigen, ist für den Arbeiter von geringerer Bedeutung.

Nach positivistischen angelsächsischen Untersuchungen[2] erziehen die Arbeitereltern ihre Kinder nicht wie bürgerliche Eltern in erster Linie zur Verinnerlichung bestimmter inhaltlich definierter und tendenziell interpretierbarer Normen und Werte, sondern eher zur Konformität mit äußerlichen Regeln: Die Arbeitereltern bestehen in erster Linie auf Gehorsam, Ordnung und Sauberkeit. Vor allem die unmittelbaren Folgen des kindlichen Verhaltens provozieren in der Arbeiterklasse bestimmte Reaktionen der Eltern, während in den Mittelschichten die Motivationen des Kindes, seine Orientierung an zu verinnerlichenden Verhaltensmaximen das erzieherische Verhalten der Eltern entscheidend mitbestimmen. Die bürgerlichen Eltern erstreben, so lautet das Resümee dieser Untersuchungen etwas überspitzt, eine Selbststeuerung durch internalisierte Normen, während die Arbeitereltern die Unterwerfung unter von außen auferlegte Regeln zu sichern bemüht sind. Während in der Arbeiterklasse soziale Zwänge von den Eltern primär mit Hilfe von physischer Gewalt oder deren Androhung, mit Schreien oder Lächerlichmachen weitergegeben werden, dominieren in bürgerlichen Familien als Erziehungsmittel Liebesentzug, Erzeugung von Schuldgefühlen, soziale Isolierung, argumentierender Einfluß.

Bernsteins[3] in einem rollentheoretischen Horizont angesiedelte Interpretationen kennzeichnen die bürgerliche Erziehung idealtypisch vereinfacht – und sicher euphemistisch – als «kindorientiert», während sie die Erziehung in der Arbeiterklasse als «statusorientiert» zu begreifen suchen. Die Erziehung in den höheren Schichten ist dieser Darstellung zufolge eher an der Individualität von Personen orientiert, die individuellen Interessen und Bedürfnisse der Kinder werden hier stärker berücksichtigt als in der Arbeiterklasse. Bei der Beurteilung des kindlichen Verhaltens wird

2 Vgl. hierzu z. B. M. Kohn: Class and Conformity, Homewood 1969.
3 Vgl. hierzu B. Berstein: Sozialisation und Sprachverhalten. Raubdruck, Frankfurt am Main 1970.

dessen spezifische Intention als wesentlicher Faktor berücksichtigt. In dieser «personorientierten» Familie sind die Statusrollen (Vater, Mutter, Kind) von geringerer Bedeutung; individuelle Qualitäten der Familienmitglieder haben entscheidendes Gewicht. Individualität, Anderssein werden beim Kind akzeptiert, ja sogar erwartet und gefördert. Das Kind soll lernen, Ambiguität auszuhalten und soziale Isolierung zu ertragen. Der Berufsrolle des Vaters entsprechend, die ein gewisses Maß an Selbsttätigkeit, Freude an freier Disposition und Geschick beim Umgang mit Menschen einschließt, beinhalten die bürgerlichen Sozialisationsmuster ein bestimmtes Autonomietraining. Daß dieses längst fragwürdig geworden ist, weil es Manipulationen und versteckte Gewalttätigkeit einschließt, scheint der etablierten Forschung freilich ebenso verborgen zu bleiben wie die Tatsache, daß es als Resultat einen borniertem Individualismus zeitigt, der für die privilegierten Positionen in einem System der Ausbeutung tauglich ist.

In der «statusorientierten» Familie, die nach Bernstein für die Arbeiterklasse typisch ist, sind die Einflußchancen der Familienmitglieder stärker an die Statusrollen gebunden; die Chance, die Rollenanforderungen den individuellen Bedürfnissen entsprechend auszugestalten, ist hier stark eingeschränkt. Die Interaktionen der Familienmitglieder verlaufen in starren Bahnen, sie sind weniger flexibel als in der personorientierten Familie. Die Kompetenzen und Machtbefugnisse innerhalb der Familie sind eng an die Statusrollen fixiert. Der Spielraum, innerhalb dessen diese Rollen abgewandelt werden können, ist gering. Der Ohnmacht und Abhängigkeit der Eltern gegenüber der etablierten gesellschaftlichen Herrschaft entsprechend wird besonders auf Respekt gegenüber der Autorität insistiert; die Toleranz in bezug auf offene kindliche Aggressionsäußerungen gegenüber den Eltern ist geringer als in der Familie aus höheren Schichten.

Kohn[4] hat die Abhängigkeit der Erziehungsstile der Eltern von den Anforderungen, die in der Arbeitssphäre an diese gestellt werden, empirisch untersucht. Er hat belegt, daß hochgradige Starrheit und massiver Autoritarismus des Vaters gegenüber seinen Kindern mit einer ausgeprägten Überwachung der Arbeit, mit vorwiegender Beschäftigung mit Dingen und der fehlenden Möglichkeit zur Selbstbestimmung am Arbeitsplatz korrelieren, während eine wenig überwachte Arbeit, vorwiegender Umgang mit Menschen und Ideen sowie die Möglichkeit, Arbeitsentscheidungen autonom treffen zu können, Selbstkontrolle anstatt striktem Gehorsam als erstrebenswertes Erziehungsziel des Vaters mit sich bringt.

Nicht nur die psychischen Verstümmelungen der Eltern, die aus entfremdeter Arbeit resultieren, auch die materiellen Bedingungen in der Reproduktionssphäre erzwingen, daß massive Verhaltenseinschränkungen und harte Disziplinierungstechniken in der Arbeiterklasse die Erzie-

4 M. Kohn: Class and Conformity. Homewood 1969.

hung kennzeichnen. Was Hoernle 1929 schrieb, gilt noch heute: «Wie können sie überhaupt auf die Züchtigung und das Kommandieren der Kinder verzichten, solange sie gezwungen sind, in der engen Wohnung, unter der ständigen Bedrohung des Hauswirts und der nörgelnden Nachbarn, gefoltert durch die eigenen Pfennigsorgen, erschöpft durch Hetze der Erwerbsarbeit, mit der Schar ihrer beweglichen, lauten, stets mit ‹Ruhe und Ordnung› ihrer Mietskaserne in Kollision geratenden, immer neue Kosten verursachenden Kinder fertig zu werden? Auch die besten pädagogischen Absichten scheitern an den unerbittlichen Konsequenzen der materiellen und geistigen Armut des Proletariats, an seiner Abhängigkeit und Verknechtung. Befehl tritt automatisch an die Stelle gewinnender Freundlichkeit, nervöses Zanken an die Stelle geduldiger Führung.»[5]

Die beengten Wohnverhältnisse zwingen die Eltern, aus einer Sachgesetzlichkeit heraus, auf eine starre äußere Ordnung zu achten, die die Beziehungen in der Familie reglementiert. Der Bewegungsdrang, die emotionalen Äußerungen der Kinder müssen innerhalb der räumlich beschränkten häuslichen Sphäre ständig eingeschränkt werden. Roy[6] hat einen Zusammenhang zwischen der Toleranz der Eltern im Erziehungsprozeß und dem zur Verfügung stehenden Wohnraum empirisch nachgewiesen. Aufgrund ihrer Ohnmacht gegenüber den erwachsenen Familienmitgliedern sind die Kinder diejenigen, die die Misere zu kleiner Wohnungen in erster Linie auszubaden haben. «Das Zusammenleben auf engem Raum verlangt Ruhe und Rücksicht. Aber diese Ruhe und Rücksicht wird mit brutaler Selbstverständlichkeit in erster Linie von den kleinen und unbedeutenden Familienmitgliedern gegenüber den älteren und stärkeren gefordert.»[7]

Der begrenzte Wohnraum ist nur Teil eines allgemeinen Mangels an Gebrauchswerten, der ständig die starre Eingrenzung von Bedürfnissen verlangt. Die Erziehungszwänge der Eltern in der Arbeiterklasse werden in wesentlich stärkerem Maß als in der bürgerlichen Familie unmittelbar durch eine handfeste materielle Misere hervorgebracht. Der engen Bindung der Erziehungstechniken an Sachzwänge entsprechen direkte Formen der Bestrafung. Die subjektive Absicht des Kindes kann beim Verstoß gegen die von der materiellen Misere gesetzten Regeln kaum berücksichtigt werden, wenn die Einhaltung dieser Regeln unmittelbar existentielle Bedeutung für die Familie hat.

Starre Reaktionsweisen werden dem Kind in der Arbeiterfamilie nicht nur dadurch aufgezwungen, daß die Eltern dem Kind gegenüber die Ansprüche materieller Verhältnisse vertreten, diese Verhältnisse wirken

5 E. Hoernle: Grundfragen proletarischer Erziehung. Frankfurt am Main 1970, S. 62 f.
6 K. Roy: Parent's attidues towards their children. In: Journal of Home Economics 42, 1950.
7 E. Hoernle, a. a. O., S. 58.

auch unmittelbar, mit ähnlichen Konsequenzen, auf die seelischen Dispositionen des Kindes ein. Die begrenzte Möglichkeit des Kindes, über Gebrauchswerte verfügen zu können, schränkt seinen Entfaltungsspielraum auch ohne elterlichen Einfluß ein; sie sabotiert den forschenden Umgang mit der Realität, der für die Entwicklung von kultivierten Bedürfnissen, von Neugierverhalten, von Wißbegierde notwendig ist. Die Tristesse der Wohnviertel, die Ärmlichkeit der Wohnungseinrichtungen, die die libidinöse Besetzung der Umwelt erschweren, verhindern die Humanisierung der Affektivität des Kindes.

Die Interaktionsmuster zwischen den Eltern in der Arbeiterfamilie sind von deren Beziehung zur kapitalistischen Produktionsweise abhängig. Die Entfaltungsmöglichkeiten, die Erwerbschancen, die die kapitalistisch organisierte Produktion männlichen und weiblichen Arbeitskräften zugesteht oder verwehrt, determinieren die Basis der Beziehung der Arbeitereltern.

Der Vater kann in der Arbeiterfamilie aufgrund seiner Funktion als Broterwerber eine patriarchalische Stellung beanspruchen. Die Machtstellung des Vaters gegenüber Frau und Kindern wird durch seine Rolle als ökonomischer Versorger der Familie gestützt. Obwohl in der Arbeiterklasse mehr Mütter berufstätig sind als in höheren Schichten, gewinnt die Frau ihr Selbstverständnis primär aus der Tatsache, daß sie den Haushalt führt und die Kindererziehung in die Hand nimmt.

Das Fundament patriarchalischer Beziehungsmuster, die Berufstätigkeit des Mannes, wird durch deren Ausformung im Rahmen der bestehenden Produktionsweise ständig in Frage gestellt. Drohende Arbeitslosigkeit, eine Bezahlung, die das Existenzminimum nicht sichert und die Frau zur Mitarbeit zwingt, Tätigkeiten, die unqualifizierten Charakter haben, kein Prestige verleihen und sich kaum von denen von Frauen unterscheiden, beinhalten eine permanente Gefährdung der patriarchalischen Ansprüche. Die Arbeitssituation des Mannes bietet kaum Chancen persönlicher Entfaltung, sie erlaubt keine Vergegenständlichung von Bedürfnissen. Die Arbeit ist fremdbestimmt, ausgeprägte formelle und informelle Kontrollen erzwingen Abhängigkeit und Unterordnung. Die vom Überhang des Kapitalverwertungsinteresses über den Arbeitsprozeß geprägte Produktion legt fest, wie die Ware Arbeitskraft eingesetzt wird, ohne daß der Arbeiter, der sie zu verkaufen gezwungen ist, dabei wesentlich mitbestimmen kann. «Weder kann er autonom über seine Arbeitseinteilung entscheiden oder wesentlichen Einfluß auf die von oben organisierten Arbeitsvorgänge ausüben, noch hat er die Möglichkeit, sich die Struktur des Produktionsvorganges rational transparent zu machen. Vielmehr muß er sich den technischen und sozialen Bedingungen des Arbeitsplatzes widerstandslos fügen.»[8] Am Arbeitsplatz trifft der Arbeiter auf vorgege-

8 U. Oevermann: Schichtenspezifische Formen des Sprachverhaltens und ihr

bene, verfestigte Handlungs- und Beziehungsmuster, die kaum selbstge-
wählte Handlungsalternativen zulassen. Die Arbeitsleistungen sind weitgehend auf den geistlosen, monotonen Umgang mit Dingen reduziert.
Repetitive Maschinenarbeit läßt keine differenzierte Symbolorganisation
zu, die Kommunikation ist wenig intensiv, sie bedient sich des Mediums
standartisierter, vorwiegend extraverbaler Signale. Schichtarbeit, Ak-
kordsysteme, einseitige körperliche Beanspruchung und die Einwirkungen von schlechter Luft, Lärm und Schmutz bringen extreme psychische
und physische Belastungen mit sich. Um diese Belastungen zu kompensieren und die von einer unmenschlichen Arbeitsorganisation bedrohte Identität zu stabilisieren, bedient sich der Arbeiter der Familie als psychischer
und physischer Entlastungsstation zur Rekonstruktion der Arbeitskraft.
Hier soll ein autoritäres «männliches» Verhalten, das die anderen Familienmitglieder für die eigene Bedürfnisbefriedigung zu funktionalisieren
sucht, für das entschädigen, was dem Arbeiter während der Arbeitszeit
angetan wird.

Das Schicksal der Arbeiterfrau[8a] ist durch die Tatsache geprägt, daß ihr
einerseits von der Gesellschaft die Aufgabe zugeteilt wird, für die Auf-
zucht der Kinder zu sorgen, an der Produktion der Ware Arbeitskraft mit-
zuwirken, daß aber andererseits das Kapital, das die Gesellschaft regiert,
auch daran interessiert ist, ihre Arbeitskraft in der Produktionssphäre zu
verwerten.

Seit dem 19. Jahrhundert bringt die Einführung von Maschinensyste-
men den Rückgang schwerer körperlicher Belastungen während der
Arbeit mit sich. Die im Vergleich mit der physischen Ausstattung des
Mannes geringere Körperkraft der Frau stellt damit keine Barriere mehr
dar, die der Frau den Zugang zum Produktionssektor versperrt. «Je weniger die Handarbeit Geschicklichkeit und Kraftäußerung erheischt, d. h. je
mehr die moderne Industrie sich entwickelt, desto mehr wird die Arbeit der
Männer durch die der Weiber verdrängt. Geschlechts- und Altersunter-
schiede haben keine gesellschaftliche Geltung mehr für die Arbeiterklasse.
Es gibt nur noch Arbeitsinstrumente, die je nach Alter und Geschicklichkeit verschiedene Kosten machen.»[9] Darüber hinaus hat die Verbreitung
von Empfängnisverhütungsmitteln der Frau potentiell ein Mittel in die
Hand gegeben, die Übernahme der Mutterrolle, die den Zugang zur Pro-
duktionstätigkeit erschwert, in planende Regie zu nehmen. Der Anteil der
Frauen an der Gesamtheit der Lohnabhängigen ist in den letzten Jahrzehn-
ten ständig gestiegen; das Kapital hat immer mehr weibliche Arbeitskräfte
aufgesaugt. Trotzdem gilt für die Arbeiterin, daß sie ihre Berufstätigkeit

Einfluß auf kognitive Prozesse. In: H. Roth (Hg.): Begabung und Lernen. Stuttgart 1969, S. 304.
    8 a Vgl. hierzu: Die Lage der Arbeiterin im Spätkapitalismus, Autorenkol-
lektiv Psychologisches Institut, FU Berlin 1970.
    9 K. Marx: Das Kommunistische Manifest.

noch vorwiegend als Ausnahmesituation interpretiert. Der Beruf erscheint ihr nicht als Lebensaufgabe, sondern als zeitlich begrenztes Übergangsstadium vor der Übernahme der Mutterrolle und nachdem diese ihre Bedeutung verloren hat. Die Frau strebt normalerweise danach, die Erwerbstätigkeit auf die Zeit bis zur Heirat oder bis zur Geburt des ersten Kindes zu beschränken und sie erst wieder aufzunehmen, nachdem die Kinder erwachsen geworden sind. Das Eingehen der Ehe verbindet sie mit dem Vorsatz, der Ausbeutung nach Möglichkeit zu entfliehen. Erst mit dem fünften Lebensjahrzehnt, wenn das Familienleben verödet, ist die Arbeiterfrau wieder bereit, sich ihren Zwängen zu unterwerfen. Wenn der Ehemann allein das Existenzminimum nicht erarbeiten kann, wenn die Mütter ledig oder geschieden sind, wenn besondere Anschaffungen wie der Erwerb eines Eigenheimes, einer Wohnungseinrichtung oder eines Automobils notwendig erscheinen, wenn das Hausfrauendasein allzu triste ausfällt, wird diese Regel — was sehr häufig der Fall ist — durchbrochen.[9a]

Daß die Mehrheit der berufstätigen Frauen ihre Berufstätigkeit als anormal interpretiert, sie zu fliehen sucht und ein volles Hausfrauendasein vermißt, liegt im Charakter der Lohnarbeit begründet, die die bestehende Produktionsweise ihr aufherrscht. Die Masse der berufstätigen Frauen ist gezwungen, sich mit unqualifizierten Tätigkeiten im Verteilungssektor zu begnügen oder im Heer der un- bzw. angelernten Fabrikarbeiterinnen unterzutauchen, wo jede zweite von ihnen sich den Bedingungen der Akkordarbeit unterwerfen muß. Diese typische und zugleich inhumanste Art der Verwertung der weiblichen Arbeitskraft aus der Arbeiterklasse nimmt meist in der Arbeit am Fließband oder in Einzelakkordarbeit an halbautomatischen Maschinen Gestalt an. Der Wunsch nach individueller Gestaltung des Arbeitsablaufs ist hier illusionär, die Frauen müssen sich dem Rhythmus einer Maschinerie unterwerfen, deren Rationalität die Kapitalherrschaft festlegt.

Die Frauen stellen das Arbeitskräftepotential dar, welches das Kapital, seit dem Verbot der Kinderarbeit, mit den geringsten Kosten dem Produktionsprozeß zuführen kann. Die weibliche Arbeitskraft muß sich in der Bundesrepublik durchschnittlich $\frac{1}{3}$ unter dem Preis der männlichen Arbeitskraft verkaufen. Nicht zuletzt diese Relation gibt der berufstätigen Ehefrau in der Arbeiterklasse das Gefühl, lediglich «Mitverdiener» zu sein. Die Unterprivilegierung der Arbeiterinnen gegenüber ihren männlichen Klassengenossen wird durch fehlende Qualifikationsmöglichkeiten zementiert. In den meisten traditionell als «männlich» geltenden Berufen lehnt man es ab, sie auszubilden. Für Frauen gibt es in der Industrie einige Dutzend Lehr- und Anlernberufe, für Männer hingegen einige hundert.

9a Vgl. hierzu: M. Osterland u. a.: Materialien zur Lebens- und Arbeitssituation der Industriearbeiter in der BRD, Frankfurt am Main 1973, S. 190 ff.

Diese geschlechtsspezifische Diskriminierung hat zur Konsequenz, daß in der Bundesrepublik weniger als $\frac{1}{10}$ der Arbeiterinnen als Facharbeiter ihr Geld verdienen. Für Meister- und Vorarbeiterposten kommen Frauen nicht in Frage, weil ihnen die hierzu notwendige berufliche Qualifikation versagt wird und weil die Firmenleitungen nicht das Risiko eingehen wollen, daß weibliche Vorgesetzte wegen Heirat oder Mutterpflichten ausscheiden. Hat die Arbeiterin ein Alter erreicht, wo die Rolle als Mutter ihrer Berufstätigkeit nicht mehr im Wege stehen kann, gilt sie als zu alt für eine privilegierte Stellung. Der Industriebetrieb wird von Normen beherrscht, die als spezifisch männliche gelten; die Zwänge des Kapitals werden in der Industrie von Männern personifiziert. Den Frauen wird die Rolle einer industriellen Reservearmee zugewiesen, die vom Kapital zur Lohndrückerei eingesetzt werden kann und den Vorteil hat, daß sie in Krisenzeiten nicht als arbeitslos auf dem Markt erscheint. Daß die Arbeiterinnen diese Rolle zumindest partiell akzeptieren oder zu akzeptieren gezwungen sind, zeigt die verhältnismäßig geringe Zahl gewerkschaftlich organisierter Arbeiterinnen in der Bundesrepublik.[10]

Die Frau arbeitet um «dazu»zuverdienen; ihre geringen beruflichen Entfaltungschancen, die durch das Fehlen von Ganztagsschulen und Kindergärten noch weiter reduziert werden, stabilisieren traditionelle weibliche Charaktermasken, die die Frau an die häusliche Sphäre fixieren. Die Familie erscheint der Arbeiterin als Sphäre, mit der sich auf fragwürdige Weise die Hoffnung verknüpfen läßt, hier Lebenschancen realisieren zu können, die durch eine undemokratisch organisierte Produktion versperrt sind. Gegenüber der Lohnsklaverei in der Fabrik, die fast jede Individualität abprallen läßt, erscheint die Familie als Insel der Geborgenheit. Vor dem Horizont von Arbeitsbedingungen, die jede Eigeninitiative ersticken, erlangen die beschränkten Dispositionschancen im häuslichen Bereich positive Züge. Im Angesicht der Anonymität und Unmenschlichkeit der Fabrik gewinnen die verkrüppelten Kommunikationschancen in der Kleinfamilie den Charakter eines Rettungsankers.

Die erzwungene Fesselung der Frau an die Familie hat das Aufblähen einer fragwürdigen mütterlichen Charaktermaske zur Konsequenz. Die unsichere Position des Mannes als Broterwerber und die mit dieser verbundene Unterdrückung am Arbeitsplatz laden eine fragwürdige väterliche Charaktermaske auf. Aus der Einschränkung der Lebenschancen beider Geschlechter resultiert als Norm eine an traditionelle Muster gefesselte Rollenaufteilung zwischen den Ehepartnern.[10a] Deren Gleichgewicht ist allerdings stets prekär; im Gegensatz zu der von beiden Ehepartnern

10 «Bezogen auf die 6,8 Millionen der abhängig erwerbstätigen Frauen sind 16,4 % dieser Frauen organisiert. Die abhängig erwerbstätigen Männer dagegen sind zu fast 41 % organisiert.» G. Wittig: Rolle und Einfluß der Frauen in der Politik der BRD, Hannover 1969, S. 12.
10a Vgl. z. B. M. Komarovsky: Blue-Coller Marriage. New York 1964.

zumindest partiell angestrebten patriarchalischen Struktur, kommt es nämlich innerhalb der Familie eher zu einer strukturell erzwungenen Dominanz der Mutter. Die in der soziologischen Literatur erscheinende Widersprüchlichkeit, die einerseits einen autoritären Vater und andererseits eine dominante Mutter als für die Arbeiterfamilie typisch darstellt, verweist auf unausgewogene Beziehungsmuster und die Existenz offener oder verschleierter Machtkämpfe zwischen den Arbeitereltern. Diese Inkongruenz der Interessen, der Erwartungen und Bedürfnisse zeitigt Ehespaltungen mit permanenten offenen Konflikten zwischen den Ehepartnern oder Strukturverschiebungen in der Ehe, bei denen sich ein Partner dem anderen willenlos unterwirft, um unerträglichen Dauerkonflikten auszuweichen.

Dem Vater wird in der Arbeiterfamilie normativ eine Führerrolle zugebilligt, die er durch aggressive Entladungen gegen ihre schwächeren Mitglieder zu bestätigen sucht, faktisch kommt aber der Mutter innerhalb der Familie das entscheidende Gewicht zu. «Je trostloser die sozialen Lebensbedingungen in der Unterschicht, desto mehr tritt der Vater in den Hintergrund, wird die ‹Mum› zur zentralen Figur.»[11] Der Vater ist den größten Teil des Tages außer Haus, um Geld zu verdienen. Wenn er im Familienbereich auftaucht, wirkt er fast als Störfaktor; er will verwöhnt, versorgt werden, besteht auf seinem Recht auf Abspannung und sucht die Versagungen während der Arbeitszeit auf Kosten der übrigen Familienmitglieder aggressiv zu kompensieren. In der proletarischen Familie tritt, aufgrund der realen Ohnmacht des Vaters gegenüber den etablierten Institutionen, väterliche Autorität weitgehend als irrational physische Drohmacht auf. Mit ihr sucht der Vater zwanghaft sein durch die Unterdrückung in der Arbeitssphäre untergrabenes Selbstbewußtsein zu rekonstruieren. Projektive Tests zeigen, daß Männer aus den Unterschichten mit ihrer Rolle in der Familie ausgeprägte Machtphantasien verbinden.[12] In die Identität des proletarischen Mannes sind Themen eingelagert, die die Kontrolle, die Ausbeutung von Frau und Kindern beinhalten. Die Charaktermaske, die der Arbeiter in der Familie aufzurichten sucht, entspricht mit ihrer Betonung von Aggressivität, «männlicher» Robustheit und physischer Stärke einerseits den körperlichen und seelischen Dispositionen, die vom Arbeiter in der Fabrik verlangt werden, und hat andererseits eine komplementäre Funktion zu den Belastungen der Fabrikarbeit. Das väterliche Verhalten in der Familie verdoppelt und kompensiert zugleich die Anforderungen der Arbeitssphäre. Wie eng das Verhalten des Vaters in der Familie mit seinem Berufsschicksal verbunden ist, haben Mc Kinleys Untersuchungen empirisch belegt.[13] Das väterliche Machtstreben, seine

11 U. Oevermann, a. a. O., S. 308.
12 Vgl. M. Hoffmann: Personality, Family Structure, and Social Class as Antecedents of Parental Power Assertion. In: Child Development 34, 1963, S. 863 ff.
13 D. Mc Kinley: Social Class and Family Life. New York 1964.

Versuche unmittelbaren Gehorsam durchzusetzen, die Härte seiner Erziehungstechniken erweisen sich als direkt korreliert mit der sinkenden Autonomie am Arbeitsplatz. Der Autoritarismus des Mannes steigt umgekehrt proportional zu seinem Entfaltungsspielraum im Beruf. Mit zunehmender Entmenschlichung der Arbeit schwindet die Fähigkeit zu egalitärem, solidarischem väterlichem bzw. männlichem Verhalten, liebevolle Zuwendung weicht subkulturell gebilligten Destruktionsneigungen.

Der irrationale Machtanspruch, mit dem der Vater in der Familie auftritt, produziert bei der Frau teilnahmslose Distanz, emotionale Kälte, offene oder versteckte Feindseligkeit. Das geringe soziale Ansehen des Mannes und seine begrenzte Fähigkeit, die Familie zureichend materiell zu versorgen, schaffen eine Diskrepanz zwischen autoritärem Anspruch und realer Hilflosigkeit, die ihm die mehr oder weniger bewußte Verachtung seiner Frau einträgt. Sie kann ihren Mann nicht akzeptieren, weil er die patriarchalische, beschützende Rolle, die sie von ihm erwartet, nicht spielen kann. Die Ehefrau hat in der Arbeiterklasse wenig durch die Unterwerfung unter die Bedürfnisse des Mannes zu gewinnen: Ein breites Spektrum an Lebenschancen, der gehobene Status einer Frau sind in einer weitgehend patriarchalisch organisierten Gesellschaft von der privilegierten Berufsposition des Mannes abhängig. Bürgerlichen Gruppen steht ein breiteres Kommunikationsangebot zur psychischen Entlastung zur Verfügung, sie können mehr Alternativen der Befriedigung von Bedürfnissen nutzen, ihrem Konfliktlösungsinstrumentarium steht mehr Raum zur Verfügung, um sozialen Zwängen auszuweichen, wodurch weniger unerfüllbare Anforderungen an den Ehepartner gestellt werden müssen.[13a]

Die Misere der proletarischen Situation bringt permanente Ehekonflikte und zerrüttete Familienverhältnisse mit sich. «Die interpersonalen Beziehungsmuster erfüllen die Bedürfnisse der Familienmitglieder nicht. Eine solche Situation spiegelt sich in einem hohen Prozentsatz von ehelichen Konflikten, abwesenden Vätern, Vernachlässigung der Kinder, Alkoholismus, Delinquenz und anderen Formen abweichenden Verhaltens.»[14]
In viele Störungen der Beziehungen der Ehepartner sind sexuelle Probleme eingelagert. Der Einsatz des Körpers als Arbeitsinstrument unter kapitali-

13a «Auf allen Ebenen, im Verhältnis Zuneigung – sexuelle Übereinstimmung und Zuneigung – Kommunikation, finden wir mit steigender Schicht ein Sinken der Spannungen. Mit anderen Worten zeigen Unterschichtenfamilien mehr Spannungen als solche aus der Mittelschicht, und sie sind mit größerer Wahrscheinlichkeit Opfer möglicherweise größerer Konflikte in diesen Bereichen der ehelichen Beziehung.» E. David: Patterns of Social Functioning in Families with Marital and Parent-Child Problems. Toronto 1967, S. 81, zitiert nach T. Moser, Jugendkriminalität und Gesellschaftsstruktur. Frankfurt am Main 1970. S. 305. Zu den häufigen schweren Ehekonflikten in der Arbeiterklasse vgl. z. B. Rainwater u. a.: Workingman's Wife. New York 1959; W. J. Goode: After divorce. Glencoe 1956; R. Blood, M. Wolfe: Husbands and Wifes. New York 1960.

14 Geimar, La Sorte: Understanding the Multi-Problem Family. New York 1964, S. 78.

stischen Produktionsbedingungen sabotiert die Entfaltung der Sinnlichkeit: Die Verdinglichung des Leibes im Arbeitsprozeß zieht seine Entsensibilisierung und Verstümmelung nach sich. Denjenigen, die ihren Körper von einer terroristischen Ökonomie verwerten lassen müssen, wird die unreglementierte Lust, spielerisches Verhalten und spontanes Tun ausgetrieben. Nach Kinseys [15] Untersuchungen nehmen Männer und Frauen aus den Unterschichten Koitusbeziehungen früher als Angehörige höherer Schichten auf, sie genießen aber keineswegs, wie dieser Befund vermuten lassen könnte, eine größere Freizügigkeit in sexuellen Kontakten oder eine befriedigendere sexuelle Praxis. Die heterosexuellen Kontakte sind meist auf den eigentlichen Koitus reduziert. «Zärtlichkeiten, wie Küssen, Bruststimulation, manuell-genitale und oral-genitale Kontakte, kommen bei ihnen sehr viel seltener vor. Ebenso werden die Koituspositionen viel seltener variiert. Schließlich ist die Nacktheit beider Partner beim Koitus in den unteren Schichten deutlich weniger verbreitet als in den höheren Ausbildungs- und Berufsschichten. Die genannten Unterschiede sind bei Ledigen ebenso zu beobachten wie bei Verheirateten.» [16] Die Sexualität in der Arbeiterklasse fällt monotoner, prüder und weniger zärtlich als in bürgerlichen Schichten aus.

Die Unterdrückung der Sexualität konkretisiert sich in rigiden Geschlechterrollentrennungen. Das proletarische Männlichkeitsideal tabuisiert das betont expressive, sensible Verhalten des Mannes: Die Äußerung von bestimmten Gefühlen wird als Mangel an Männlichkeit interpretiert. Die Frau fühlt sich nicht selten von einem aggressiv fordernden Mann unverstanden und vernachlässigt; ein hoher Prozentsatz der Männer steht der sexuellen Befriedigung der Frau gleichgültig gegenüber. Wo die Männer glauben, auf die Frau Rücksicht zu nehmen, erweist sich das, wie Rainwater ermittelt hat, nach der Interpretation ihrer Frauen weitgehend als Selbstbetrug. «Zärtlichkeit, Zuneigung und Fürsorglichkeit sind die Ausnahmen», [17] ergibt sein Resümee der weiblichen Erfahrungen. Der Teilnahmslosigkeit des Mannes entspricht ein Mangel an Liebesfähigkeit bei der Frau. Die Misere des Alltags der Arbeiterfrau in Gestalt der Kälte und Gleichgültigkeit des Mannes, beengter Wohnverhältnisse ohne Rückzugsmöglichkeiten für die einzelnen Familienmitglieder, chronischen Geldmangels oder der Monotonie der Hausarbeit beinhalten Versagungen, die die Entfaltung emanzipierter Liebesfähigkeit sabotieren. Die durch aktuelle Belastungen reduzierte Möglichkeit der Entwicklung von sexueller Genußfähigkeit potenziert sich durch die lustfeindliche Sozialisation, die die Arbeiterfrau hinter sich hat. Sexuelle Regungen werden von weiblichen Mitgliedern der Arbeiterklasse noch stärker diskreditiert als

15 A. C. Kinsey: Das sexuelle Verhalten des Mannes, ders.: Das sexuelle Verhalten der Frau. Frankfurt am Main 1963.
16 G. Schmidt, V. Sigusch: Arbeitersexualität. Berlin 1971, S. 11.
17 L. Rainwater: Workingman's Wife. S. 70.

von ihren männlichen Klassengenossen. Nach Rainwaters Untersuchungen haben 54 % der Frauen aus den unteren Fraktionen der Arbeiterklasse gegenüber 14 % aus der Mittelschicht eine negative Einstellung zur sexuellen Lust.[18] Die Ungleichheit des sexuellen Interesses und des lustvollen Erlebens von Sexualität ist bei Ehepartnern aus der Arbeiterklasse sehr viel stärker ausgeprägt als bei Ehepartnern aus privilegierteren gesellschaftlichen Schichten. Ihrer Genußunfähigkeit entsprechend tendiert die Arbeiterfrau dazu, eheliche Sexualität weniger als Vergnügen denn als Pflicht zu interpretieren. «Diese Haltung der Frauen führt oft zu einer regelrechten Strategie des Vermeidens von sexueller Aktivität: Es werden die verschiedensten Ausreden benutzt, wie Müdigkeit und Krankheit, um die Frequenz des Koitus zu reduzieren. Menstruation und Wochenbett werden als Gelegenheit, sexuell abstinent leben zu können, begrüßt usw. Aus all dem resultiert tatsächlich eine herabgesetzte Koitusfrequenz.»[19] Sexuelle Betätigung wird von der Frau als spezifisch männliche Aktivität interpretiert. Die Männer zeigen nach ihrer Vorstellung naturnotwendig ein ausgeprägteres sexuelles Interesse, übernehmen bei sexuellen Kontakten den aktiveren Part und kommen regelmäßiger zu sexueller Befriedigung. Die Frau erlebt sich als zum Vehikel der erotischen Bedürfnisse des Mannes degradiert. Die Männer akzeptieren zumindest teilweise eine «asexuelle» Ehefrau, weil eine sexuell fordernde Frau ihre Potenzängste steigern würde und sie um die Erfüllung ihrer Treueforderungen und Besitzansprüche bangen ließe. Die angelsächsische Forschung leitet die geringe sexuelle Genußfähigkeit in der Arbeiterklasse aus nicht-komplementären Rollenbeziehungen zwischen den Ehepartnern ab,[20] ohne freilich eine materialistische Erklärung dieser Ehespaltungen zu leisten. Zwischen den Ehepartnern in den Unterschichten besteht ihr zufolge eine relativ geringe Tendenz zur Offenheit, zu gegenseitigem Verständnis und wechselseitiger emotionaler Unterstützung. Dies ist mit der Tatsache verbunden, daß die Ehepartner kaum gemeinsame Aktivitäten initiieren, daß sie wenig über das Familienleben, die Kindererziehung, den Beruf oder die Freizeit kommunizieren. Die starre Geschlechterrollentrennung unterminiert die Fähigkeit, das Empfinden des Partners subjektiv nachvollziehen zu können. Sie tabuisiert bestimmte Äußerungen der Sinnlichkeit, die dem anderen Geschlecht zugerechnet werden, und zwängt die Erotik dadurch in ritualisierte, entpersönlichte Muster. Die Ehespaltungen senken die aufgrund der Sprachzerstörung in der Arbeiterklasse ohnehin geringe Kommunikationsfähigkeit über individuelle psychische Dispositionen bis über ein Maß hinaus, das als Voraussetzung für angstfreie Intimität notwendig ist.

18 L. Rainwater: Family Design. Chicago 1965, S. 64.
19 G. Schmidt, V. Sigusch: Arbeitersexualität, a. a. O., S. 14.
20 Vgl. ebd., S. 15 ff.

Die Lustfeindlichkeit der Frau wurzelt neben vergangenen und aktuellen Versagungen, neben fehlender Aufklärung auch in der traditionellen weiblichen Erfahrung der Koppelung von sexuellem Genuß und den Lasten der Mutterschaft. Der Benutzung von Verhütungsmitteln, die diese bedrohliche Verquickung aufbricht, stehen in der Arbeiterklasse stärkere Hindernisse entgegen als in privilegierteren Gruppen. Die Distanz der Arbeiterklasse zur etablierten Medizin, die von bürgerlichen Interessen und mit diesen verbundenen Normen geprägt ist, legt dem Gang zum Arzt, der die Pille verschreibt, Hindernisse in den Weg. Die aufgezeigte Unfähigkeit der Ehepartner, über sexuelle Probleme kommunizieren zu können, erschwert einen geplanten Umgang mit Anticonceptiva.

«Was nach meiner Erfahrung das Wichtigste ist? Ein ganz häusliches und ruhiges Familienleben. Das hab ich und das will ich behalten. Da geb ich alles für.»[21] Nach Renate Walds Untersuchungen ist diese Äußerung als repräsentativ für die Einstellung von Arbeitern zu interpretieren. Im Besitz eines Eigenheims konkretisiert sich die Utopie der großen Mehrheit der Industriearbeiter.[22] Trotz ausgeprägter familiärer Konfliktkonstellationen tendieren die Mitglieder der Arbeiterklasse zwanghaft zum Rückzug in die «heile Welt» der Kleinfamilie.[23]

Die Zusammenarbeit mit den Arbeitskollegen erfolgt unter Bedingungen, unter denen die Menschen sich nicht selbst gehören, unter denen sie in ihrer Vereinigung zugleich gegeneinander isoliert sind. Obwohl in der Fabrik auf engem Raum ausgeprägte Kooperationsbeziehungen bestehen, resultieren daraus zwischen den Arbeitern, aufgrund kapitalkonformer, restringierter Arbeitsbedingungen und Konkurrenzmechanismen, kaum intensive Kontakte. Die Arbeitsbedingungen bringen Vereinzelung und Anonymität mit sich. Die persönlichen Beziehungen zu den Kollegen erweisen sich üblicherweise als distanziert, die Arbeiter tendieren dazu, ihre Abwehr gegen entfremdete Arbeitsbedingungen bis zur Abwehr gegen intensive Kontakte mit Kollegen auszudehnen: Alles was nach Feierabend an die Arbeit erinnert, wird affektiv abgewehrt. Einen Arbeitskollegen zu haben, der als Freund bezeichnet werden kann, ist nur einer verschwindenden Minderheit der Arbeiter vergönnt.[24] Die Fabrik läßt die kommunikativen Fähigkeiten verkümmern, nach Feierabend bleibt nur der institutionalisierte Kontakt mit Frau und Kindern.

Die Zerstörung der Städte durch Kriegseinwirkung, ein planloser profitorientierter Städtebau, die Praktiken der kapitalistischen «Stadtsanie-

21 R. Wald: Industriearbeiter privat. Stuttgart 1966.
22 Vgl. hierzu F. Fürstenberg: Die Soziallage der Chemiearbeiter. Neuwied 1970.
23 Vgl. hierzu J. H. Goldthorpe u. a.: Der wohlhabende Arbeiter in England. München 1972.
24 Vgl. hierzu Fürstenberg, a. a. O.

rung» haben die Kommunikationsstrukturen der traditionellen Arbeiterviertel zerstört. Eine hohe räumliche Mobilität der Arbeitskraft, die den Anforderungen des Arbeitsmarktes entspricht, hat ein weiteres getan, Nachbarschaftsbeziehungen zu destruieren oder neue nicht entstehen zu lassen.

Im Gegensatz zu gängigen Vorstellungen ist der regelmäßige Besuch einer Kneipe in der Arbeiterklasse bestenfalls bei unverheirateten Männern üblich, während er bei verheirateten Männern eine Ausnahme darstellt. Dem Verlassen des familiären Rahmens stehen nicht zuletzt die Kosten privatwirtschaftlich organisierter Vergnügungen entgegen. Die Belastungen des familiären Kleinkriegs bringen den Wunsch des Mannes mit sich, sich von Beziehungen zu gleichgeschlechtlichen Altersgenossen absorbieren zu lassen. Dieser Wunsch stößt auf den massiven Widerstand der Frau, die den Mann ans Haus zu binden sucht, um das Haushaltsgeld nicht zu sehr schrumpfen zu lassen und um das in ihren Augen gegebene Versagen des Mannes gegenüber seinen familiären Aufgaben sich nicht noch mehr ausweiten zu lassen. Die sozialstrukturell erzwungenen Ehespaltungen erschweren solidarische Ehebeziehungen, die einschließen, daß beide Ehepartner außerhalb der Familie gemeinsam auftreten; dem in der Mittelschicht üblichen gemeinsamen «Ausgehen» wird dadurch in der Arbeiterklasse häufig ein Riegel vorgeschoben.

Der Zugang zu den Stätten, wo sich bürgerliche Kultur oder deren heruntergekommene Nachfahren öffentlich manifestieren, ist an bestimmte materielle Ressourcen und bestimmte Bildungsvoraussetzungen gebunden. Im Theater, in der Oper, im Konzert oder im Museum bleiben Arbeiter deshalb Fremdkörper. Das von Vereinen (eine Ausnahme bilden hier die Sportvereine), Clubs oder den etablierten politischen Parteien geforderte Sozialverhalten ist von bürgerlichen oder kleinbürgerlichen Interessenlagen und Normen geprägt und setzt damit der Aktivität von Arbeitern Schranken entgegen. Aus der Erschöpfung nach aufreibenden Arbeitsleistungen, aus zuwiderlaufenden Interessen, beschränkten finanziellen Mitteln oder mangelnder Bildung resultieren Barrieren, die die Arbeiter von den etablierten Formen der Öffentlichkeit abhalten. Mit der Zerstörung der deutschen Arbeiterbewegung durch den Faschismus wurden in der Weimarer Republik vorhandene Ansätze einer Gegenkultur, einer Gegenöffentlichkeit zerstört, in deren Rahmen eine genuine proletarische Identität sich wenigstens ansatzweise entfalten konnte. Solange die Rekonstruktion der Arbeiterbewegung und der mit dieser verbundenen Öffentlichkeit ausbleibt, wird der Arbeiter ständig auf das Netz der verkrüppelten Sozialbeziehungen in der Familie zurückgeworfen.

Die Fesselung der Eltern an die Familie wird auch auf die Kinder ausgedehnt. Um einen symbiotischen Familienzusammenhalt zu sichern, der ihre Rolle als Mutter stabilisiert, sucht die Arbeiterfrau Kontakte der Kinder zu Personen, die nicht zur Familie gehören, zu reduzieren.[25] Die außerfamiliäre Realität wird von der Mutter vorwiegend im Hinblick auf deren bedrohliche Aspekte interpretiert. Die familiären Konflikte werden von ihr «externalisiert», einer bedrohlichen sozialen Umwelt wird die Geborgenheit der Familie gegenübergestellt. Das Fehlen von Parks und Spielplätzen, die Freiräume für Kinder darstellen, die Kinderfeindlichkeit der Erwachsenen, die permanente tödliche Bedrohung der Kinder durch eine chaotische Mechanisierung des Straßenverkehrs verleihen diesen Interpretationen allerdings auch realistische Züge.

Der Autoritarismus des Vaters erzeugt bei Frau und Kindern eine offene oder versteckte Abneigung. Der bedrohliche oder gleichgültige Vater zwingt die Kinder, liebevolle Zuwendung als Basis der Verhaltenssicherheit primär von der Beziehung zur Mutter zu erhoffen. Mc Kinleys Untersuchungsergebnis: «Die Mütter der Unterschicht sind fast doppelt so häufig Quelle emotionaler Zufuhr als der Vater, in der Oberschicht ist die Situation deutlich umgekehrt.»[26] Die psychische Verelendung des Vaters führt auch auf seiten der Mutter zu verstärkten Bindungen an die Kinder. Da die emotionale Basis einer befriedigenden Beziehung zum Mann fehlt und die Frau ständig über die Zuneigung des Mannes in Unsicherheit ist, sucht sie Ersatz bei den Kindern (besonders bei Söhnen). «Sie (die Mütter, G. V.) leben in Angst vor potentiellem Alleinsein und tendieren deshalb zu engeren Bindungen an die Kinder, die sie an sich fesseln, oft durch Erhaltung ihrer Unreife.»[27] Die Arbeiterfrau sucht mit Hilfe der Beziehung zu ihren Kindern ein unerfülltes, infantiles Verwöhnungsbedürfnis zu befriedigen; sie sucht bei ihnen Ersatzbefriedigungen für ihre verdrängten erotischen Strebungen zu erlangen. Dies geschieht unter unbewußtem Abbau einer Generationsbarriere, die in der Kleinfamilie notwendig ist, um die Kinder vor übermächtigen elterlichen Regungen zu schützen. Die Etablierung der Generationsbarriere wird ohnehin durch beengte Wohnverhältnisse, durch das Fehlen einer partiellen räumlichen Trennung zwischen der Lebenssphäre der Erwachsenen und der Kinder erschwert. Die Kinder sind permanent dem Einfluß der Eltern ausgesetzt, sie können nicht unter sich sein, ihr Verhalten, ihre emotionalen Regungen sind stets von der Präsenz der Eltern mitgeprägt. Das Kind nimmt ständig am Leben der Erwachsenen teil, was ihm einerseits Einblick in dessen Probleme vermittelt, es aber andererseits auch zum Objekt von verzerrten Triebregungen der Eltern macht.

Die Versagungen des proletarischen Alltags haben bei der Mutter nicht nur ein unbefriedigtes Liebesbedürfnis zur Konsequenz, sie speisen zugleich ein aggressives Potential, das feindselige Regung gegen die Kin-

25 Vgl. hierzu M. Kerr: The People of Ship Street. London 1958 oder L. Rainwater: Workingman's Wife. New York 1959.

26 Mc Kinley, a. a. O., S. 109.

27 T. Moser: Jugendkriminalität und Gesellschaftstruktur. Frankfurt am Main 1970, S. 307.

der unabwendbar macht und der emotionalen Tönung der Bindung an diese ambivalenten Charakter verleiht. Die aggressiven, ablehnenden Komponenten der mütterlichen Einstellungen gegenüber den Kindern werden ebenso wie die in diese eingehenden erotischen Komponenten nur teilweise offen agiert, sie verfallen weitgehend der Verdrängung. Der von der Arbeiterfrau angestrebte symbiotische Familienzusammenhalt verbietet ihr, bestimmte feindselige Regungen gegenüber den Kindern wahrzunehmen. Die Mutter hat zuviel von ihrer Person in die Beziehung zu ihren Kindern investiert, ihre Identität ist zu sehr an die Mutterrolle gekettet, um massive aggressive Strebungen gegen diese akzeptieren zu können. «Viel an ihren fast schreckhaften Sorgen für die Kinder mag von ihren eigenen aggressiven Wünschen gegen sie kommen, da ihre Persönlichkeitsstruktur wenig Möglichkeiten bietet, mit solchen Gefühlen anders als durch Verdrängung umzugehen.»[28] Ihre Ohnmacht gegenüber undurchschauten, bedrohlichen sozialen Verhältnissen zwingt die Mutter dazu, ihre Kinder in Abhängigkeit zu halten: Sie kann ihr psychisches Elend nur kompensieren, wenn sie eine fragwürdige Mutterrolle aufbläht, die die Identität ihrer Kinder untergräbt. «Die starke Abhängigkeit, in der sie ihre Kinder halten, erwächst aus ihrer Hilflosigkeit, aus einem Mangel an Identität, der sich nur kompensieren läßt, wenn die Mutterrolle so intensiv wie möglich gelebt wird. Autonomietraining und Förderung von Internalisierung konsistenter Verhaltensmuster bei den Kindern wäre dysfunktional für ihre unbewußten Hoffnungen, permanent gebraucht zu werden.»[29]

Relativ enge Beziehungen zwischen Mutter und Kindern – besonders zwischen Müttern und Söhnen – bringen den Vater in Rivalitätskonflikte mit den Kindern. Der von der Arbeit erschöpfte Vater will, daß seine Frau ihm nach Feierabend als eine Art Mutter entgegentritt, die sein infantiles Verwöhnungsbedürfnis befriedigt; er will, daß seine Frau ihm wie den Kindern als eine fürsorgliche Instanz begegnet, wodurch seine Kinder zu seinen Rivalen werden. Die erotisch getönten Kontakte zwischen Mutter und Sohn machen den Sohn in gewisser Weise zum sexuellen Rivalen des Vaters, weshalb diesem die Aggressivität des Vaters in besonderem Maße gilt. Das scheinbar spezifisch erwachsene, autoritäre Verhalten des Vaters gegenüber den Kindern ist immer teilweise Ausdruck von bewußten oder unbewußten Rivalitätskonflikten, die die Generationsbarrieren negieren. Der sich als Autoritarismus manifestierende Infantilismus des Vaters steht in krassem Gegensatz zu der väterlichen Fürsorglichkeit, die die von der Tagesarbeit erschöpfte Frau von ihrem Mann nach Feierabend erwartet. Die Konflikte zwischen den Ehegatten sind immer auch Ausdruck der Enttäuschung darüber, daß beide, als unmündig Gehaltene, im Ehepartner keine fürsorgliche elterliche Autorität finden, an die man sich anlehnen kann.

28 L. Rainwater: Workingman's Wife. S. 91.
29 T. Moser, a. a. O., S. 308.

Wenn die libidinösen Strebungen der Mutter gegenüber den Kindern weniger ausgeprägt sind, weicht das versteckt aggressive, überfürsorgliche Verhalten offener Teilnahmslosigkeit und Distanz, was eine manifeste emotionale Unterversorgung des Kindes zur Konsequenz hat. Für das Kind resultieren daraus Ängstlichkeit, Kontaktstörungen, autistischer Rückzug. Jede Versorgungshandlung der Eltern wird für das Kind fragwürdig, weil sie lieblos verabreicht wird und deshalb gleichzeitig als Ablehnung erfahren werden muß. In jede Zuwendung der Eltern sind für das Kind Versagungen eingebaut, die jeden Kontakt mit den Eltern problematisch erscheinen lassen. Die Umkehrung der Ambivalenz der Überfürsorglichkeit kann für das Kind noch katastrophalere Folgen haben. Nach Roberts und Myers Untersuchungen zeichnen sich die schizophrenogenen Familien in den unteren Schichten der Arbeiterklasse eher durch übergroße emotionale Kälte aus, während überprotektives Verhalten, nach ihren Forschungsergebnissen, eher für die Arbeiteraristokratie und die Mittelschichten typisch ist.[30]

Die Misere des Arbeiteralltags beinhaltet ein Maß an Bedürfnisrepression, das Konfliktkonstellationen aggressiv auflädt, die den familiären Rahmen sprengen würden, wenn sie nicht durch Zwangsrituale im Zaum gehalten würden. Starre Abwehrmechanismen müssen anstelle des flexiblen Umgangs mit Triebregungen treten, wenn das Ich nicht die Kraft entwickeln darf, bedürfnisadäquat zu reagieren. Obwohl die Verkehrsformen in der Arbeiterfamilie autoritär und lustfeindlich gestaltet sind, stellt die Familie einen Schonraum gegenüber einer bedrohlichen Umwelt dar, in dem affektive Entlastung gewährt wird. Um diese Schonraumfunktion der Familie zu retten, müssen Konfliktkonstellationen in ihr heruntergespielt werden, muß die Verbundenheit der Familienmitglieder überbetont werden. Die erzwungene Konformität mit dem familiären Zwangssystem legt eine Identität der Familienmitglieder fest, die die interne Stabilität des Familienverbandes auf Kosten der Entfaltung der Familienmitglieder sichert. «Um diese Funktion der psychischen Stabilisierung der Mitglieder aufrechterhalten zu können, wird das einzelne Familienmitglied nicht als Individuum mit seinen besonderen Eigenschaften, sondern als Gruppenmitglied gesehen. Die permanent vorhandenen Konflikte zwischen den Familienmitgliedern werden nicht differenziert verbalisiert, sondern soziale Verbundenheit und Solidarität werden maximal betont. . . . Die ridigen Rollenerwartungen in der Familie ermöglichen einen hohen Grad der Übereinstimmung in der Definition der sozialen Situation, eine relativ einheitliche Realitätsdeutung. Damit sind die Merkmale der Beziehungen in der Arbeiterfamilie wesentlich der Garant für solidarische Verhaltensweisen in einer durch permanente Spannungen definierten sozialen Situation.»[31] Die Verschleierung von Konfliktkonstellationen im Dienste eines

30 Vgl. K. Myers und B. H. Roberts: Family and Class Dynamics in Mental Ill-

prekären familiären Gleichgewichts verbindet sich mit dem Autoritarismus der Arbeitereltern, der kindlichen Widerstand gegen die Einpassung in depravierende Situationen gewaltsam bricht.

Die Mitglieder der Arbeiterklasse tendieren dazu, sich mit Hilfe von Mechanismen der Sündenbockjagd psychisch zu entlasten. Die kollektive Einschränkung der Lebenschancen führt zu Persönlichkeitsdeformationen, die diese Einschränkungen psychisch erträglicher machen. Nach Miller und Swansons Untersuchungen bedienen sich vor allem die unteren Schichten der Arbeiterklasse der Projektion und Verleugnung als Abwehr- bzw. Entlastungsmechanismen.[32] Dies ist nach ihrer Interpretation die Konsequenz von elterlichen Erziehungsstilen, die durch willkürliche Autoritätsausübung, harte körperliche Bestrafung, nicht-interpretierte Forderungen und das Fehlen von Belohnungen gekennzeichnet sind. Unter dem Druck übermächtiger Verhältnisse sind die Arbeiter genötigt, unerträgliche psychische Belastungen durch Mechanismen der Externalisierung zu bewältigen. Um selbstzerstörerischen Schuld- und Versagensgefühlen zu entgehen, werden Schuld- und Versagensgefühle auf andere projiziert. Die charakterologische Verfestigung dieser Abwehrmechanismen schränkt die Realitätswahrnehmung ein: Die emotionale Verarmung ist mit der kognitiven Verarmung gekoppelt. Erstes Opfer dieser seelischen Disposition sind die Kinder als schwächste Familienmitglieder, an denen Persönlichkeitsanteile bekämpft werden, die man bei sich selbst nicht akzeptieren kann.

Die kapitalistisch organisierte Produktion enthebt die Arbeiter weitgehend der Verantwortung in bezug auf die Gestaltung der Arbeitsabläufe. Die Ohnmacht des einzelnen gegenüber der Macht des Kapitals in der Fabrik wird als unverschuldetes Schicksal erfahren, mit dem es sich abzufinden gilt. Komplementär zur Fremdbestimmung während der Arbeit gilt die Familie als Sphäre, die Raum für autonome Entfaltung und Bedürfnisbefriedigung gewährt. Da die sozialen Zwänge im Reproduktionsbereich weniger manifesten Charakter haben als im Produktionsbereich, werden den Individuen hier scheinhaft oder real Dispositionschancen gewährt, für deren Nutzung ihnen die Verantwortung zugeschrieben wird. Können diese Chancen nicht genutzt werden, weil eine Autonomie verneinende Erziehung oder der permanente Arbeitsstreß unaufhebbare psychische Defizite mit sich bringen, wird das, zumindest partiell, als Versagen bewertet. Das Verhalten im Familien- und Freizeitbereich wird an moralischen Maßstäben gemessen, weil das Sensorium für das Durchschauen der Ursachen von Interaktionsdefekten, von psychischen Deformationen we-

ness. New York 1959.

31 W. Gottschalch u. a.: Sozialisationsforschung. Frankfurt am Main 1971, S. 84.

32 D. Miller und G. Swanson: Inner Conflict and Defense. New York 1960. S. 224 ff.

nig entwickelt ist. Unerträgliche Minderwertigkeitsgefühle, die entstehen, wenn scheinbare Freiheitsgrade im Privatbereich nicht genutzt werden können, müssen als Konsequenz durch eine Idealisierung der familiären Situation oder die Diskriminierung der familiären Interaktionspartner reduziert werden. Um das psychische Überleben zu sichern, müssen bestimmte Belastungen wegrationalisiert werden, müssen Konflikte in falscher Perspektive wahrgenommen werden.

Schulen, Kirchen oder Massenmedien propagieren eine idealisierte Variante kleinbürgerlichen Familienlebens, die mit dem Anspruch auftritt, allgemeinverbindlich zu sein. Alternative Familienmodelle, in die das Emanzipationsinteresse der Arbeiterklasse eingehen könnte, lassen sich im proletarischen Bereich bestenfalls bei jugendlichen Minoritäten ausmachen. Die Masse des Proletariats wird von der Gewalt der Verhältnisse gezwungen, Familienformen zu akzeptieren, die von traditionellen Ideologien abgestützt werden. Da die von den kulturellen Agenturen des Kapitals propagierte Familienidylle die materiellen Verhältnisse, unter denen die Arbeiterklasse zu leben gezwungen ist, nicht in Rechnung stellt, muß die proletarische Familie gegenüber dem Anspruch der vorgegebenen Familienideologie ständig versagen. Ebensowenig sind die Arbeitereltern imstande, den propagierten bürgerlich-liberalen, «aufgeklärten» Erziehungskonzeptionen gerecht zu werden, solange sie sich mit Brutalitätsmustern ausstatten müssen, um im Existenzkampf bestehen zu können. Um die Differenz zwischen akzeptierter Norm und Realität zu reduzieren, aus der ständig Gefühle des Versagens entspringen, müssen sich die Arbeitereltern mit einer rationalisierenden Blindheit gegenüber ihrer familiären Situation ausstatten. Diese Verschleierungstechnik wird ihnen dadurch erleichtert, daß die ideologischen Agenturen des Herrschaftssystems die angemessene Begrifflichkeit zur Interpretation proletarischer Verhältnisse vorenthalten oder destruieren. Die falsche Sprache, die die etablierten kulturellen Institutionen den Massen aufzwingen, verbindet sich mit dem psychischen Zwang, unerträgliche Verhältnisse mystifizieren zu müssen, um weiter in ihnen funktionieren zu können.

Die Notwendigkeit, sich mit dem familiären Repressionssystem arrangieren zu müssen, speist Verheimlichungsmechanismen, die verhindern, daß divergierende Interessen und Bedürfnisse der Familienmitglieder ihre Sprengkraft entfalten. In der Kleinfamilie verheimlichen Eltern und Kinder voreinander bewußt oder unbewußt bestimmte Neigungen, die sich nicht in den familiären Rahmen zwängen lassen. Der Verheimlichungszwang infiziert auch die Beziehungen der Ehepartner und der Kinder untereinander; jeder muß darauf achten, nichtlegitime Regungen, die sich nicht unterdrücken lassen, vor den übrigen Familienmitgliedern geheimzuhalten. Der Zwang, sich dem Terrorzusammenhang der Kleinfamilie ausliefern zu müssen, speist ein Potential der Verlogenheit, das Mißtrauen und projektive Realitätsdeutungen nach sich zieht. Die Verheimlichungsmechanismen beziehen sich nicht zuletzt auf außerfamiliäre Aktivitäten. So tabuisiert der Vater sich selbst und den Kindern gegenüber das Ausmaß seiner Versklavung in der Fabrik, deren volle Aufdeckung seine Autoritätsansprüche gegenüber den Kindern fragwürdig machen würde. Das unterwürfige, konforme Verhalten der Kinder unter dem Zwang väterlichen Drucks zeigt seine Kehrseite, sobald der Vater das Haus verlassen hat: Der Triebstau der Kinder entlädt sich dann in Streichen, Zerstörungssucht und Streitereien. Das folgsame Arrangement mit den familiären Zwängen bleibt partiell äußerlich; wenn Kontrollmechanismen ausfallen, machen sich die Kinder in Ausbrüchen heimlich Luft, und der Vater leistet sich einen «Saufabend».

Die für die Arbeiterklasse typischen Sprachmuster spiegeln, neben den Sozialbeziehungen in der Fabrik, die in der Familie. Nach Bernsteins Untersuchungen entspricht der «restricted code» den Anforderungen der sozialen Lage der Arbeiter. Der Starrheit der familiären Interaktionen entsprechend ist die restringierte Sprache ritualisiert; die Wahl des Vokabulars und die grammatikalischen Strukturen sind in hohem Maß voraussagbar. Stereotype Redewendungen und Sprichwörter sind für die Arbeitersprache typisch. Das Individuum hat als Mitglied des familiären Zwangsverbandes nur beschränkte Chancen, eine eigene Identität auszubilden. Individuelle Bedürfnisse und Differenzen zwischen den Gruppenmitgliedern können nur schwer artikuliert werden. «Es fällt den Sprechenden schwer, die subjektive Intention sprachlich genau darzulegen und explizit zu machen. In einer Situation, die das erfordert, steigen die Angstgefühle erheblich an. Das wiederum hemmt die weitere Verbalisation.»[33] Häufig sind demzufolge soziozentrische Sprachmuster sowie Zustimmung erheischende und Solidarität betonende Floskeln, die ausdrücken, daß die Individualität des Sprechers hinter Gruppenanforderungen zurücktritt. Daß die einzelnen ohnmächtig gegenüber der Gewalt der Verhältnisse sind, schlägt sich in Sprachmustern nieder, die der Unmöglichkeit, Planungsstrategien zu entwickeln, adäquat sind. Die Sprache sperrt sich analytischem, schlußfolgerndem Denken. Als Merkmal des restringierten Codes gilt: «Häufiger Gebrauch von Feststellungen, bei denen Begründungen und Folgerungen vertauscht sind; sie bekommen dadurch den Charakter von kategorischen Behauptungen.»[34] Die analytische Durchdringung der Realität wird durch konkretistisches Denken erschwert, als dessen Kehrseite sich eine Tendenz zur Übergeneralisierung ausmachen läßt. Aus versteinerten Verhältnissen, aus erstarrten Verhaltensritualen ist die Dimension der Zeit getilgt: «Die Zeitformen des Verbs sind Präsens und Präteritum, selten Perfekt, Futur. Futur, Perfekt und Plusquamperfekt sind kaum

  33 B. Bernstein: Sprache und Lernen im Sozialprozeß. In: Journal of Child Psychology and Psychiatry 1969, S. 313–324, zitiert nach Raubdruck. Frankfurt am Main 1970, S. 55.
  34 Ebd. S. 48.

vorhanden ... Oft werden Zeitformen falsch gebraucht oder innerhalb eines Satzes gewechselt.»[35] Die Ohnmacht des Kindes gegenüber der elterlichen Autorität zeigt sich in der häufigen Verwendung kurzer Befehle.

Familiärer Terrorzusammenhang und gesamtgesellschaftliche Irrationalität

Der Kleinfamilie als Sozialisationsagentur fällt die Aufgabe zu, Kinder und Jugendliche mit psychischen Dispositionen, mit Verhaltensmustern auszustatten, die ihr späteres Funktionieren unter kapitalistischen Verhältnissen sichern. Die Kleinfamilie erzeugt die Basis von Verhaltensregulativen, die den konformen Umgang mit den etablierten Institutionen gewährleisten. Die proletarische Familie richtet in der ihr von der kapitalistischen Produktionsweise aufgezwungenen Gestalt, die Kinder, die von ihr sozialisiert werden, so zu, daß sie ein Schicksal als Mitglieder der beherrschten Klasse ertragen können. Sie erzeugt eine Ausstattung mit Verhaltensritualen, Interpretationsmustern, affektiven Einstellungen, die das Fundament für Dispositionen bilden, die die Unterwerfung unter die Gesetze der bestehenden Ordnung erleichtern. Die Kleinfamilie zwingt ihren Mitgliedern pervertierte Bedürfnisse, verzerrte Wahrnehmungsmuster, falsche Handlungsstrategien auf, die als Kitt für den Status quo wirksam werden. Um dies zu ermöglichen, muß die Struktur des Mikrokosmos Familie der Struktur des gesellschaftlichen Makrokosmos in bestimmter Weise entsprechen. Die Beziehungen der Familienmitglieder müssen in strukturelle Arrangements eingebettet sein, die in allen Sektoren der Gesellschaft in wechselnder Gestalt wiederzufinden sind. Die familiären Autoritätsverhältnisse entsprechen kapitalistischen Macht- und Herrschaftsverhältnissen, die Interaktionen der Familienmitglieder entsprechen den durch die kapitalistische Produktionsweise determinierten Verkehrsformen, die Realitätsorientierung, mit der die Familie ihre Mitglieder austattet, liefert ein Fundament für die Übernahme eines die Kapitalherrschaft sichernden Bewußtseins. In der Misere der proletarischen Familie konkretisiert sich die Irrationalität der kapitalistischen Gesellschaft; verbreitete pathogene familiäre Konstellationen sind funktional für die verkehrte Organisation der gesamten Gesellschaft. In den strukturellen Defekten der Familie erscheint die vernunftwidrige Organisation der gesellschaftlichen Totalität.[1]

Die kapitalistische Gesellschaft verkörpert eine organisierte Form der

35 R. Reichwein: Sprachstruktur und Sozialschicht. In: Soziale Welt 18. Jg. 1967, zitiert nach Raubdruck, Frankfurt am Main 1970.

1 In der Familie reproduziert sich der Widerspruch zwischen Produktivkräften

Asozialität: Ein menschliches Tierreich, mit seinem Kampf aller gegen alle, mit der Ausbeutung der Schwachen durch die Starken entspricht der Rationalität eines vom Kapital gestifteten Gewaltzusammenhangs. Die kapitalistischen Prinzipien der Vergesellschaftung dulden keine umfassende Solidarität, sondern zwingen die Individuen, sich in Konkurrenzbeziehungen feindlich gegenüberzutreten. Die freie Entfaltung des Einzelnen ist nicht mit der freien Entfaltung Aller versöhnt, die Einzelnen können nur überleben, indem sie sich wechselseitig zerstören, ausbeuten, betrügen. Die asozialen Prinzipien der Vergesellschaftung, die auf einer verkehrten Aneignung der Natur basieren, regieren die gesellschaftliche Totalität wie deren einzelne Momente; sie gelten für den vom Weltmarkt erzeugten imperialen Zwangszusammenhang wie für den Zwangszusammenhang der Familie. Die Universalisierung des Tauschprinzips, die Generalisierung des Realcharakters abstrakter Arbeit, die Durchkapitalisierung aller Sektoren der Gesellschaft lassen nur verstümmelte Lebensäußerungen zu, die einem schlechten Identitätsprinzip verfallen sind. Im vom Kapital gestifteten Entfremdungszusammenhang reproduziert sich das Identische im Nichtidentischen, die verschiedenen gesellschaftlichen Bereiche sind in jeweils spezifischer Weise von derselben Rationalität durchdrungen. Die unpersönliche, quantifizierende Rationalität der Kapitalverwertung, die zunehmend alle Lebenszusammenhänge, in die die Menschen verstrickt sind, ihrer Kontrolle unterwirft, abstrahiert vom Besonderen, vom Qualitativen. Das umfassende System des Warenverkehrs, mit seinen Tauschabstraktionen, setzt eine vereinheitlichende Tendenz durch, die dafür sorgt, daß sich im Verschiedenen das Immergleiche wiederholen muß. Die Defekte, die die schizophrenogene Familie kennzeichnen, sind Ausdruck der irrationalen Züge der sozialen Totalität.

Was die positivistische Familienforschung als Stereotypie von Rollenmustern ausmacht, die sich durch eine «nicht-gemeinsame Komplementarität» auszeichnen, ohne den Ursprung dessen, was ihr als Rollenzwang erscheint, aufzudecken, ist als Ausfluß eines gesamtgesellschaftlichen Entfremdungszusammenhangs zu begreifen. Die versteinerten Interaktionsmuster, die von wesentlichen Bedürfnissen der Familienmitglieder abstrahieren, entsprechen der mit dem Kapitalverhältnis verbundenen Tendenz zur Verdinglichung aller menschlichen Lebensäußerungen.

Das Kapital stiftet einen blinden Zwangszusammenhang, den die Menschen selbst geschaffen haben, dem sie aber zugleich als Opfer unterworfen sind und den sie ständig auf erweiterter Stufenleiter reproduzieren müssen. Die bürgerliche Gesellschaft ist nicht schlicht eine Assoziation von Individuen: «Die Gesellschaft besteht nicht aus Individuen, sondern drückt die Summe der Beziehungen, Verhältnisse aus, worin diese Indivi-

und Produktionsverhältnissen. Neben den formulierten Schattenseiten zeigt sie auch verschüttete emanzipatorische Potenzen.

duen zueinander stehen.»[1a] Das Kapitalverhältnis konstituiert ein System umfassender Verstrickungen, das sich gegenüber den Individuen als allgemeines verselbständigt. «In der bisherigen Geschichte ist es . . . eine empirische Tatsache, daß die einzelnen Individuen mit der Ausdehnung der Tätigkeit zur weltgeschichtlichen, immer mehr unter eine ihnen fremde Macht geknechtet worden sind, eine Macht, die immer massenhafter geworden ist und sich in letzter Instanz als Weltmarkt ausweist.»[2] Der Warenverkehr reduziert die Menschen auf Agenten, Träger des Warentausches, der ein Netz allseitiger Abhängigkeiten erzeugt, dem sich die einzelnen unterwerfen müssen, wenn sie nicht zugrunde gehen wollen. Die im Tauschprinzip verankerte Rationalität der kapitalistischen Produktionsweise, die die quantifizierende Abstraktion von allem Besonderen durchsetzt und damit die universelle Funktionalisierung erlaubt, versklavt Menschen und Dinge in allen Sektoren der Gesellschaft. Die Menschen werden als Agenten der verselbständigten Warenproduktion funktionalisiert, deren Arbeitsleistungen unter dem gemeinsamen Nenner abstrakter Arbeit quantifiziert werden. Der mit dem Tauschverkehr sich durchsetzende Realcharakter abstrakter Arbeit beinhaltet nicht nur, daß das Arbeitsvermögen von der Individualität des einzelnen abgetrennt wird und in Gestalt der Ware Arbeitskraft auf dem Markt erscheint, er beinhaltet auch die Gleichgültigkeit gegenüber jeder spezifischen Art der Arbeitsleistung. «Die Gleichgültigkeit gegen die bestimmte Arbeit entspricht einer Gesellschaftsform, worin die Individuen mit Leichtigkeit aus einer Arbeit in die andere übergehn und die bestimmte Art der Arbeit ihnen zufällig, daher gleichgültig ist. Die Arbeit ist hier nicht nur in der Kategorie, sondern in der Wirklichkeit als Mittel zum Schaffen des Reichtums überhaupt geworden und hat aufgehört als Bestimmung mit den Individuen in einer Besonderheit verwachsen zu sein. Ein solcher Zustand ist am entwickeltsten in der modernsten Daseinsform der bürgerlichen Gesellschaften – den Vereinigten Staaten. Hier also wird die Abstraktion der Kategorie ‹Arbeit›, ‹Arbeit überhaupt›, Arbeit sans phrase, der Ausgangspunkt der modernen Ökonomie erst praktisch wahr.»[3] Die Gleichgültigkeit der wirtschaftlichen Rationalität gegenüber der Besonderheit der menschlichen Existenz bringt es mit sich, daß die lebendige Individualität von aufgezwungenen ökonomischen Charaktermasken absorbiert wird. Die verselbständigte Macht des Kapitals, unter die die Menschen subsumiert werden, stiftet einen blinden Zwangszusammenhang, der traditionelle Schranken niederreißt, der aber zugleich der Entfaltung von menschlichen Produktivkräften und Bedürfnissen im Wege steht. Hinter der Reduktion der Indivi-

1 a K. Marx: Grundrisse der Kritik der politischen Ökonomie. Berlin 1953, S. 176.
2 K. Marx: Deutsche Ideologie. In: Die Frühschriften. Hg. von S. Landshut. Stuttgart 1953, S. 365.
3 K. Marx: Grundrisse der Kritik der politischen Ökonomie. S. 25.

duen auf ökonomische Charaktermasken, auf Anhängsel von Waren, verbirgt sich die Herrschaft von Menschen über Menschen. Die Herrschaft nimmt die Gestalt von Sachzwängen an, die das Schicksal der Menschen bestimmen. Die Rationalität der Macht der Bourgeoisie manifestiert sich in wirtschaftlichen Sachgesetzlichkeiten, von denen die Menschen als Unmündige mitgeschleift werden.

Der Warenverkehr stiftet ein System allseitiger Abhängigkeiten, das die Menschen als Agenten dieses Verkehrs zugleich voneinander isoliert. Auf dem Markt, wo der gesellschaftliche Charakter der Produktion erscheint, müssen die Menschen, deren Überleben vom Tausch abhängig ist, in feindliche Konkurrenzbeziehungen treten. Die «freien Eigentümer», die auf dem Markt konkurrieren, sind nur dadurch frei, daß ihr Handeln vorweg von blinden Marktgesetzen präformiert ist; sie sind nur Freie unter dem Diktat von aufoktroyierten ökonomischen Charaktermasken. «Nicht die Individuen sind freigesetzt in der freien Konkurrenz; sondern das Kapital ist freigesetzt. Solange die auf dem Kapital ruhende Produktion die notwendige, daher die angemessenste Form der Entwicklung der gesellschaftlichen Produktivkraft ist, erscheint das Bewegen der Individuen innerhalb der reinen Bedingungen des Kapitals als ihre Freiheit.»[4] «Diese Art individueller Freiheit ist daher zugleich die völligste Aufhebung aller individuellen Freiheit und völlige Unterjochung der Individualität unter gesellschaftliche Bedingungen, die die Form von sachlichen Mächten, ja von übermächtigen Sachen — von den sich beziehenden Individuen selbst unabhängigen Sachen — annehmen.»[5]

In der Sphäre der Warenzirkulation erscheinen die Individuen — zumindest unterm liberalen Konkurrenzkapitalismus — als formal gleiche, freie Besitzer von Äquivalenten. Als solche treten aber nur Individuen auf, die, als Mitglieder von Klassen, vorrangig in das System der privaten Produktion integriert sind. Als Austauschende agieren nur Mitglieder einer Gesellschaft, deren individuelle ökonomische Potenzen durch eine Produktionsweise festgelegt sind, die auf der Klassenspaltung basiert. Kapitalistische Produktionsverhältnisse, die eine Zirkulationssphäre mit sich bringen, die die Individuen als freie Tauschpartner erscheinen läßt, existieren nur, «wo der Besitzer von Produktions- und Lebensmitteln den freien Arbeiter als Verkäufer seiner Arbeitskraft auf dem Markt vorfindet»[6]. Beim Austausch zwischen Geld und der Ware Arbeitskraft sind die Arbeiter in doppelter Hinsicht frei: Sie sind freie Eigentümer ihrer Arbeitskraft und zugleich «frei» von Produktionsmitteln, die es ihnen ermöglichen würden, Waren zu produzieren. Aufgrund ihrer «Freiheit» von Produktionsmitteln sind die Arbeiter gezwungen, ihre Arbeitskraft als

4 Ebd., S. 544.
5 Ebd., S. 545.
6 K. Marx: Das Kapital I. Berlin 1960, S. 178.

Ware an die Produktionsmitteleigentümer zu verkaufen, wodurch sie zum Opfer der Ausbeutung werden, die ihnen die materielle, physische und psychische Verelendung einträgt. Indem die Arbeiter ihre Arbeitskraft an die Kapitalisten veräußern, müssen sie diesen den Gebrauchswert ihrer Arbeitskraft zu dem Zweck überlassen, möglichst viel Tauschwerte zu schaffen, die als Mehrwert den Tauschwert ihrer Arbeitskraft[7] übersteigen. Im Gegensatz zum egalitären Schein in der Zirkulationssphäre stehen sich damit im Bereich der Mehrwertproduktion ungleiche Interessen von Lohnarbeitern und Kapitalisten unversöhnlich gegenüber: Das Kapital verdankt seine Existenz, seine Entfaltung, seine Macht der Ausbeutung der lebendigen Arbeit, der Verkrüppelung des Arbeiters. Der Reichtum des Kapitalisten hat seine Kehrseite im Elend des Arbeiters. «Die Arbeit produziert Wunderwerke für die Reichen, aber sie produziert Entblößung für den Arbeiter. Sie produziert Paläste, aber Höhlen für den Arbeiter. Sie produziert Schönheit, aber Verkrüppelung für den Arbeiter. Sie ersetzt die Menschen durch Maschinen, aber sie wirft einen Teil der Arbeiter zu einer barbarischen Arbeit zurück und macht den anderen Teil zur Maschine. Sie produziert Geist, aber sie produziert Blödsinn, Kretinismus für den Arbeiter.»[8]

Die von der positivistischen Familienforschung ausgemachten Muster «pseudogemeinschaftlicher» Familienbeziehungen entsprechen den paradoxen gesamtgesellschaftlichen Abhängigkeitsverhältnissen unterm Kapitalismus.

Aufgrund der Organisationsprinzipien der kapitalistischen Ökonomie sind die Beziehungen der Lohnabhängigen zu den Produktionsmittelbesitzern in einer Weise strukturiert, die sie als beherrschte Klasse zwingt, ihr Schicksal von der sie ausbeutenden herrschenden Klasse abhängig zu machen und dabei ihre Bedürfnisbefriedigung auf ein Maß zurückzuschrauben, das dem ökonomischen Repressionszusammenhang entspricht. Der gesellschaftliche Entfremdungszusammenhang reduziert nicht nur die Entfaltungschancen der Beherrschten, sondern auch die der Herrschenden, wobei den Herrschenden allerdings das Privileg zufällt, sich in dieser Misere bequemer einrichten zu können, weil sie in der Lage sind, sich auf Kosten der Beherrschten zu bereichern. Solange das Kapital-

7 «Der Wert der Arbeitskraft, gleich dem jeder anderen Ware, ist bestimmt durch die zur Produktion, also auch Reproduktion, dieses spezifischen Artikels notwendige Arbeitszeit . . . Zu seiner Erhaltung bedarf das lebendige Individuum einer gewissen Summe Lebensmittel . . . Die zur Produktion der Arbeitskraft notwendige Arbeitszeit löst sich also auf in die zur Produktion dieser Lebensmittel notwendige Arbeitszeit oder der Wert der Arbeitskraft ist der Wert der zur Erhaltung ihres Besitzers notwendigen Lebensmittel.» K. Marx: Das Kapital I. S. 178 f.

8 MEGA I, S. 85, zitiert nach: Der Marxismus. Seine Geschichte in Dokumenten. Hg. von I. Fetscher. München 1962, S. 116.

verhältnis existiert, existiert auch eine paradoxe Interessenidentität von Lohnarbeit und Kapital, die dem grundlegenden Interessenantagonismus zwischen beiden zuwiderläuft.

Die «reale Fiktion» einer Interessenidentität von Bourgeoisie und Proletariat läßt sich, besonders in der Phase des Konkurrenzkapitalismus, wo die Gesetze des Äquivalententauschs noch weitgehend in Kraft sind, am ehesten in der Zirkulationssphäre etablieren. «Die Sphäre der Zirkulation oder des Warentausches, innerhalb deren Schranken Kauf und Verkauf der Arbeitskraft sich bewegt, war in der Tat ein wahres Eden der angeborenen Menschenrechte. Was allein hier herrscht, ist Freiheit, Gleichheit, Eigentum und Bentham! Denn Käufer und Verkäufer einer Ware, z. B. der Arbeitskraft, sind nur durch ihren freien Willen bestimmt. Sie kontrahieren als freie, rechtlich ebenbürtige Personen. Der Kontrakt ist das Endresultat, worin sich ihre Willen einen gemeinsamen Rechtsausdruck geben. Gleichheit! Denn sie beziehen sich nur als Warenbesitzer aufeinander und tauschen Äquivalent für Äquivalent. Eigentum! Denn jeder verfügt über das Seine. Bentham! Jedem von den beiden ist es nur um sich zu tun. Die einzige Macht, die sie zusammen und in ein Verhältnis bringt, ist die ihres Eigennutzes, ihres Sondervorteils, ihrer Privatinteressen. Und eben weil so jeder nur für sich und keiner für den anderen kehrt, vollbringen alle, infolge einer prästabilierten Harmonie der Dinge oder unter den Auspizien einer allpfiffigen Vorsehung nur das Werk ihres wechselseitigen Vorteils, des Gemeinnutzes, des Gesamtinteresses.»[9]

Selbst im Bereich der Produktion läßt sich eine partielle Interessenidentität zwischen Kapital und Arbeit ausmachen, die dem fundamentalen Interessengegensatz zwischen beiden auf paradoxe Art widerspricht. «Die Interessen des Kapitals und die Interessen der Arbeit sind dieselben, heißt nur: Kapital und Lohnarbeit sind zwei Seiten ein und desselben Verhältnisses. Die eine bedingt die andere, wie der Wucherer und der Verschwender sich gegenseitig bedingen. Solange der Arbeiter Lohnarbeiter ist, hängt sein Los vom Kapital ab. Das ist die vielgerühmte Gemeinsamkeit des Interesses von Arbeiter und Kapitalist. Die unerläßliche Bedingung für eine passable Lage des Arbeiters ist also möglichst rasches Wachsen des produktiven Kapitals.»[10]

Die falsche Interessenidentität zwischen Lohnarbeit und Kapital zeigt sich auf der Ebene des Gesamtkapitals wie auf der des Einzelkapitals. Ein besonderes Gewicht erhält sie auf der nationalen Ebene. Die Konkurrenz auf dem internationalen Markt fraktioniert das Gesamtkapital in nationale, untereinander konkurrierende Kapitale, an deren ökonomische Potenzen das Schicksal der Arbeiterklasse in den verschiedenen Ländern gekettet ist. Von der günstigen Position des nationalen Kapitals auf dem Welt-

9 K. Marx: Das Kapital I. S. 184.
10 MEGA VI, S. 411.

markt, von der Ausbeutung kolonialisierter Völker, profitiert partiell auch die Arbeiterklasse in den hochentwickelten Ländern. Der Imperialismus erzeugt eine falsche Solidarität zwischen Bourgeoisie und Proletariat, er liefert die Basis nationalistischer Ideologien, die Herrschende und Beherrschte im Kampf um die Ausbeutung fremder Völker vereinen.

Für eine «illusorische Gemeinschaftlichkeit» (Marx) sorgt der bürgerliche Staat als spezifische Widerspruchsebene der kapitalistischen Gesellschaft. Die vom Staat garantierten formellen Rechte billigen jedem erwachsenen Mitglied der Gesellschaft einen ähnlichen Status zu, indem sie von in Klassendifferenzen verankerten Privilegien abstrahieren. Die gleiche Chance aller Staatsbürger, etwa bei Wahlen zur Selektion von Funktionsträgern in den verselbständigten staatlichen Apparaten eine Stimme abgeben zu können, liefert den realen Schein von Egalität und demokratischer Mitentscheidung. Nicht jeder staatlichen Maßnahme steht auf die Stirn geschrieben, daß sie letztlich kapitalkonformen Charakter tragen muß und damit den Interessen der herrschenden Klasse dient: Rechtsstaatlichkeit und Sozialstaatlichkeit garantieren auch den Unterprivilegierten ein Minimum an Freiheitsspielraum und Daseinsfürsorge. Weil der Staat nicht primär die Interessen der Einzelkapitale, sondern das Interesse des Gesamtkapitals vertritt, gewinnt er den Schein der Unabhängigkeit von Partikularinteressen. Das Interesse des Gesamtkapitals kann einschließen, daß ein gewisser Rechtsschutz die elementarsten Bedürfnisse der Arbeiterklasse in Rechnung stellt, weil er einen «sozialen Frieden» zwischen den Klassen erleichtert, der es erlaubt, ungestört Geschäfte zu machen.

Die «staatliche Gemeinschaft» integriert im Interesse des Gesamtkapitals die Arbeiterklasse ins Bestehende, indem sie die traditionellen Organisationen der Arbeiterklasse, durch Bindung an ihre Regeln, in die vorhandenen Machtstrukturen einbaut. Die Bändigung der Gewerkschaften als «Sozialpartner», eine gezähmte, institutionalisierte sozialdemokratische Opposition entschärfen den Klassenkampf, weil sie der Arbeiterklasse suggerieren, im bestehenden ökonomischen System eine qualitative Verbesserung der Lebenschancen erreichen zu können. Die Verflechtung der traditionellen Arbeiterorganisationen mit dem Staat macht die Lage der Unterdrückten komfortabler, aber dies geschieht um den Preis ihrer Integration in ein irrationales Sozialsystem. Die staatliche Sistierung und Institutionalisierung des zentralen gesellschaftlichen Antagonismus zwischen Lohnarbeit und Kapital kann nicht verhindern, daß Widersprüche im Reproduktionssektor zu offenen Konflikten führen. Aus der Misere des Städte- und Wohnungsbaus, aus der Umweltzerstörung, aus den Mängeln im Bildungssektor resultieren manifeste Konflikte, die aber meist in falscher Perspektive interpretiert und ausgetragen werden, weil sie nicht im Kontext mit dem Hauptwiderspruch in der Produktionssphäre behandelt werden. Der Widerstand gegen Disproportionen bei der Verwendung des gesellschaftlich produzierten Reichtums, in denen sich die Unvernunft der Mehrwertproduktion ausdrückt, bindet Kräfte an der falschen Front, solange er nicht mit dem Kampf in den Zentren der Kapitalherrschaft verknüpft ist.

Der mit der kapitalistischen Produktionsweise einhergehende Widerspruch zwischen kollektiver Produktion und individueller Aneignung ihrer Ergebnisse bringt nichtintegrierbare Anforderungen an ihre Opfer mit sich, wie sie sie auch für den familiären Widerspruchszusammenhang typisch sind.[11]

In der kapitalistischen Gesellschaft sind die Beziehungen der Menschen von den Gesetzen des Warenverkehrs geprägt. Die Individuen haben am Lebensprozeß der Gesellschaft in erster Linie als Warenbesitzer teil; ihre Macht, ihr Freiheitsspielraum sind von Waren abhängig (zu denen auch die Arbeitskraft des Arbeiters gehört), zu deren Anhängsel sie von einer entfremdeten Produktionsweise reduziert werden. Die Individuen verkehren miteinander vorwiegend als Eigentümer von Waren, die genötigt sind, sich als Konkurrenten die Gesetze des Marktes im eigenen, borniert individuellen Interesse dienstbar zu machen. Nach der klassischen liberalen Ideologie der Bourgeoisie, die sich am Äquivalententausch in der Distributionssphäre orientierte, soll dabei durch den Konkurrenzmechanismus ein Interessenausgleich zwischen allen Mitgliedern der Gesellschaft zustande kommen. Die Freiheit und Gleichheit von Bürgern soll der anonyme Markt garantieren; mit der Durchsetzung einer individualistischen Interessenorientierung, mit der permanenten Konkurrenz zwischen atomisierten Individuen, die auf privaten Vorteil und bornierten Eigennutz pochen, soll eine «invisible hand» zugleich das allgemeine Wohl hervorbringen. In der Praxis der kapitalistischen Gesellschaft gibt der Konkurrenzmechanismus einzig den Besitzern von Produktionsmitteln die Chance, ein borniertes Eigeninteresse konsequent zu vertreten. Sie allein verfügen über die Mittel, private Interessen machtvoll durchzusetzen, weil ihre Verfügungsgewalt über die Produktionsmittel es ihnen erlaubt, die Arbeitskraft anderer im eigenen Interesse auszubeuten. Entgegen dem kollektiven Charakter der Produktion ist im Kapitalismus Eigentum und Verfügungsgewalt über die Produktionsmittel in den Händen einer privilegierten Minderheit konzentriert. Diese Minderheit, die die Macht des Kapitals personifiziert, ist in der Lage, sich gesellschaftlich produzierten Reichtum mit Hilfe der Ausbeutung privat anzueignen. Nur die Klasse, die über die Produktionsmittel verfügt, verfügt auch über verläßliche Mittel, private Interessen im Konkurrenzkampf durchzusetzen, während diejenigen, die vom Verkauf ihrer

11 Vgl. zum folgenden Abschnitt L. Hack, H. Neuendorf: Zur Vermittlung von gesellschaftlichem Sein und Bewußtsein. Unveröffentlichtes Manuskript, FU Berlin 1970.

Arbeitskraft leben müssen, als isolierte Einzelne mit stumpfen Waffen kämpfen. Eine individualistische Interessenorientierung ist der Interessenlage der Arbeiterklasse nicht angemessen. «Die Proletarier erfahren bei dem Versuch, ihre individuellen Interessen zu verfolgen, systematisch und alltäglich, daß diese Handlungsorientierung für sie unter den gegebenen Umständen zu keinem halbwegs dauerhaften Erfolg führt; das wird spätestens immer wieder deutlich bei saisonalen und krisenzyklischen Entlassungs- und Lohnkürzungswellen. Gerade so wie sie systematisch erfahren, daß das Privateigentum an Produktionsmitteln ‹gerade dadurch (existiert), daß es für 9/10 (der Bevölkerung) nicht existiert› (Marx, Kommunistisches Manifest), so erfahren sie kontinuierlich, daß individuelle Interessenorientierung als institutionalisierte Normenstruktur nur in dem Maß aufrechterhalten werden kann, in dem sie für immer mehr Menschen in dieser Gesellschaft unrealisierbar wird.»[12] Der kollektive Charakter der Produktion, die Rationalität der Produktivkräfte, das gemeinsame Interesse gegenüber dem Kapital zwingt die Arbeiter zur kollektiven Interessenorientierung. Das bürgerliche Ich-Ideal individueller Selbstverwirklichung, in Gestalt eines erfolgreichen Geschäftsmannes oder des einsamen Genies entspringt den Prinzipien der Individualkonkurrenz und des Privateigentums; ein spezifisch proletarisches Ich-Ideal ist an Kollektivität gebunden: Maximen, Parolen wie «Solidarität» oder «Alle Räder stehen still, wenn Dein starker Arm es will» repräsentieren eine unverstellte proletarische Identität.

Der Widerspruch zwischen dem mit dem Marktverkehr gesetzten Zwang zu individueller Interessenorientierung und dem mit der Klassenlage der Arbeiter gesetzten Zwang zu kollektiver Interessenorientierung konfrontiert den Proletarier ständig mit unvereinbaren Handlungsanforderungen. Mit dem Kapitalverhältnis gegebene institutionalisierte soziale Zwänge machen es den Arbeitern weitgehend unmöglich, ihrer objektiven Interessenlage angemessene, kollektiv-solidarische Handlungsmaximen zu befolgen; zugleich macht diese Interessenlage aber die Orientierung an bürgerlich-individualistischen Handlungsmaximen unmöglich, was eine ständige Aufforderung beinhaltet, das Verbot solidarischen Handelns zu durchbrechen. Die Konkurrenz auf dem Arbeitsmarkt zwingt die Arbeiter zu einer individualistischen Interessenorientierung; zugleich verlangt die gemeinsame Interessenlage aller Verkäufer der Ware Arbeitskraft gegenüber den Kapitaleigentümern Formen kollektiver Interessenvertretung, um diesen eine bestimmte Lohnrate oder bestimmte soziale Leistungen abzutrotzen. Der Mangel an wesentlichen sozialen Sicherungen beim Arbeiter, seine Misere, die Existenz an den Verkauf der Arbeitskraft ketten zu müssen, schließt für den einzelnen die Möglichkeit aus, diese Situation zu verlassen. Ein Ausbrechen aus dieser Situation wäre nur bei einem ent-

12 Ebd., S. 5 f.

wickelten Stand der Klassenkämpfe durch eine kollektive Umwälzung der gesellschaftlichen Verhältnisse möglich. Solange proletarische Organisationen fehlen, die aus dem Kapitalverhältnis resultierende Antagonismen durch offensives Handeln aufheben können, ist die Arbeiterklasse identitätszerstörenden Konstellationen hilflos ausgeliefert. Desorientierung, Resignation, Apathie kennzeichnen das Verhalten der Beherrschten, solange Organisationen fehlen, die imstande sind, mit kapitalalternativen kollektiven Handlungsmustern gegen vom Kapital gestiftete blinde geschichtliche Zwänge anzukämpfen.

Die identitätszerstörende Ohnmachtssituation des Arbeiters wird dadurch verschärft, daß die kapitalistische Produktionsweise ihn an der Entfaltung seiner geistigen Potenzen hindert.

Die mit dem Privateigentum gesetzte Trennung der unmittelbaren Produzenten von den Produktionsmitteln ist mit einer bestimmten Form der gesellschaftlichen Teilung der Arbeit verknüpft.[13] Die dichotomische Gliederung in Eigentümer und eigentumslose Produzenten, die sich von den Eigentümern ausbeuten lassen müssen, ist mit einer funktionalen Gliederung verbunden, die die körperliche und die geistige Arbeit auseinanderreißt und damit die Proletarier zu einer weitgehend geistlosen Existenz verdammt. Die herrschende Klasse vereinnahmt die immaterielle Produktion; die produktive Tätigkeit, die der beherrschten Klasse auferlegt wird, ist weitgehend von geistigen Funktionen abgelöst und auf habitualisierte körperliche Bewegungen reduziert.

«Die Gedanken der herrschenden Klasse sind in jeder Epoche die herrschenden Gedanken, d. h. die Klasse, welche die herrschende materielle Macht der Gesellschaft ist, ist zugleich ihre herrschende geistige Macht. Die Klasse, die die Mittel zur materiellen Produktion in ihrer Verfügung hat, disponiert damit zugleich über die Mittel zur geistigen Produktion, so daß ihr damit zugleich im Durchschnitt die Gedanken derer, denen die Mittel zur geistigen Produktion abgehen, unterworfen sind.»[14] Die geistige Arbeit spaltet sich in die Tätigkeiten der Ideologieproduzenten und die Tätigkeiten, die der Leitung der Produktionsprozesse dienen. «Die Teilung der Arbeit ... äußert sich auch in der herrschenden Klasse als Teilung der geistigen und materiellen Arbeit, so daß innerhalb dieser Klasse der eine Teil als Denker dieser Klasse auftritt, während die anderen sich zu diesen Gedanken und Illusionen mehr passiv und rezeptiv verhalten, weil sie in der Wirklichkeit die aktiven Mitglieder dieser Klasse sind und weniger Zeit dazu haben, sich Illusionen und Gedanken über sich selbst zu machen.»[15]

Die Ideologieproduzenten, zu denen Lehrer, Wissenschaftler, Juristen,

13 Vgl. hierzu M. Mauke: Die Klassentheorie von Marx und Engels. Frankfurt am Main 1971, S. 26 ff.
14 K. Marx: Die Deutsche Ideologie. In: Frühschriften. S. 373.
15 Ebd., S. 374.

Staatsdiener oder auch Ärzte und Künstler zu rechnen sind, erhalten ein besonderes Gewicht durch die Tatsache, daß die Generalisierung von Tausch, Privateigentum und Konkurrenz die Gesellschaft atomisiert und deshalb eine staatliche Administration und eine ideologische Integration, die das Allgemeine wenigstens als Überbau herstellen, unabdingbar notwendig sind.

In der großen Industrie, als dem der kapitalistischen Produktionsweise adäquaten Produktionsbetrieb, findet eine Teilung zwischen geistiger und körperlicher Arbeit statt, die der geistigen Arbeit Leitungs- und Koordinationsaufgaben, Planungs- und Kommunikationsprozesse überantwortet, die sie als hierarchisch gegliederte technische und kommerzielle «Intelligenz» zu vollbringen hat.

Die geistige Arbeit hat in der kapitalistischen Gesellschaft einen Doppelcharakter, in dem sich der Widerspruch zwischen Produktivkräften und Produktionsverhältnissen spiegelt. Die geistige Arbeit ist einerseits Teil der gesellschaftlichen Gesamtarbeit; andererseits konstituiert sie sich im Dienste des Kapitals als von der körperlichen Arbeit abgespaltene und dieser gegenüber feindliche Macht. Dieser Widerspruch manifestiert sich bei den Ideologieproduzenten in der Aufgabe, einerseits durch die Produktion falschen Bewußtseins die Verteidigung der herrschenden Ordnung zu besorgen und andererseits der rationalen theoretischen und praktischen Bewältigung der Realität zu dienen. Bei dem Teil der Kopfarbeit, der die geistigen Komponenten der industriellen Produktion vertritt, erscheint er in der Aufgabe, Teil des betrieblichen Gesamtarbeiters zu sein und zugleich im Interesse der Kapitalverwertung den körperlich arbeitenden Teil des Gesamtarbeiters zu unterdrücken. Die Doppelgesichtigkeit der geistigen Arbeit, die einerseits produktive geistige Potenzen entfaltet und andererseits im Dienste des Kapitals produktive geistige Potenzen zerstört, konfrontiert die von ihr Abhängigen mit widersprüchlichen «Botschaften», Anforderungen, die sie nicht integrieren können. Die von körperlicher Arbeit freigestellte geistige Arbeit verliert für das Proletariat nur ihre feindlichen Potenzen, wenn sie sich in den Dienst der Organisationen der Arbeiterbewegung stellt, um an der Aufhebung ihrer Privilegiertheit zu arbeiten. Nur Organisationen, die die Aufhebung der gesellschaftlichen Trennung von körperlicher und geistiger Arbeit soweit als möglich antizipieren, die um die Entfaltung der geistigen Potenzen des Arbeiters kämpfen, die die Macht haben, kapitalalternative Interpretationsmuster der Realität massenwirksam werden zu lassen, können die körperliche Arbeit aus dem Status des Opfers der geistigen Arbeit befreien.

Die Mittel zur Erhaltung eines familiären Terrorzusammenhangs, die die psychiatrische Familienforschung ausgemacht hat, haben Entsprechungen in den Verblendungszusammenhängen, die dem kapitalistischen Gesellschaftssystem auf gesamtgesellschaftlicher Ebene zur Verfügung stehen. <u>Die familiären Mystifikationen und die ideologischen Verschleierungen, die die Warenproduktion hervorbringt, sind Ausdruck derselben gesellschaftlichen Irrationalität.</u>

Die kapitalistische Produktionsweise, die die gesellschaftlichen Machtverhältnisse determiniert, produziert zugleich ihren ideologischen Schleier. Die unter der Regie des Kapitals erzeugten Ideen haben die Aufgabe, durch Verhüllungen oder falsche Interpretationen von Widersprüchen der Systemstabilisierung zu dienen. In einer Gesellschaft, in der die Ware zur «Universalkategorie des gesamten gesellschaftlichen Seins» (Lukács) geworden ist, entfalten sich die Beziehungen der Menschen nach den Prinzipien des Warentauschs. Die Individuen sind in gesellschaftliche Prozesse primär als Warenbesitzer verstrickt, ihre Beziehungen untereinander sind – verdinglicht – die ihrer Waren. Die Warenproduktion hat die mystifizierende Konsequenz, daß die sozialen Beziehungen der Menschen ein Ausfluß der Eigenschaften von Waren zu sein scheinen. Die Produkte der menschlichen Hand scheinen dadurch mit eigenem Leben ausgestattet, sie scheinen untereinander und mit den Menschen Beziehungen aufzunehmen. «Das Geheimnisvolle der Warenform besteht also einfach darin, daß sie den Menschen die gesellschaftlichen Charaktere ihrer eigenen Arbeit als gegenständliche Charaktere der Arbeitsprodukte selbst, als gesellschaftliche Natureigenschaften dieser Dinge zurückspiegelt, daher auch das gesellschaftliche Verhältnis der Produzenten zur Gesamtarbeit als ein außer ihnen existierendes gesellschaftliches Verhältnis von Sachen. Durch dieses Quidproquo (diese Vertauschung) werden die Arbeitsprodukte Waren, sinnlich übersinnliche oder gesellschaftliche Dinge.»[16] Dieser «Fetischcharakter der Warenwelt» entspringt dem eigentümlichen Charakter der gesellschaftlichen Arbeit, welche Waren produziert. Gebrauchsgegenstände werden zu Waren, weil sie Produkte von Privatarbeiten sind, die unabhängig voneinander geleistet werden. Die gesellschaftliche Gesamtarbeit ist im System der Warenproduktion als Komplex von Privatarbeiten organisiert, was zur Konsequenz hat, daß der gesellschaftliche Charakter der Produktion erst im Austauschprozeß der Waren erscheint. «Oder die Privatarbeiten betätigen sich in der Tat als Glieder der gesellschaftlichen Gesamtarbeit durch die Beziehungen, worin der Austausch die Arbeitsprodukte und vermittelst derselben die Produzenten versetzt. Den letzteren erscheinen daher die gesellschaftlichen Beziehungen ihrer Privatarbeiten als das, was sie sind, d. h. nicht als unmittelbar gesellschaftliche Verhältnisse der Personen in ihren Arbeiten selbst, sondern vielmehr als sachliche Verhältnisse der Personen und gesellschaftliche Verhältnisse der Sachen.»[17]

Der Warenfetischismus bildet gleichsam eine primäre Ideologie, das

16 K. Marx: Das Kapital I. S. 77 f.
17 Ebd., S. 78.

Fundament von politischen, religiösen oder philosophischen Ideologien. Zu der mit der Universalität der Warenform einhergehenden umfassenden Entfremdung gehört die im Bewußtsein der Menschen herrschende Entfremdung. Das tote Kapital, das in der bürgerlichen Gesellschaft über die lebendige Arbeit herrscht, bildet den realen Kern, den die mysteriösen Wesenheiten umhüllen, die das Bewußtsein der Menschen bevölkern. «Die religiöse Entfremdung als solche geht nur in dem Gebiet des Bewußtseins des menschlichen Innerns vor sich, aber die ökonomische Entfremdung ist die des wirklichen Lebens – ihre Aufhebung umfaßt daher beide Seiten.»[18] Die Gesellschaft streift ihren ideologischen Schleier nur ab, wenn die materielle Produktion unter die bewußte, planmäßige Kontrolle frei vergesellschafteter Menschen gestellt wird.

In den ideologischen Gedankengebäuden sind Wahrheit und Falschheit verschränkt, die Wahrheit über die gesellschaftlichen Verhältnisse wird in ihnen verkehrt widergespiegelt. Die Wahrheit erscheint in ihnen, aber in falscher Gestalt, in perspektivischer Verzerrung, mystisch verkleidet.

Ideologie ist von der materiellen gesellschaftlichen Praxis abgespaltenes Bewußtsein, das zugleich dem sozialen Kräftespiel verhaftet ist und eine bestimmte Funktion in ihm erfüllt. Die verkehrte intellektuelle Erfassung gesellschaftlicher Prozesse wird möglich, wenn der direkte Zusammenhang zwischen geistiger Arbeit und unmittelbarer Produktionsarbeit unterbrochen ist. Die Verselbständigung des Bewußtseins entspringt einer gesellschaftlichen Teilung der Arbeit, welche geistige Arbeit zum Privileg einer von physischer Arbeit freigestellten Minderheit macht. Nur wenn die Teilung der Arbeit zur Sonderung der geistigen von den körperlichen Tätigkeiten führt, «kann sich das Bewußtsein wirklich einbilden, etwas anderes als das Bewußtsein der bestehenden Praxis zu sein, wirklich etwas vorzustellen, ohne etwas Wirkliches vorzustellen – von diesem Augenblick an ist das Bewußtsein imstande, sich von der Welt zu emanzipieren und zur Bildung der reinen Theorie, Theologie, Philosophie, Moral etc. überzugehen».[19]

Die Abspaltung des Bewußtseins, als ideologisches, von der materiellen Praxis beinhaltet auch seine Abspaltung von verändernder politischer Praxis, die auf die Versöhnung der sozialen Realität mit ihrem Anspruch drängt. Da die Ideologien von der herrschenden materiellen Praxis abgelöst sind, tauchen die realen gesellschaftlichen Antagonismen, an denen eine auf kollektive Emanzipation gerichtete Praxis festzumachen wäre, in ihnen nicht auf. Ideologien dienen der Absicherung des geschichtlich gewordenen gegenüber freiheitlicheren Alternativen; sie zementieren die bestehenden Machtverhältnisse. Die herrschende Klasse ist zugleich die im Denken herrschende Klasse, wenn auch vermittelter als eine naive

18 K. Marx: Die Deutsche Ideologie. In: Frühschriften. S. 96.
19 K. Marx: Nationalökonomie und Philosophie. In: Frühschriften. S. 236.

interessenpsychologische Interpretation annimmt.

Ideologie ist Rechtfertigung, sie setzt voraus, daß ein gesellschaftlicher Zustand als problematisch erfahren wird, den es zu verteidigen gilt. Gleichzeitig ist sie auf die Idee der Gerechtigkeit bezogen, ohne die eine solche apologetische Notwendigkeit entfallen würde. Die Idee der Gerechtigkeit hat ihren Ursprung im Äquivalententausch der Warenzirkulation: Ideologie entstammt ihrem Wesen nach einer brügerlichen Tauschwirtschaft. «Als objektiv notwendiges und zugleich falsches Bewußtsein, als Verschränkung des Wahren und Unwahren, die sich von der vollen Wahrheit ebenso unterscheidet wie von der bloßen Lüge, gehört Ideologie, wenn nicht bloß der modernen, so jedenfalls einer entfalteten städtischen Marktwirtschaft an.»[20] Unterm monopolistisch organisierten Kapitalismus verliert der traditionelle Ideologiebegriff, der an der Analyse der Theologie, der bürgerlichen Philosophie und nationalökonomischen Theorie entfaltet wurde, partiell seine Substanz. Die neue Vergesellschaftungsqualität des Kapitals verändert den Klassenantagonismus und die ihn sichernden Herrschaftsinstrumente. Der mit der Konzentration und Zentralisierung des Kapitals verbundene Abbau der relativen Selbständigkeit der Verteilungssphäre zerstört die traditionellen Legitimationsplakate des Bestehenden, die dem mit diesem Abbau zerfallenden Äquivalententausch in dieser Sphäre entsprangen. Die kapitalistische Herrschaft wird in gewisser Weise legitimationsunfähig, sie kann sich nicht mehr unpolitisch geben, weil sie sich nicht mehr durch die «reale Fiktion» des Äquivalententauschs verhüllen kann. Die herrschende Klasse muß die instrumentelle Vernunft im Hinblick auf autoritäre oder totalitäre technokratische Praktiken politisieren, ihre Legitimationsanstrengungen, die einst an Vernunft appellierten, verwandeln sich weitgehend in Manipulation, die auf die zerstörte Identität von Menschen zugeschnitten ist.

Bei fortgeschrittener Arbeitsteilung in den hochgradig konzentrierten Wirtschaftseinheiten honoriert das Kapital vor allem hochspezialisiertes intellektuelles Expertentum und nicht das Bemühen um Übersicht über das soziale Ganze, um die sich das aufsteigende Bürgertum während seines Ringens mit dem Feudalismus um die Macht in der Gesellschaft noch bemühen mußte. Hochgezüchtete Intelligenz in Teilbereichen korrespondiert mit der Infantilität des übrigen Bewußtseins. Mit der Unfähigkeit, die gesellschaftliche Totalität zu begreifen, wächst die Anfälligkeit für politische Wahnsysteme, weil das fehlende gesellschaftliche Bewußtsein es verunmöglicht, soziale Konflikte rational anzugehen. «Die Erfahrung individueller Ohnmacht, die in dem Maße zunimmt, wie die zunehmend arbeitsteilige Produktion die Menschen zugleich isoliert und integriert, wird durch jene Orientierungslosigkeit ungemein verstärkt; aus dieser

20 «Ideologie». In: Soziologische Exkurse. Frankfurter Beiträge zur Soziologie 4, Frankfurt am Main 1969, S. 168.

Erfahrung entspringt ein großes Potential von Angst, der die Individuen in geschichtlichen Situationen, in denen diese Angst virulent wird, nur irrationale Reaktionen entgegenzusetzen haben.»[21] Die Manipulationsapparate des Herrschaftssystems sind auf dieses Angstpotential und die mit ihm einhergehenden vernunftfeindlichen psychischen Dispositionen zugeschnitten. Ein blinder Antikommunismus beispielsweise kann von den herrschaftskonformen Massenmedien im Bewußtsein der Massen verankert werden, weil er verspricht, verzerrte elementare psychische Bedürfnisse einfacher zu befriedigen als die folgenlosen Mühen rationaler individueller geistiger Anstrengungen.

«Von Ideologie läßt sich nur soweit reden, wie ein Geistiges selbständig, substantiell und mit eigenem Anspruch aus dem gesellschaftlichen Prozeß hervorgeht. Ihre Unwahrheit ist stets der Preis eben dieser Ablösung, der Verleugnung des gesellschaftlichen Grundes. Aber auch ihr Wahrheitsmoment haftet an solcher Selbständigkeit, an einem Bewußtsein, das mehr ist als der bloße Ausdruck des Seienden, und das danach trachtet, das Seiende zu durchdringen.»[22] Signatur des falschen Bewußtseins ist heute eher das Fehlen dieser Selbständigkeit als ein trügerischer Autonomieanspruch. Die Gedanken werden korrumpiert, weil der entfremdete Produktionsapparat mit der zunehmenden Vergesellschaftung der geistigen Arbeit durch das Kapital immer mehr alle Bewußtseinsregungen einfängt und reglementiert, weil das Bewußtsein als bloßes Durchgangsmoment in die Schaltung verselbständigter gesellschaftlicher Apparate eingespannt wird.

Die Autonomie geistiger Produkte war schon immer dadurch begrenzt, daß sie über den Markt verteilt wurden, daß sie ihren Urhebern den Lebensunterhalt sichern mußten. Die Praxis der spätkapitalistischen Kulturindustrie zerstört weitgehend diese relative Autonomie, das Profitprinzip durchdringt geistige Produkte nun ungebrochen: Kulturwaren sind einzig auf das Prinzip ökonomischer Verwertbarkeit ausgerichtet, sie sind unmittelbar an Profitchancen orientiert: ihr Tauschwert überwältigt ihren Gebrauchswert.

Die Funktion der alten Ideologien, die Konformität mit dem Status quo zu sichern, wird nicht zuletzt in den verhüllten Zwängen des Konsums etabliert. Falsches Bewußtsein schlägt sich kaum noch in differenzierten intellektuellen Systemen oder deren Ablegern nieder, es nimmt unter anderem in industriell produzierten Zwangsritualen, in einem System fremdgesteuerter Konsumgewohnheiten Gestalt an. Die Produkte der Kulturindustrie sprechen nicht das Bewußtsein autonomer Subjekte an, sie sind auf sozialstrukturell bedingte seelische Verstümmelungen zugeschnitten. Ideologie sedimentiert sich in verformten Charakterstrukturen,

21 H. Schnädelbach: Was ist Ideologie. In: Das Argument 50, 1969, S. 90.
22 Ideologie. In: Soziologische Exkurse. S. 176.

sie zeigt sich eher im Unbewußten als im Bewußtsein der Massen. Eine Totalität von industriell verfertigten Erzeugnissen modelliert das Bewußte und Unbewußte der sie konsumierenden Massen. Die kapitalistisch organisierte Produktion «verkauft» mit ihren Produkten das soziale System als Ganzes; jede Werbung für eine Ware wirbt zugleich für das System der Warenproduktion. Wohnungseinrichtungen, Automobile, Kleider, Filme prägen als «normal» deklarierte Haltungen geistige und emotionale Einstellungen, die die Verbraucher an die bestehende Produktionsweise binden. Die Zwänge der industriellen kapitalistischen Integrationskultur und die von Arbeit und Familie produzierten seelischen Verstümmelungen sind funktional aufeinander bezogen. Die Manipulationsagenturen knüpfen an die seelische Verelendung der Massen an, sie liefern Ersatzbefriedigungen, die sich dem Bestehenden fügen. Die Massenmedien halten die subversiven, emanzipatorischen Gehalte von Bedürfnissen in Schranken, indem sie aufzeigen, wie die Herrschaft und ihre Gefolgschaft mit Abweichung und Aufstand umzugehen pflegen. (Jeder Kriminalfilm ist eine Werbung für eine den Status quo sichernde Staatsgewalt). Die Verhaltensmuster, die sie propagieren, organisieren die Angst vor dem Widerstand und halten die Opfer um den Preis ihrer Autonomiebestrebungen bei der Stange. Sie verbreiten die Anforderungen einer Herrschaft, der die Massen nur genügen können, wenn sie ihre Identität opfern, weil ihre aufgeklärten Interessen und Bedürfnisse nicht in die aufoktroyierten Schablonen passen.

Die Sündenbockstrategien und Verheimlichungsmechanismen der schizophrenogenen Familie entsprechen den Diskriminierungstaktiken und Tabuisierungszwängen auf gesamtgesellschaftlicher Ebene. Den voneinander isolierten Opfern kapitalistischer Herrschaft ist es verwehrt, die aus den Versagungen entfremdeter Verhältnisse resultierende Aggressivität gegen ihre Ursachen zu richten. Anstatt an die Zerstörung des «Gehäuses der Hörigkeit» zu gehen, anstatt sich gegen ihre Unterdrückung aufzulehnen, müssen sie die aus aufgestauter Aggressivität gespeiste Zerstörungswut gegen sich selbst und diejenigen richten, die Opfer sind wie sie selbst. Die im Klassenantagonismus verankerten Konfliktpotentiale zeitigen systemsprengende Konsequenzen, wenn nicht Sündenböcke als Ventil für sie aufladende Destruktionsneigungen zur Verfügung stehen, auf deren Kosten sich eine falsche Solidarität zwischen Herrschenden und Beherrschten etablieren läßt. Die mit undemokratischen Verhältnissen einhergehende Bedürfnisrepression verlangt im Interesse des Status quo Abwehrmechanismen, mit deren Hilfe verdrängte Triebregungen auf wehrlose Minderheiten, auf Juden, ausländische Arbeiter, Strafgefangene, Homosexuelle projiziert werden können und dabei der Diskriminierung verfallen. Diejenigen, die der Rationalität des Bestehenden nicht gänzlich verfallen sind, und deshalb die Sehnsucht nach

Arbeit schändet nicht . . .

... schrieb Hesiod vor mehr als zweieinhalbtausend Jahren. Nichtstun ist aber auch schön, bemerkte schon Cicero. Doch leider verkaufen die Götter uns alle guten Sachen nur für den Preis der harten Arbeit. Das schrieb Leonardo da Vinci.

Armut ist zwar auch kein Laster, um Ostrowskij zu zitieren. Aber sie ist noch beschwerlicher als die Arbeit.

einem anderen Leben wachrufen, das sich die Massen nicht gestatten dürfen, oder diejenigen, die die gesellschaftlich verordneten Verstümmelungen offen repräsentieren, die die Massen bei sich selbst nicht wahrnehmen wollen, ziehen eine gesellschaftlich produzierte Wut auf sich. In Gestalt derjenigen, die nicht «dazu»gehören, werden die eigenen verstümmelten und pervertierten Sehnsüchte bekämpft, um die erpreßte Konformität mit dem Bestehenden zu erleichtern. Gegenüber den «anderen» reduzieren sich die Unterschiede zwischen Ausbeutern und Ausgebeuteten, gegenüber ihnen gibt es nur anständige Menschen, «Deutsche», für die das Übel im Fremden verankert ist und nicht im Unterdrückungszusammenhang der wildgewordenen Ökonomie.

Mit den Vorurteilsmechanismen sind systemstabilisierende Tabuisierungszwänge gekoppelt. Der mit dem Privateigentum verbundene bornierte Individualismus, die Konkurrenz der Wirtschaftssubjekte auf dem Markt, die mit der naturwüchsig sich entfaltenden Arbeitsteilung verbundene Fragmentierung von Lebensbereichen erzeugen Verschleierungen, sie zwingen die Individuen, ihr Denken und Handeln vor anderen geheimzuhalten. Die Barrieren, die der Transparenz des sozialen Lebens entgegenstehen, erzeugen ein soziales Klima, das von Täuschungsmanövern, Tabus und diesen entsprechendem Mißtrauen geprägt ist und deshalb ständig projektive Realitätsdeutungen hervorbringt, die Ängste und Unsicherheiten einfangen sollen.

Die Verheimlichungsmechanismen werden dadurch verstärkt, daß das von den Bewußtseinsagenturen produzierte «offizielle» Bewußtsein, im Dienste der Systemstabilisierung, bestimmte Denkverbote setzt. So unterbindet beispielsweise auf der politischen Ebene die von den Agenturen des Kapitals erzeugte Öffentlichkeit die Diskussion über die Tatsache, daß autoritäre staatliche Machtausübung durch pseudodemokratische Rituale verhüllt werden kann, die mit dem Anspruch auftreten, Demokratie zu realisieren. Wer in Frage stellt, daß das System der parlamentarischen Demokratie unter den bestehenden gesellschaftlichen Verhältnissen seinem Anspruch gerecht wird, die Selbstbestimmung des Volkes zu gewährleisten, wird als Feind der Demokratie gebrandmarkt. Die Produktionssphäre, in der kapitalistische Macht- und Ausbeutungsverhältnisse ihr Zentrum haben, wird von den Bewußtseinsagenturen weitgehend tabuisiert. Die privilegierte soziale Lage der Ideologieproduzenten, die sie von der Sphäre der materiellen Produktion fernhält, und die Interessen ihrer Auftraggeber sorgen dafür, daß die Fabrik für diejenigen, die nicht oder noch nicht in ihr arbeiten müssen, ein unbekanntes Terrain bleibt. Die Unwissenheit der Ideologieproduzenten darüber, daß ihre sozialen Privilegien dem der Arbeiterklasse in der Fabrik abgepreßten Mehrwert entstammen, schafft ihnen als Bevorrechtigten ein gutes Gewissen, das ihr Arrangement mit dem Bestehenden erleichtert.

Das Interesse am Schicksal derjenigen, die weder als Produzenten noch als Konsumenten wesentliche soziale Bedeutung haben, fällt in der bestehenden Gesellschaft einem kollektiven Verdrängungsmechanismus zum Opfer. Das materielle und seelische Elend von Millionen Alten, Kranken, Obdachlosen, Eingesperrten, psychisch Abweichenden wird mit einem kollektivierten Tabu durch diejenigen belegt, denen ein günstigeres Arrangement mit dem System gelungen ist. Das von den Bewußtseinsagenturen entworfene Bild der sozialen Realität verhüllt deren Schattenseiten und verweigert den Unterprivilegierten eine Begrifflichkeit, mit deren Hilfe sie ihre Interessen formulieren könnten. Die Beherrschten sind gezwungen, eine von Herrschaftsinteressen durchdrungene falsche Sprache zu benutzen, die es ihnen verwehrt, die Ursachen ihrer Misere unter dem Gesichtspunkt ihrer Aufhebung zu durchleuchten. Ihre Ohnmacht macht die Massen bereit, das Opfer des Bewußtseins zu bringen, weil der Blick auf die Katastrophe, die jedem droht, unerträglich ist, solange die kollektiven Aktionen, die sie bannen könnten, nicht organisiert sind.

Der Übergang vom Konkurrenzkapitalismus zum Monopolkapitalismus verschärft die kapitalistischen Widersprüche, er treibt die Irrationalität des kapitalistischen Entfremdungszusammenhangs in seiner imperialistischen Phase auf die Spitze. Eine neue Vergesellschaftungsqualität des Kapitals, die den Widerspruch zwischen Produktivkräften und Produktionsverhältnissen, zwischen kollektiver Produktion und privater Aneignung verschärft, bringt zunehmend die Vergesellschaftung des Eigentums auf der Basis des Privateigentums und die Vergesellschaftung der produktiven Arbeit auf der Basis der Lohnarbeit mit sich. In der Aktiengesellschaft erhält das Kapital eine vergesellschaftete Form: «Das Kapital, das an sich auf gesellschaftlicher Produktionsweise beruht und eine gesellschaftliche Konzentration von Produktionsmitteln und Arbeitskräften voraussetzt, erhält hier direkt die Form von Gesellschaftskapital (Kapital direkt assoziierter Individuen) im Gegensatz zum Privatkapital, und seine Unternehmungen treten auf als Gesellschaftsunternehmungen im Gegensatz zu Privatunternehmungen. Es ist die Aufhebung des Kapitals als Privateigentum innerhalb der Grenzen der kapitalistischen Produktionsweise selbst.»[23] Die Durchsetzung der Aktiengesellschaft macht den traditionellen Typus des fungierenden Kapitalisten obsolet, lohnabhängige Manager lassen den Eigentümer als überflüssige Figur aus dem Produktionsbereich verschwinden. Die Aktiengesellschaft verwandelt den «wirklichen fungierenden Kapitalisten in einen bloßen Dirigenten, Verwalter fremden Kapitals und die Kapitaleigentümer in bloße Eigentümer, bloße Geldkapitalisten.»[24] Auch der Staat gewinnt unterm Monopolkapitalismus neue

23 K. Marx: Das Kapital III. S. 452.
24 Ebd., S. 452.

Qualitäten; seine unterm liberalen Konkurrenzkapitalismus fast gänzlich außerökonomische Zwangsgewalt gewinnt zunehmend unmittelbar ökonomische Potenzen, der Staatsinterventionismus in der wirtschaftlichen Sphäre wird zur Dauernotwendigkeit.

Die Zentralisation des Kapitals verwandelt immer mehr Mitglieder der Gesellschaft in Lohnabhängige, die in Kooperationsbeziehungen in der industriellen Produktion eingegliedert werden; die zunehmende reelle Subsumtion der geistigen Arbeit unters Kapital bringt deren Integration in den produktiven betrieblichen Gesamtarbeiter mit sich. «Da mit der Entwicklung der reellen Subsumtion der Arbeit unter das Kapital oder der spezifisch kapitalistischen Produktionsweise nicht der einzelne Arbeiter, sondern mehr und mehr ein sozialkombiniertes Arbeitsvermögen der wirkliche Funktionär des Gesamtarbeitsprozesses wird, und die verschiedenen Arbeitsvermögen, die konkurrieren und die gesamte produktive Maschine bilden, in sehr verschiedener Weise an dem unmittelbaren Prozeß der Waren- oder besser hier Produktbildung teilnehmen, der eine mehr mit der Hand, der andere mehr mit dem Kopf arbeitet, der eine als Manager, engineer, Technologe ect., der andere als Overlooker, der dritte als direkter Handarbeiter oder sogar bloß als Handlanger, so werden mehr und mehr Funktionen von Arbeitsvermögen unter den unmittelbaren Begriff der produktiven Arbeit und ihre Träger unter dem Begriff der produktiven Arbeiter, direkt vom Kapital ausgebeuteter und seinem Verwertungs- und Produktionsprozeß untergeordneter Arbeiter einrangiert.»[25] Der neuen Vergesellschaftungsqualität der Arbeit als Lohnarbeit entsprechen entfaltete gewerkschaftliche Organisationsformen, die den kollektiven Verkauf der Ware Arbeitskraft organisieren, die die Interessen der Arbeiter gegenüber dem Kapital kollektiv vertreten und sie zugleich in dessen System integrieren.

In «Die Entwicklung des Sozialismus von der Utopie zur Wissenschaft» schildert Engels 1882 die Dynamik der Widersprüche in der Entfaltung der kapitalistischen Produktionsweise in der Phase des Übergangs zum Monopolkapitalismus: «Es ist dieser Gegendruck der gewaltig anwachsenden Produktivkräfte gegen ihre Kapitaleigenschaft, dieser steigende Zwang zur Anerkennung ihrer gesellschaftlichen Natur, der die Kapitalstenklasse selbst nötigt, mehr und mehr, soweit dies innerhalb des Kapitalverhältnisses überhaupt möglich, sie als gesellschaftliche Produktivkräfte zu behandeln. Sowohl die industrielle Hochdruckperiode mit ihrer schrankenlosen Kreditaufblähung, die der Krach selbst durch den Zusammenbruch großer kapitalistischer Etablissements, treiben zu derjenigen Form der Vergesellschaftung größrer Massen von Produktionsmitteln, die uns in den verschiedenen Arten von Aktiengesellschaften gegenübertritt.

25 K. Marx: Resultate des unmittelbaren Produktionsprozesses. Frankfurt am Main 1966. S. 66.

Manche dieser Produktions- und Verkehrsmittel sind von vornherein so kolossal, daß sie, wie die Eisenbahnen, jede andere Form kapitalistischer Ausbeutung ausschließen. Auf einer gewissen Entwicklungsstufe genügt auch diese Form nicht mehr; die inländischen Großproduzenten eines und desselben Industriezweiges vereinigen sich zu einem Trust, eine Vereinigung zum Zweck der Regulierung der Produktion; sie bestimmen das zu produzierende Gesamtquantum, verteilen es unter sich und erzwingen so den im voraus festgesetzten Verkaufspreis. Da solche Trusts aber bei der ersten schlechten Geschäftszeit meist aus dem Leim gehen, treiben sie eben dadurch zu einer noch konzentrierteren Vergesellschaftung: Der ganze Industriezweig verwandelt sich in eine einzige große Aktiengesellschaft, die inländische Konkurrenz macht dem inländischen Monopol dieser einen Gesellschaft Platz ... In den Trusts schlägt die freie Konkurrenz um ins Monopol, kapituliert die planlose Produktion der kapitalistischen Gesellschaft vor der planmäßigen Produktion der hereinbrechenden sozialistischen Gesellschaft. Allerdings zunächst zu Nutz und Frommen der Kapitalisten ... So oder so, mit oder ohne Trusts, muß schließlich der offizielle Repräsentant der kapitalistischen Gesellschaft, der Staat, die Leitung der Produktion übernehmen. Diese Notwendigkeit der Verwandlung in Staatseigentum tritt zuerst hervor bei den großen Verkehrsanstalten: Post, Telegrafen, Eisenbahnen. Wenn die Krisen die Unfähigkeit der Bourgeoisie zur ferneren Verwaltung der modernen Produktivkräfte aufdekken, so zeigt die Verwandlung der großen Produktions- und Verkehrsanstalten in Aktiengesellschaften, Trusts und Staatseigentum die Entbehrlichkeit der Bourgeoisie für jenen Zweck. Alle gesellschaftlichen Funktionen des Kapitalisten werden jetzt von besoldeten Angestellten versehen. Der Kapitalist hat keine gesellschaftliche Tätigkeit mehr, außer Revenuen einstreichen, Kuponabschneiden und Spielen an der Börse, wo die verschiednen Kapitalisten untereinander sich ihr Kapital abnehmen. Aber weder die Verwandlung in Aktiengesellschaften und Trusts noch die in Staatseigentum hebt die Kapitaleigenschaft der Produktivkräfte auf. Bei den Aktiengesellschaften und Trusts liegt dies auf der Hand. Und der moderne Staat ist wieder nur die Organisation, welche sich die bürgerliche Gesellschaft gibt, um die allgemeinen äußeren Bedingungen der kapitalistischen Produktionsweise aufrechtzuerhalten gegen Übergriffe sowohl der Arbeiter wie der einzelnen Kapitalisten. Der moderne Staat, was auch seine Form ist, ist eine wesentlich kapitalistische Maschine, Staat der Kapitalisten, der ideelle Gesamtkapitalist. Je mehr Produktivkräfte er in sein Eigentum übernimmt, desto mehr wird er wirklicher Gesamtkapitalist, desto mehr Staatsbürger beutet er aus. Die Arbeiter bleiben Lohnarbeiter, Proletarier. Das Kapitalverhältnis wird nicht aufgehoben, es wird vielmehr auf die Spitze getrieben.»[26]

26 F. Engels: Die Entwicklung des Sozialismus von der Utopie zur Wissen-

Seine äußerste Zuspitzung erreicht das Kapitalverhältnis unterm Faschismus, wo es nur noch durch offene Gewalt aufrechterhalten werden kann. Das auf dem Äquivalententausch und der Vertragsfreiheit fußende System erklärt mit der Weltwirtschaftskrise seinen Bankrott und wird in der nationalsozialistisch verfaßten Gesellschaft durch eine Form der Kapitalherrschaft abgelöst, die Tauschverhältnisse und Ausbeutungsraten durch gesetzliche Regelungen, durch staatliche und halbstaatliche Planung, durch Terror reguliert. «Die Zwangstauschgesellschaft tritt an die Stelle der Tauschgesellschaft.»[27] Die auf dem Privateigentum basierende Gesellschaft trennt sich von den traditionellen Privateigentümern, die früheren Bürger reorganisieren sich als «Volksgenossen» im Interesse des Gesamtkapitals: «Gemeinnutz geht vor Eigennutz.» Das von traditionellen bürgerlichen Hemmungen befreite Expansionsinteresse des Kapitals bricht sich ungehemmt Bahn; mit Gewalt, Terror und Krieg. Der Widerspruch zwischen Produktivkräften und Produktionsmitteln erreicht seine extremste Form; technische und menschliche Produktivkräfte verwandeln sich in Mittel totaler Destruktion. Das Kapital befreit sich von dem zu seiner Fessel gewordenen traditionellen bürgerlichen Überbau; es befreit sich vom bürgerlichen Rechtsstaat und der parlamentarischen Demokratie. Es errichtet eine totalitäre Ordnung, die die Arbeiterklasse ihrer Organisationen beraubt und sie zum wehrlosen Opfer einer Gewaltherrschaft macht, mit der sie zugleich eine paradoxe Komplicenherrschaft eingehen muß: «Im Spätkapitalismus verwandeln sich die Menschen zuerst in Unterstützungsempfänger und dann in Gefolgschaften.»[28] Das Produktionssystem verselbständigt sich in seiner Gesamtheit den Menschen gegenüber derart, daß es sich in eine Art ungeheure Höllenmaschine mit einer dämonischen Rationalität verwandelt, der sich die wehrlosen Massen als «Menschenmaterial» eingliedern müssen. Der scheinbar allmächtige faschistische Führer ist nichts als ein Agent der totalen Herrschaft des toten Kapitals über die lebendige Arbeit, dem die Aufgabe zufällt, den menschlichen Kitt für ein unmenschliches Funktionssystem zu liefern, indem er die pathischen Projektionen des zerstörten Ich der Unterdrückten einfängt.

Die Vergesellschaftung des Kapitals und der Arbeit, als falsche Formen der Vergesellschaftung auf der Basis der bestehenden Eigentumsordnung, erreichen unterm Faschismus ein neues Niveau. Das Kapital vergesellschaftet sich auf der Basis des Privateigentums tendenziell auf nationaler Ebene. Es verbindet sich zur Durchsetzung seiner Partikularinteressen unmittelbar mit dem Staat und einem terroristischen Parteiapparat, der mit dessen Administration kooperiert. Eine neue Vergesellschaftungsstufe der Arbeit, auf der Basis der Lohnarbeit, die weitgehend aufhört «freie»

schaft. Zitiert nach: Marx, Engels: Ausgewählte Werke. Berlin 1968, S. 131 ff.
27 O. Negt, A. Kluge: Öffentlichkeit und Erfahrung. Frankfurt am Main 1972, S. 280.
28 M. Horkheimer: Die Juden in Europa. Raubdruck o. J., S. 3.

Lohnarbeit zu sein und sogar für wesentliche Bevölkerungsgruppen den Charakter einer Sklavenarbeit erhält, nimmt mit Hilfe der Arbeitsfront, im Arbeitsdienst, im KZ Gestalt an. Die Massen müssen sich in von der herrschenden Klasse für zivile und militärische Zwecke einsetzbare Kollektive verwandeln, für die sie durch eine in verstärktem Maße vergesellschaftete Erziehung gedrillt werden.

Die faschistische Vergesellschaftung von Kapital und Arbeit läßt das allgemeine und das besondere Interesse mehr denn je unversöhnt, sie ist damit zugleich der extremste Gegensatz zu einer auf Solidarität beruhenden wirklichen Vergesellschaftung. Die assoziierten Agenten der Kapitalfraktionen und die mit ihnen verbündeten Eliten von Staat und Partei liefern sich unter der Oberfläche des Führerstaates erbitterte Interessenkämpfe. Diese können nur dadurch in Grenzen gehalten werden, daß sich die Machtträger im Interesse des Ganzen, das im Dienste des Großkapitals funktioniert, zusammenschließen müssen, um die Massen in Schach zu halten. Auch die faschistische Vergesellschaftung der Arbeit schafft zugleich das genaue Gegenteil eines wirklichen Gattungslebens. «Das atomistische Prinzip, nach dem der Erfolg des einen mit dem Elend des anderen zusammenhing, ist heute noch verschärft. In den faschistischen Verbänden herrschen Gleichheit und Brüderlichkeit nur an der Oberfläche. Der Kampf um den Aufstieg in der barbarischen Hierarchie macht aus den Genossen präsumptive Gegner. Der Umstand, daß in der Kriegswirtschaft mehr Arbeitsplätze als Arbeiter vorhanden sind, hebt den Konflikt aller mit allen nicht auf. Die Unterschiede zwischen den Löhnen in den einzelnen Fabriken, für Männer und Frauen, für Arbeiter und Angestellte, für verschiedene Kategorien von Proletariern sind krasser als früher. Mit der Abschaffung der Arbeitslosigkeit ist die Vereinsamung der Menschen nicht durchbrochen worden. An die Stelle der Furcht vor dem Verlust des Arbeitsplatzes tritt die Furcht vor dem Staat. Die Angst atomisiert.»[29]

Die individuelle psychische Katastrophe, die die Identität des Individuums hinwegrafft, trägt die Züge dessen, was die Psychiatrie als Schizophrenie klassifiziert; die kollektive psychische Katastrophe, die ganze Völker ihrer Identität beraubt, nimmt unterm Faschismus Gestalt an. Die schizophrenogene Familie ist die Wahrheit des Gewaltzusammenhangs der Kleinfamilie, der Faschismus ist die Wahrheit des Gewaltzusammenhangs der kapitalistischen Gesellschaft. Die faschistische «Volksgemeinschaft» mit ihren Mustern totaler Abhängigkeit, die eine paradoxe Solidarität zwischen Herrschenden und Beherrschten hervorbringen, ihren irrationalen Autarkiebestrebungen, ihrem Ethnozentrismus, ihren versteinerten, ritualisierten Verkehrsformen, ihrem wütenden Interessenkampf der Herrschenden unter der Oberfläche des Führerstaates, ihrer Liquidie-

29 Ebd., S. 6.

rung von sozialen Minderheiten, die die Rolle des Sündenbocks spielen müssen, ihrer Zerstörung eines realitätsgerechten sozialen Bewußtseins zeigt die Züge der familiären «Pseudogemeinschaft» in vergrößertem Maßstab.

Wie Adorno u. a. ermittelt haben, zeichnen sich die Parteigänger des Faschismus durch spezifische Charakterstrukturen aus.[30] Der Typus des «autoritätsgebundenen Charakters», der am Modell des sich proletarisierenden Kleinbürgers entwickelt wurde, der in seiner Person gesellschaftliche Widersprüche in besonders extremer Weise austragen muß, trägt Züge, von denen die Autoren annehmen, daß sie auch bei bestimmten Gruppen von Psychotikern anzutreffen sind. Als typisch für faschistoide psychische Dispositionen gelten: Eine gestörte Identität, ein schwaches Ich, ein veräußerlichtes Über-Ich, die zur Unterwerfung unter machtvolle Autoritäten zwingen; mangelnde Gefühlsbindungen bzw. Kontaktstörungen, die sich in Oberflächlichkeit, Kälte und Teilnahmslosigkeit äußern; heftiger Widerstand gegen jede Selbstreflexion; Schwierigkeiten bei der Findung einer sexuellen Identität, die sich in einer ausgeprägten verdrängten passiv homosexuellen Komponente des Charakters manifestieren; starre Verhaltensrituale; verzerrte, projektive Wahrnehmungsstrukturen; hochgradig stereotype Denkmuster, die der Realität nicht angemessen sind.

Die subjektiven Voraussetzungen für die Einreihung in die Gefolgschaft der Reaktion erzeugt den Autoren zufolge eine Familie, die wesentliche Gemeinsamkeiten mit der von der psychiatrischen Familienforschung ausgemachten schizophrenogenen Familie aufweist. «Die Ergebnisse haben gezeigt, daß Individuen, die als besonders anfällig für faschistische Propaganda angesehen werden können, eine Ideologie vertreten, die eine starre, unkritische Identifizierung mit der Familie fordert. Außerdem lassen diese Personen erkennen, daß sie sich in ihrer frühen Kindheit der Autorität der Familie absolut unterwarfen. Gleichzeitig erweist sich aber das im Grunde Unechte der Familie darin, daß die faschistisch gesinnten Personen keine echte Beziehung zu ihren Eltern besitzen, sondern diese nur in einer ganz konventionellen und äußerlichen Weise akzeptieren. Eben diese Verbindung von Unterwürfigkeit und Kälte ist es, die den potentiellen Faschisten von heute mehr als irgend etwas anderes kennzeichnet.»[31]

Der autoritätsgebundene Charakter entspringt einer Sozialisation unter hochgradig starren familiären Interaktionsmustern, die jede Autonomiebestrebung ersticken. «Der autoritätsgebundene Charakter reagiert

30 Th. W. Adorno u. a.: The Authoritarian Personality. New York 1950; Kurzfassung Max Horkheimer: Autorität und Familie in der Gegenwart. In: Zur Kritik der instrumentellen Vernunft. Frankfurt am Main 1967, S. 268 ff.
31 M. Horkheimer: Autorität und Familie in der Gegenwart. S. 280.

völlig konventionell und stereotyp.»[32] «Der autoritätsgebundene Charakter hält starr an konventionellen Werten auf Kosten jeder autonomen moralischen Entscheidung fest.»[33] Der potentielle Faschist war in seiner Kindheit Familienverhältnissen unterworfen, die Muster totaler, die Individualität des Kindes negierender Abhängigkeit zeigen. Die Konsequenz: «Er ist durch und durch ‹autoritär›, d. h. er akzeptiert Autorität um ihrer selbst willen und fordert ihre rigorose Anwendung. Seine verdrängte Rebellion gegen Autorität richtet sich ausschließlich gegen die Schwachen.»[34] Die Unfähigkeit sich vom Familiensystem abzugrenzen, zeitigt «eine starre, unkritische Identifikation mit der Familie».[35] Die terroristischen Abhängigkeitsbezeichnungen in der Familie werden durch Mystifikationen oder Tabuisierungszwänge verschleiert. Der Autoritäre «idealisiert seine Eltern». «Dies verhüllt aber oft nur schwach seine Feindseligkeit. Er betont ständig das Positive und lehnt kritische Einstellungen als destruktiv ab.»[36] Die «Pseudogemeinschaft» duldet keine Aufdeckung und offene Austragung von Konflikten, die den familiären Rahmen in Frage stellen könnten. «Trotz seiner allgemeinen Verachtung für seine Zeitgenossen verleugnet er nicht nur seine inneren Konflikte, sondern auch Zwistigkeiten in der Familie und in der Gruppe, der er sich zugehörig fühlt.»[37] Die gestörten emotionalen Beziehungen in der Familie hinterlassen eine weitreichende Liebesunfähigkeit: «Dinge sind ihm wichtiger als Menschen, und in den Menschen sieht er überhaupt Werkzeuge oder Hindernisse — also Dinge.»[38] Das psychische Überleben des Autoritären basiert auf der seelischen Ausbeutung der Schwachen; er externalisiert seine Ängste und psychischen Verstümmelungen, die er sich selbst nicht eingestehen kann, und bekämpft sie in Gestalt wehrloser Opfer. «Er haßt alles, was schwach ist, und nennt es eine Last oder einen Fremdkörper.»[39] «Er zeigt kein Mitleid mit den Armen.»[40] Seine verdrängten Aggressionsneigungen gegen die Autorität richten sich gegen wehrlose Opfer, auf die verdrängte Persönlichkeitsanteile projiziert werden.

Das gestörte Verhältnis zu den Eltern, die Schwierigkeit, sich mit ihnen zu identifizieren, bringt starke Ängste in bezug auf den Umgang mit sexuellen Regungen mit sich. Da eine stabile sexuelle Identität nicht entwickelt werden kann, klammert sich der Autoritätsgebundene zwanghaft an stereotype Geschlechterrollenmuster, um die pervers gewordenen Regungen im Zaum zu halten. «In geschlechtlicher Hinsicht überbewertet er

32 Ebd., S. 281.
33 Ebd., S. 283.
34 Ebd., S. 284.
35 Ebd., S. 280.
36 Ebd., S. 285.
37 Ebd., S. 286.
38 Ebd., S. 285.
39 Ebd., S. 283.
40 Ebd., S. 284.

das Ideal des ‹Normalen›. Der Mann schätzt Männlichkeit über alles; die Frau möchte den Inbegriff des Weiblichen verkörpern.»[41] «Er besteht auf sexueller Reinheit, Moralität oder zumindest Normalität, ist aber zugleich von sexuellen Vorstellungen besessen und wittert überall Laster. Wenn er von bösen Mächten spricht, verweilt er gerne bei Orgien, sexuellen Perversionen und dergleichen.»[42] Der Trostlosigkeit einer Existenz, die jeden Sinnzusammenhang destruiert, begegnet der Autoritätsgebundene mit einem zwanghaften Optimismus. «Er bekennt sich zum offiziellen Optimismus; Pessimismus ist dekadent.»[43]

Einer Arbeiterklasse ohne kämpferische Organisationen, der das Kapital statt proletarischer Solidarität kleinbürgerliche Verhaltensweisen aufzwingt, in der sie ihre genuinen Interessen und Bedürfnisse nicht unterbringen kann, sind faschistoide Dispositionen keineswegs fremd. Das autoritäre Einstellungssyndrom der Unterschichten [44] schlägt sich in Phasen wirtschaftlicher Prosperität und solange die Interessen der Arbeiter von reformistischen Organisationen wenigstens ansatzweise vertreten werden, politisch vor allem in Apathie und Resignation, aber auch in der Diskriminierung von Minderheiten nieder. Wie die gegenwärtige Situation in den Vereinigten Staaten zeigt, sind große Teile der Arbeiterklasse, die von völlig systemkonformen gewerkschaftlichen Organisationen erfaßt sind und der kapitalistischen Integrationskultur keinerlei emanzipatorische proletarische Alternativen entgegensetzen können, durchaus bereit, sich für eine zunehmende Faschistisierung der Gesellschaft einspannen zu lassen. Bei massiven Krisenerscheinungen des Systems, wenn sich die herrschende Klasse des bürgerlichen Rechtsstaats entledigt und die Arbeiterklasse mit terroristischen Mitteln von ihren Organisationen entblößt wird, kann, wie das Beispiel des deutschen Faschismus zeigt, das Proletariat bereit sein, sich einer Katastrophenpolitik einfügen zu lassen, die offen gegen seine Interessen gerichtet ist. Besonders die politisch desorientierten, von den traditionellen Arbeiterorganisationen nicht erfaßten untersten Schichten der Arbeiterklasse mit «lumpenproletarischen» Einschlägen zeigen eine Affinität zu Formen reaktionärer Gewaltherrschaft.[45] Die Schichten, denen die mit ihrer materiellen Misere verbundene psychische Verelendung die höchsten Raten an Psychosen oder anderen Formen von selbstzerstörerischem dissozialem Verhalten einträgt, zeigen auch die größte Anfälligkeit gegenüber reaktionären politischen Bewegungen, wenn sie nicht von der Arbeiterbewegung erfaßt werden.

41 Ebd., S. 284.
42 Ebd., S. 285.
43 Ebd., S. 285.
44 Vgl. hierzu Cohen und Hodges: Characteristics of the Blue-Collar-Class. In: Social Problems 10, 1963, S. 303 ff.
45 Vgl. hierzu S. M. Lipset: Political Man. New York 1960.

Die autoritätsgebundenen, faschistoiden Charaktere, denen die Ausbildung eines autonomen Ich mißlang, sind freilich keine «Irren», keine Schizophrenen im psychopathologischen Sinn. Der kollektive Wahn, an dem sie teilhaben, bewahrt sie vor der offenen Psychose. Ein abgekapselter, institutionalisierter Wahn erlaubt ihnen, sich im Umgang mit dem Bestehenden sogar besonders «realistisch» zu verhalten. Das Pathologische ihres Verhaltens steckt sowohl im Wahn wie in diesem Realismus, der mit einer weitgehenden affektiven Verarmung und Beziehungslosigkeit einhergeht. Die Kollektivierung des pathologischen Potentials unterm Faschismus wird als individuelle Entlastung erfahren: bestimmte Pathologische Charakterzüge werden nicht mehr als normabweichend diskriminiert, ihre Träger sind deshalb nicht von der Stigmatisierung bedroht, was die Angst vor diesen Zügen reduziert. Die «unheilbar Gesunden», die sich für die extremsten Unmenschlichkeiten einspannen lassen, ohne sichtbar psychischen Schaden daran zu nehmen, entgehen der individuellen psychischen Katastrophe, weil die Gesellschaft ihre Defekte im Dienste einer Rationalität organisiert, die die kollektive Katastrophe einschließt.

Sozialisation als Produktion der Ware Arbeitskraft

Die Sozialisation des Arbeiterkindes für sein zukünftiges Leben unter kapitalistischen Verhältnissen ist, auch wenn die Sozialisationsagenten sich dessen nicht bewußt sind, in erster Linie Erziehung für seine zukünftige Rolle als Träger der Ware Arbeitskraft: Die Fabrik ist die zentrale Institution im Leben des Arbeiters. Als allgemeine Bestimmung für die Konstitution der gesellschaftlichen Realität gilt: «Es ist jedesmal das unmittelbare Verhältnis der Eigentümer der Produktionsbedingungen zu den unmittelbaren Produzenten – ein Verhältnis, dessen jedesmalige Form stets naturgemäß einer bestimmten Entwicklungsstufe der Art und Weise der Arbeit und daher ihrer gesellschaftlichen Produktivkraft entspricht –, worin wir das innerste Geheimnis, die verborgene Grundlage der ganzen gesellschaftlichen Konstruktion ... finden».[1] Die Analyse der Organisationsprinzipien der Produktionseinheiten wirft Licht auf die Organisationsprinzipien aller anderen gesellschaftlichen Institutionen. Die Erfassung der Anatomie des Industriebetriebs liefert einen Schlüssel zur Erfassung der Anatomie der Arbeiterfamilie.

Arbeitsbereich und Familienbereich, als Sphären der kollektiven Produktion und der privaten Konsumtion, sind aufeinander bezogen. Der Arbeiter muß während der Arbeitszeit den Gebrauchswert seiner Arbeitskraft dem Kapital zur Konsumtion überlassen; als Gegenleistung erhält er

---

1 K. Marx: Das Kapital III. Berlin 1960, S. 842.

Geld, mit dem er Waren erwerben kann, deren Gebrauchswerte von der Familie konsumiert werden müssen, um die Reproduktion der Arbeitskraft der Eltern und die Produktion des Arbeitsvermögens ihren Nachkommen zu ermöglichen. Um als Produktions- bzw. Reproduktionsstätte der Arbeitskraft dienlich zu sein, muß die Familie strukturelle Defekte aufweisen, die der Irrationalität der Produktionssphäre in bestimmter Weise entsprechen. Die Sozialisation des Arbeiterkindes unter pathogenen Familienverhältnissen liefert die Basis eines Arbeitervermögens, das sich der Rationalität der entfremdeten Produktion fügt.[1a]

Das Fundament der Arbeitskraft muß in der Familie unter strukturellen Gegebenheiten erzeugt werden, die die der Arbeitssphäre in spezifischer Weise vorwegnehmen. Die Verkehrsformen und Handlungsmuster in der Familie und in der Fabrik sind selbstverständlich nicht unmittelbar identisch; Familie, Schule und Industrie fordern verschiedene Verhaltensweisen, die zu integrieren die Ich-Identität des Arbeiters sogar überfordert. Die lebensgeschichtlichen Brüche, die der heranwachsende Proletarier verarbeiten muß, erzeugen Identitätskrisen, die, wenn sie nicht in eine politische Identität münden, es dem Kapital erleichtern, die Arbeiterklasse zu beherrschen. Trotz aller Differenzen zwischen den Ansprüchen der verschiedenen Lebenssphären sind diese aber von den vereinheitlichenden Prinzipien des Tauschs und der abstrakten Arbeit so durchdrungen, daß sie auf bestimmte Art und Weise derselben Rationalität gehorchen: Im Nichtidentischen reproduziert sich Identisches. Das Identische aller Sphären erlaubt es, daß die Defekte, die sie und die Brüche zwischen ihnen erzeugen, sich so akkumulieren, daß ein Sozialcharakter entsteht, der für die entfremdete Produktion geeignet ist. Das psychische Elend, das der familiäre Gewaltzusammenhang hervorbringt, ist konstitutiv für die proletarische Arbeitskraft, es garantiert die Eingliederung in den Gewaltzusammenhang der kapitalistischen Produktion.

Die sozialen Beziehungen in der proletarischen Kleinfamilie werden kaum von den aufgeklärten Interessen und Bedürfnissen ihrer Mitglieder bestimmt. Die Struktur der Familie wird Eltern und Kindern von einer blinden gesellschaftlichen Notwendigkeit auferlegt. Der Familienverband kettet die Individuen so aneinander, daß sie sich nicht wirklich selbst gehören können, sondern in ihrer Verbindung zugleich voneinander isoliert sind. Die vorgegebenen Interaktionsmuster lassen nur verstümmelte Lebensäußerungen zu, die von außen auferlegten materiellen Zwängen und den Zwängen einer blinden Triebökonomie gehorchen müssen. In der Kleinfamilie sind die Interessen der Einzelnen nicht mit den Interessen aller versöhnt, die einzelnen müssen sich gegenseitig verraten, beschädi-

---

1a Mit dieser Feststellung soll nicht ausgeschlossen werden, daß familiäre Sozialisationsleistungen unter bestimmten Umständen auch disfunktional für den Produktionsbereich werden können.

gen, verderben, um in einem irrationalen Zwangszusammenhang gemeinsam überleben zu können. Die Familie zeigt Muster einer paradoxen Abhängigkeit des Kindes: Das schwache, isolierte Wesen ist einer elterlichen Gewalt ausgeliefert, von der es sich um eine entfaltete Subjektivität bringen lassen muß, um am Leben bleiben zu können. Die Bedürfnisse des Kindes sind für die Eltern nur insofern von Interesse, als sie sich für deren verzerrten Triebregungen funktionalisieren lassen, die Eltern verdanken ihr psychisches Gleichgewicht der emotionalen «Ausbeutung» der von ihnen abhängigen Heranwachsenden. Die Abhängigkeiten des Kindes von den Eltern beinhalten Beziehungsmuster, die das Kind mit nicht integrierbaren Verhaltenszwängen konfrontieren. Die Eltern sind für das Kind lebensnotwendige Interaktionspartner, Mitglieder derselben Klasse und zugleich feindliche Macht, indem sie als Agenten der Kapitalherrschaft fungieren müssen. Der familiäre Widerspruchszusammenhang sichert seine Stabilität durch Verschleierungsmechanismen und durch seiner offenen oder latenten Gewaltsamkeit entsprechenden Abwehrstrategien.

Im Zwangssystem der Familie, das es an seiner Entfaltung hindert, erfährt das Arbeiterkind potentiell die Organisationsprinzipien der kapitalistischen Produktion, die die Entfaltung der menschlichen Produktivkraft sabotieren. Die Kleinfamilie in der Arbeiterklasse beschränkt die Entfaltungschancen des Kindes in einer Weise, die die spätere Unterwerfung unter die Regeln fremdbestimmter Arbeit vorbereitet. Was die psychiatrische Forschung als starre Rollenmuster, Double-Bind-Konstellationen, pseudogemeinschaftliche Beziehungen, Isolierungstendenzen des Familiensystems, als Sündenbockjagd oder Mystifikationsstrategien bei schizophrenogenen Familien ausmacht, ist mit wesentlichen Aspekten der industriellen Produktion als Kapitalverwertungsprozeß in bestimmter Weise identisch.

Die Mehrwertproduktion fordert Produktionseinheiten, Formen der Kooperation, deren Funktionieren auf der Verstümmelung des Arbeiters basiert. Was die kapitalistische Produktionsweise auszeichnet, ist «eine besondere Form der Entwicklung der gesellschaftlichen Produktivkräfte der Arbeit, aber als dem Arbeiter gegenüber verselbständigte Kräfte des Kapitals und in direktem Gegensatz daher zu seiner, des Arbeiters eigener Entwicklung».[2] Die Dominanz des Kapitalverwertungsprozesses über den Arbeitsprozeß, die es mit sich bringt, daß Gebrauchswerte für die ökonomische Rationalität primär als Träger von Tauschwerten Bedeutung gewinnen, führt dazu, daß die abstrakte Arbeit, auf der der Tauschwert basiert, zunehmend Realcharakter erhält. Das mit dem Tauschverkehr verbundene Prinzip der quantifizierenden Abstraktion von allem Besonderen leitet eine rationell-kalkulatorische Zerlegung des Arbeitsprozesses

2 K. Marx: Das Kapital III. S. 937.

an, die von der Individualität der Arbeiter abstrahiert.[2a] Die Bedürfnisse der Arbeiter, als der unmittelbaren Produzenten, werden im Betrieb nur insofern berücksichtigt, als sie einem möglichst effizienten Tauschwert bzw. einer Mehrwertproduktion dienlich sind. In die konkret nützliche Tätigkeit, die der Arbeiter ausführen muß, kann er daher seine Individualität kaum noch einbringen. Für den Kapitalisten ist der konkret nützliche Charakter der Arbeit, als Lebensäußerung des Arbeiters, nur insofern von Interesse, als er sich für die Rationalität der Kapitalverwertung funktionalisieren läßt.

Das Schicksal des Arbeiters ist im Rahmen der kapitalistischen Produktionsweise an das Interesse des Produktionsmittelbesitzers gekettet, er muß sich von diesem ausbeuten und entmenschlichen lassen, weil er sein Leben nur reproduzieren kann, wenn dieser bereit ist, ihm seine Arbeitskraft zur Verwertung abzukaufen. Der Arbeiter ist gezwungen, um zu überleben, der Macht, die ihn unterdrückt, zur Entfaltung zu verhelfen. Solange der Arbeiter Lohnarbeiter ist, ist sein Schicksal auf paradoxe Art von dem Unternehmen abhängig, dem er seine Arbeitskraft verkauft. Der Arbeiter ist genötigt, um seine Reproduktionsbasis zu sichern, dafür zu sorgen, daß das Einzelkapital, von dem er unmittelbar abhängig ist, dadurch seine Verwertungschancen realisieren kann, daß es ihm möglichst viel Mehrwert abpreßt, indem es seine Menschlichkeit destruiert.

Die Kooperation in der kapitalistischen Produktion, als historisch spezifische Erscheinungsform des gesellschaftlichen Charakters der Arbeit, wird nicht den Gebrauchswertinteressen der unmittelbaren Produzenten entsprechend organisiert. Die Art der Kooperation wird den Arbeitern vom Kapital verordnet, sie wird von denjenigen im Interesse des Kapitals geplant, die als Kopfarbeiter von der unmittelbaren Produktion getrennt sind. Die Kooperation ist Ausdruck der Produktivkraft des Gattungsvermögens, die vom Kapital auf spezifische Weise eingefangen werden. «Die Kooperation der Lohnarbeiter ist ferner bloße Wirkung des Kapitals, das sie gleichzeitig anwendet. Der Zusammenhang ihrer Funktionen und ihre Einheit als produktiver Gesamtkörper liegt außer ihnen, im Kapital, das sie zusammenbringt und zusammenhält. Der Zusammenhang ihrer Arbeiten tritt ihnen daher ideell als Plan, praktisch als Autorität des Kapitals gegenüber, als Macht eines fremden Willens, der ihr Tun seinem Zweck unterwirft.»[3] Die Kooperation wird nicht vom Willen und Bewußtsein der Arbeiter gelenkt, in ihr sind diese außer sich. «Als unabhängige Personen sind die Arbeiter Vereinzelte, die in ein Verhältnis zu demselben Kapital, aber nicht zueinander treten. Ihre Kooperation beginnt erst im Arbeitsprozeß, aber im Arbeitsprozeß haben sie bereits aufgehört, sich selbst zu

2 a Vgl. hierzu G. Lukács: Geschichte und Klassenbewußtsein. Neuwied 1968, S. 170 ff.
3 K. Marx: Das Kapital I. S. 347.

gehören. Als Kooperierende, als Glieder eines werktätigen Organismus, sind sie selbst nur eine besondere Existenzweise des Kapitals.»[4] Die Beziehungen zwischen den Menschen im Bereich der Produktion gehorchen nicht, oder höchstens ansatzweise, ihren Bedürfnissen, sie werden ihnen vom Kapital diktiert; zwischen den Arbeitern herrscht eine objektiv gesetzte Gleichgültigkeit.[5] Die Menschen verkehren im Betrieb gleichgültig miteinander, weil ihre Beziehungen nicht wirklich ihre Beziehungen sind. Die Gleichgültigkeit des Kapitals gegenüber der besonderen Form der Tätigkeit, die die abstrakte Arbeit real werden läßt, die die Arbeit zu etwas Mechanischem, Leerem macht, macht zugleich die Beziehungen zwischen den Menschen, die die Arbeit mit sich bringt, zu etwas Leerem, Mechanischem, Abstraktem, in das Individualität kaum eingebracht werden kann. Weil sich die Arbeiter als unwillige Kooperationspartner — unwillig, weil sie die Arbeit, die sie verbindet, ablehnen müssen — auch noch als Konkurrenten auf dem Arbeitsmarkt, beziehungsweise als Rivalen in bezug auf die Besetzung bestimmter Positionen im Kooperationsgefüge gegenüberstehen, trägt ihre Beziehung Züge offener oder latenter Feindschaft. Das menschliche Gattungsleben, welches das Kapital in der industriellen Produktion organisiert, wird durch unerfüllte Bedürfnisse, ritualisierte Verkehrsformen, Gleichgültigkeit und Rivalitäten verstümmelt.

Der Doppelcharakter des Produktionsprozesses, als Arbeitsprozeß und Kapitalverwertungsprozeß, bindet die Handarbeiter auf widersprüchliche Art an die die Produktion leitenden Kopfarbeiter. Die Kopfarbeiter sind einerseits Repräsentanten der Kapitalherrschaft: Ihre Aufgabe ist es, die körperliche Arbeit so zu verplanen und zu kontrollieren, daß aus ihr möglichst viel Mehrwert herausgepreßt werden kann. Andererseits sind die Kopfarbeiter ein Teil des betrieblichen Gesamtarbeiters. «Wie im Natursystem Kopf und Hand zusammengehören, vereint der Arbeitsprozeß Kopfarbeit und Handarbeit. Später scheiden sie sich bis zum feindlichen Gegensatz. Das Produkt verwandelt sich überhaupt aus dem unmittelbaren Produkt des individuellen Produzenten in ein gesellschaftliches, in das gemeinsame Produkt eines Gesamtarbeiters, d. h. eines kombinierten Arbeitspersonals, dessen Glieder der Handhabung des Arbeitsgegenstandes näher oder ferner stehen. Mit dem kooperativen Charakter des Arbeitsprozesses selbst erweitert sich daher notwendig der Begriff der produktiven Arbeit und ihres Trägers, des produktiven Arbeiters. Um produktiv zu arbeiten, ist es nicht mehr nötig, selbst Hand anzulegen; es genügt, Organ des Gesamtarbeiters zu sein, irgendeine seiner Unterfunktionen zu vollziehen.»[6] Mit der zunehmenden reellen Subsumtion der geistigen Arbeit

4 Ebd., S. 349.
5 Zur Analyse der «objektiv gesetzten Gleichgültigkeit», vgl. L. Hack u. a.: Klassenlage und Interessenorientierung. In: Zeitschrift für Soziologie 1, 1972, S. 15 ff.

unter das Kapital wird ihre Integration in die betriebliche Gesamtarbeit ständig verstärkt. «Da mit der Entwicklung der reellen Subsumtion der Arbeit unter das Kapital oder der spezifisch kapitalistischen Produktionsweise nicht der einzelne Arbeiter, sondern mehr und mehr ein sozial kombiniertes Arbeitsvermögen der wirkliche Funktionär des Gesamtarbeitsprozesses wird, und die verschiedenen Arbeitsvermögen, die konkurrieren und die gesamte produktive Maschine bilden, in sehr verschiedener Weise an den unmittelbaren der Waren — oder hier besser der Produktionsbildung teilnehmen, der eine mehr mit der Hand, der andere mehr mit dem Kopf arbeitet, der eine als manager, engineer, Technolog etc., der andere als Overlooker, der dritte als direkter Handarbeiter oder gar bloß als Handlanger, so werden mehr und mehr Funktionen von Arbeitsvermögen unter den unmittelbaren Begriff der produktiven Arbeit und ihre Träger unter den Begriff der produktiven Arbeiter direkt vom Kapital ausgebeuteter und seinem Verwertungs- und Produktionsprozeß untergeordneter Arbeiter einrangiert.» [6a]

Die Kopfarbeiter repräsentieren die geistigen Potenzen des kollektiven Arbeitsvermögens, die durch ihre Scheidung von den körperlichen Potenzen und ihre Verbindung mit dem Kapitalinteresse zu einer fremden, feindlichen Macht für die Handarbeiter werden. Solange das Kapital die Trennung zwischen Kopfarbeit und Handarbeit aufrechterhält, haben die Kopfarbeiter für die körperlich Arbeitenden ein Doppelgesicht; sie stellen alternative, nicht integrierbare Anforderungen an die Handarbeiter. Sie fordern einerseits für den Arbeitsprozeß funktionale Kooperationsbeziehungen und fordern andererseits die Unterwerfung unter das Regiment des Kapitals, das sie personifizieren. Sie stellen Forderungen im Dienste des Gattungsvermögens und als Macht, die im Interesse des Kapitals das Gattungsvermögen zerstört. Diese Widersprüchlichkeit der Anforderungen der Autorität muß der Arbeiter, als isoliertes Opfer der Kapitalherrschaft, in seiner Person austragen, ohne ihr entrinnen zu können.

Im Bereich der Produktion ist das Interesse der Einzelnen nicht mit dem Aller versöhnt. Institutionelle Zwänge verlangen von den Individuen, daß sie zugleich unvereinbare individuelle und kollektive Interessen verfolgen. Die einzelnen müssen sich gegenseitig bekämpfen, verraten, verderben, um in ihrer Gesamtheit in einem irrationalen Zwangszusammenhang überleben zu können.

Der Produktionsprozeß, als Arbeitsprozeß, fordert ein durch formelle und informelle Regelungen gesteuertes kollektives Handeln. Dieser in Kooperationsbeziehungen begründeten Kollektivität steht eine im Produktionsprozeß, als Kapitalverwertungsprozeß, begründete, borniert in-

6 K. Marx: Kapital I. S. 532 f.
6 a K. Marx: Resultate des unmittelbaren Produktionsprozesses. Frankfurt am Main 1966, S. 66.

dividuelle Form der Aneignung von produzierten Werten gegenüber. Diese Form der Aneignung erlaubt es dem Kapitalisten, die Arbeiter auszubeuten und zwingt die Lohnabhängigen zu selbstzerstörerischen Rivalitäten.

Die kapitalistisch organisierte Produktion macht es den Arbeitern unmöglich, ihnen aufgezwungene, kollektive und individuelle Interessenorientierungen miteinander zu versöhnen.[7] Die mit dem Warenverkehr objektiv gesetzte Gleichgültigkeit zwischen den Warenbesitzern, die ihren Austausch durch Geld vermitteln, verlangt von diesen eine individualistische Interessenorientierung. Die Arbeiter sind als einzelne gezwungen, den Besitzern von Produktionsmitteln, ihre Arbeitskraft so teuer wie möglich zu verkaufen. Das bringt sie in Konkurrenzbeziehungen auf dem Arbeitsmarkt und trägt ihnen Rivalitäten im Bereich der Produktion ein, wenn es um die Zuteilung von Arbeiten oder Leistungen im Akkordsystem geht. Die individualistische Interessenorientierung trägt jedoch, aufgrund der prinzipiell identischen Interessenlage aller Arbeiter gegenüber dem Kapital, ihren Widerspruch in sich. Um ihre individuellen Interessen gegenüber dem Kapital effektiv vertreten zu können, müssen die Arbeiter den Verkauf ihrer Arbeitskraft, mit Hilfe der Gewerkschaft, kollektiv organisieren. Im Falle von Arbeitslosigkeit oder politischer Verfolgung bewahren einzig kollektiv-solidarisch erkämpfte Sicherungssysteme die Arbeiter vor unerträglichem Elend. Auch unmittelbar im Bereich der Produktion muß eine individualistische Einstellung aufgrund kollektiver Interessen bekämpft werden. Beispielsweise würde eine Verfolgung borniert individueller Interessen bei der Akkordarbeit den Arbeitern ständig steigende Akkordsätze eintragen, wenn sie nicht durch kollektive informelle Bremsnormen blockiert würde. Die kollektiv-solidarische Interessenorientierung trägt, solange sie nicht von kämpferischen Organisationen der Arbeiterbewegung aufgenommen wird, defensive Züge und setzt den Zwang zur individualistischen Interessenorientierung nur partiell außer Kraft. Wenn sie ein kollektives offensives Klassenhandeln anleitet, wird sie für die herrschende Klasse gefährlich und wird von dieser unterdrückt und kriminalisiert. Bei einem unentfalteten Stand der Klassenkämpfe zeitigen die gleichzeitig wirksamen Zwänge zu individualistischer und kollektiver Interessenvertretung Widersprüchlichkeiten, die der Arbeiter relativ blind in seiner Person austragen muß, ohne ihnen entfliehen zu können.

Die mit dem Kapitalverhältnis objektiv gesetzte Gleichgültigkeit der Arbeitsbedingungen gegenüber dem Schicksal des lebendigen Arbeitsvermögens erzeugt als Kehrseite die objektiv gesetzte Gleichgültigkeit des Arbeiters gegenüber seiner Arbeit sowie dem Kapital und dessen Agenten,

7 Vgl. hierzu L. Hack u. a.: Klassenlagen und Interessenorientierung. S. 21 ff.

die für diese Gleichgültigkeit verantwortlich sind. Diese reziproke Gleichgültigkeit, die ihre Wurzel in der mit dem bürgerlichen Privateigentum gegebenen Trennung von sachlichen Arbeitsbedingungen und lebendigem Arbeitsvermögen hat, bringt es mit sich, daß der Arbeiter die Arbeit und alles, was mit ihr zusammenhängt, flieht, sobald sich dazu die Möglichkeit bietet. Die mit dem Kapitalverhältnis gegebene Entäußerung der Arbeit beinhaltet, «daß die Arbeit dem Arbeiter gegenüber äußerlich ist, d. h. nicht zu seinem Wesen gehört, daß er sich daher in seiner Arbeit nicht bejaht, sondern verneint, nicht wohl, sondern unglücklich fühlt, keine freie physische und geistige Energie entwickelt, sondern seine Physis abkastet und seinen Geist ruiniert. Der Arbeiter fühlt sich daher erst außer der Arbeit bei sich und in der Arbeit außer sich. Zu Hause ist er, wenn er nicht arbeitet, und wenn er arbeitet, ist er nicht zu Hause. Seine Arbeit ist daher nicht freiwillig, sondern gezwungen, Zwangsarbeit. Sie ist daher nicht die Befriedigung eines Bedürfnisses, sondern sie ist nur ein Mittel, um Bedürfnisse außer ihr zu befriedigen. Ihre Fremdheit tritt darin rein hervor, daß, sobald kein physischer oder sonstiger Zwang existiert, die Arbeit als eine Pest geflohen wird».[8] Die Mauer, die das Werksgelände umgibt, hat als Kehrseite den «Gummizaun» der die Familie umgibt. Die extreme Fragmentierung der Lebensbereiche, die einen wesentlichen Aspekt proletarischer Entfremdung ausmacht, überfordert die integrativen Fähigkeiten des Ich, sie verhindert die Einsicht in die Zusammenhänge von scheinbar voneinander unabhängigen Lebensäußerungen.

Der Widerspruchszusammenhang der Produktion wird mit Hilfe von Mystifikationen, Verheimlichungsmechanismen und Sündenbockstrategien stabilisiert.

Die widersprüchlichen Abhängigkeitsbeziehungen im Betrieb erzeugen für die Arbeiter bestimmte Verschleierungen. Daß die Unternehmensleitungen sich als «Sozialpartner» empfehlen und sich als Leiter von «Betriebsfamilien» darstellen, wird ihnen zwar von den Arbeitern nicht ohne weiteres abgenommen, die Unternehmerparolen haben jedoch aufgrund der Abhängigkeiten im Arbeitsprozeß bzw. im Kapitalverwertungsprozeß eine materielle Basis, die sie auf paradoxe Art als wahr erscheinen läßt. Im Arbeitsprozeß ist der körperlich Arbeitende Kooperationspartner der leitenden geistigen Arbeit, auch wenn sich beide aufgrund des Antagonismus zwischen Lohnarbeit und Kapital feindlich gegenüberstehen. Die Lohnabhängigkeit zeitigt für die einzelnen Arbeiter Muster der Abhängigkeit, die die Kapitalisten als «Arbeitgeber» erscheinen lassen, auch wenn letztere ihre Existenz der Tatsache verdanken, daß die Arbeiter ihnen in ihrer Gesamtheit ihre Arbeitskraft geben. Die Kapitalisten erfüllen auf paradoxe Art eine Versorgerfunktion, indem sie dem Arbeiter seine

8 K. Marx, MEGA I, 3, S. 85 f, Zitat nach: Der Marxismus. Seine Geschichte in Dokumenten. Hg von I. Fetscher. München 1962, S. 115.

Arbeitskraft zur Ausbeutung abkaufen, weil sie ihm dadurch zugleich den Broterwerb garantieren. Die vom Proletariat auf verkehrte Art produzierte, verkehrte Realität, erzeugt verkehrte Abhängigkeitsbeziehungen und verkehrte Erscheinungsformen dieser Abhängigkeitsbeziehungen, solange das kollektive politische Handeln der Arbeiterklasse die Realität nicht zurechtrückt.

Das Kapitalverhältnis legt Kapitalagenten und Arbeitern Verheimlichungszwänge auf. Die wirtschaftliche Lage des Unternehmens, die Privilegien der Kapitaleigentümer und ihrer Vertreter im Betrieb, die ökonomischen und technologischen Planungen müssen vom Management gegenüber den Arbeitern geheimgehalten werden, wenn der «Betriebsfriede» nicht gestört werden soll, wenn es nicht ständig zum Aufbegehren der Arbeiter kommen soll. Der Zwang zur Geheimhaltung auf seiten der Unternehmensspitze wird auch durch die Konkurrenz zwischen den verschiedenen Unternehmen hervorgebracht: Diese stehen sich auf dem Markt feindlich gegenüber und müssen deshalb ihre wirtschaftliche Situation, ihre ökonomischen und technologischen Planungen voreinander verschleiern.

Ein Zwang zur Verschleierung besteht auch für die Arbeiter gegenüber dem Management. Wenn die Arbeitsbelastungen nicht noch mehr in die Höhe getrieben werden sollen, müssen die Arbeiter, um ihren Fleiß zu demonstrieren, in notwendigen Ruhepausen Betriebsamkeit vortäuschen. Wenn die Arbeit allzu unerträglich wird, müssen die Arbeiter eine Krankheit «nehmen», sie müssen ihren Vorgesetzten eine Erkrankung vortäuschen, um in den Genuß der notwendigen Erholung zu gelangen.[9] Besonders illegale Widerstandshandlungen der Arbeiter in Form von «wilden Streiks» oder Sabotage erzwingen die strikte Geheimhaltung auf seiten der Akteure.

Auch innerhalb der Arbeiterklasse setzt das Kapitalverhältnis Verheimlichungszwänge. Vergünstigungen, die die konsequente individuelle Interessenorientierung einträgt, werden von den Vorgesetzten nicht selten nur unter dem Gebot der Geheimhaltung gewährt, was die Solidarität unter den Arbeitern, die auf unverschleierter Interessenvertretung in den eigenen Reihen basiert, unterminiert. Die Verschleierungszwänge im Betrieb bringen ein ständiges Mißtrauen hervor, sie provozieren projektive Realitätsdeutungen, die realistische Einschätzungen des Verhaltens der Mitglieder des eigenen und des fremden Lagers erschweren.

Der Produktionsprozeß erzeugt in seiner bestehenden Form notwendig Sündenböcke. Die vom Kapital erzwungenen Verkehrsformen unterminieren die Solidarität der Arbeiter, verwehren den Arbeitern die Entfal-

9 Die Krankheit als verschleiernde Konfliktlösung kann der Arbeiter auch unbewußt wählen. Er kann unerträglichen, psychischen und physischen Belastungen dadurch ausweichen, daß er Symptome von Erkrankungen produziert, mit denen sein Leib und seine Seele gegen ihre Versklavung protestieren.

tung ihrer Menschlichkeit. Solange die aus den Versagungen der entfremdeten Arbeit resultierende Aggressivität nicht in kollektive Emanzipationskämpfe der Arbeiterklasse einfließt, kann der «Betriebsfriede» mit Hilfe von Sündenböcken zur Aggressionsabfuhr gesichert werden. Sündenbock in der Fabrik ist im Grunde jeder für jeden: Der Zwang zur individualistischen Interessenorientierung zerstört kollektives, solidarisches Verhalten und macht jeden Arbeiter zum Feind des anderen, dessen unsolidarisches Verhalten als Ausdruck menschlichen Versagens erfahren wird. Typisch für Mitglieder der Arbeiterklasse ohne Kampftradition ist die Feststellung, daß man selbst zum Kampf um soziale Verbesserung bereit sei, aber von feigen, opportunistischen Kollegen daran gehindert werde. Die aufgestaute Wut trifft, solange sie nicht politisch organisiert wird, vor allem wehrlose Minderheiten, ausländische Arbeiter, Frauen, Lehrlinge, auf deren Kosten sich eine fragwürdige Solidarität zwischen den sie Diskriminierenden etablieren läßt. Daß diese Minderheiten potentiell und im Falle der Krise auch aktuell, den Verkauf der eigenen Arbeitskraft bedrohen, stellt für ihre Diskriminierung eine Rationalisierung zur Verfügung.

Die entfremdete Produktion entfremdet den Menschen seinem «Gattungsleben», die spezifisch menschliche Möglichkeit, durch freie, bewußte Tätigkeit sein Leben zu gestalten, wird ihm vorenthalten. Die kapitalistisch organisierte Produktion nimmt den Massen die Möglichkeit, ihre Lebenszusammenhänge, ihre Umwelt, ihre Kommunikationsformen durch bewußte kollektive Tätigkeit zu erzeugen. Die kollektive Arbeit, das spezifisch menschliche Gattungsleben, wird zum Mittel des individuellen Lebens herabgedrückt. Die kollektive Arbeit, das produktive «öffentliche» Leben dient aufgrund seiner kapitalistischen Deformation einzig dazu, eine ärmliche individuelle Existenz, ein verkümmertes Privatleben zu erhalten. Der Lohnarbeiter muß, um sein Leben reproduzieren zu können, primär daran interessiert sein, den Tauschwert seiner Arbeitskraft zu realisieren. Der Status des Lohnarbeiters bringt notwendig die Entfremdung des Arbeiters vom Gebrauchswert seiner Arbeitskraft, von der Fähigkeit in Kooperationszusammenhängen eine bestimmte nützliche Tätigkeit verrichten zu können, mit sich. Der Arbeiter ist, etwas übertrieben formuliert, «selbst absolut gleichgültig gegenüber der Bestimmtheit seiner Arbeit, sie hat als solche nicht Interesse für ihn, sondern nur soweit sie überhaupt Arbeit und als solche Gebrauchswert für das Kapital ist».[10] Die Individuen verhalten sich zur Arbeit, ihrer wesentlichsten Lebensäußerung, als zu einer ihnen äußerlichen Aktivität, die nur Mittel ist, ein Bedürfnis außer ihr zu befriedigen. Die kapitalistische Warenproduktion stellt dem Produzenten nicht nur sein eigenes Produkt als fremdes gegenüber, sie macht nicht nur die Arbeit zur von außen auferlegten Zwangsarbeit, «sie macht

10 K. Marx: Grundrisse der Kritik der politischen Ökonomie. S. 204.

ihm das Gattungsleben zum Mittel des individuellen Lebens. Erstens entfremdet sie das Gattungsleben und das individuelle Leben, und zweitens macht sie das letztere in seiner Abstraktion zum Zweck des ersten, ebenfalls in seiner abstrakten und entfremdeten Form»[10a]. In seiner Loslösung vom schlechten Gattungsleben ist das individuelle Leben diesem zugleich blind verfallen. Die Warenproduktion reißt Arbeit und Freizeit auseinander, sie reduziert das produktive Gattungsleben im Betrieb auf ein Mittel des individuellen Lebens in der Freizeit und macht zugleich ein verkümmertes Leben in der Freizeit zum Zweck des verdorbenen Lebens unter dem Diktat der entfremdeten Produktion. Das individuelle Leben in der Freizeitsphäre ist in seiner Abspaltung vom Bereich kollektiver Arbeit zugleich an diesen gefesselt. Was als spezifisch menschliche Entfaltungschance nach Arbeitsschluß erscheint, ist durch seine Loslösung von der Sphäre der kollektiven Produktion verdorben. «Es kommt daher zu dem Resultat, daß der Mensch (der Arbeiter) nur mehr in seinen tierischen Funktionen, Essen, Trinken, Zeugen, höchstens noch Wohnung, Schmuck etc. sich als freitätig fühlt und in seinen spezifisch menschlichen Funktionen (d. h. in der menschlichen Gattungstätigkeit: Arbeit) nur mehr als Tier, das Tierische wird das Menschliche und das Menschliche wird das Tierische. Essen, Trinken, Zeugen usw. sind zwar auch echt menschliche Funktionen. In der Abstraktion aber, die sie von dem übrigen Umkreis der menschlichen Tätigkeit trennt und zu letzten und alleinigen Endzwecken macht, sind sie tierisch.»[11] Die reale Menschlichkeit, die sich in der Freizeitsphäre im Gegensatz zur Arbeitsphäre entfalten darf, ist zugleich scheinhaft; sie ist kaum mehr als Kompensation der Unmenschlichkeit der Arbeit. Die individuelle Menschlichkeit ist, solange sie nicht in kollektive Emanzipationsbewegungen eingebunden ist, kaum mehr als Kitt, der das Funktionieren einer unmenschlichen Ökonomie garantiert.

Die identitätszerstörende Gewalt der entfremdeten Produktion, die psychische — und auch physische — Zerstörung, die sie mit sich bringt, wird durch Entfaltungsmöglichkeiten im Familien- bzw. Freizeitbereich partiell aufgefangen. Diese Entlastungsmöglichkeiten müssen zugleich so beschränkt sein, daß psychische Gesundheit im emphatischen Sinn ausbleibt, weil sie sich mit den Anforderungen der entfremdeten Produktion nicht vereinbaren läßt. Wie im folgenden Kapitel dargelegt wird, basiert die Fähigkeit zur entfremdeten Arbeit auf Verdrängungsleistungen; was verdrängten Triebregungen als Befriedigungsmöglichkeit offen bleibt, ist nach Freuds Einsicht Ersatzbefriedigung. Das «Leben» nach Feierabend ist Ersatz für das wahre Leben, das den Massen vom Kapital vorenthalten wird. Die fragmentarische Analyse einiger Freizeitaktivitäten des Arbei-

10 a K. Marx: MEGA I, 3, S. 87.
11 K. Marx: MEGA I, 3, S. 86.

ters soll dies verdeutlichen.

Die der Arbeit im Betrieb folgende privatistische «Regression in den kleinfamilialen Gruppenegoismus»[12] zeigt widersprüchliche Züge. Sie ermöglicht psychische und physische Entlastung, reale oder scheinhafte menschliche Nähe, Teilnahme am Schicksal anderer, ein wenn auch begrenztes Planungsvermögen: Die Familie duldet im Gegensatz zur Fabrik bestimmte Freiheitsgrade. Zugleich verdoppelt sie wie aufgezeigt wurde in bestimmter Hinsicht deren Irrationalität und krankt am Widerspruch zwischen kollektiver Produktion und individueller Aneignung ihrer Ergebnisse, der die Konsumsphäre kleinbürgerlich verstümmelt. Die Kleinfamilie in der Arbeiterklasse zeigt in ihrer privatistischen Borniertheit die Struktur einer bürgerlichen Familie, in der sich proletarische Individuen nicht selbst gehören können. Wie das kollektive Leben in der Produktion ist das individuelle Leben in der Familie durch Organisationsprinzipien verstümmelt, in denen sich die Herrschaft des Kapitals ausdrückt. Die Arbeiterfamilie muß, solange eine proletarische Gegenkultur fehlt, aufgrund der ihr aufgezwungenen Organisationsprinzipien eine fatale Karikatur bürgerlichen Familienlebens liefern, weil ihr die materielle Basis eines bürgerlichen Familienlebens fehlt. Der «Kaufhausbarock», die schlechte Imitation bürgerlicher Wohnungseinrichtungen demonstriert diese ihre Misere. Der kleinbürgerliche Charakter des Familienlebens, in dem sich der Zwang zur individuellen Reproduktion der Arbeitskraft ausdrückt, untergräbt ständig die Erfahrung der Kollektivität in der Fabrik. Die Kleinfamilie mit ihrem Drang zu individuellem Vorwärtskommen und privatem Erwerb «atomisiert die Arbeiterschaft, sie zerlegt die kompakte, durch die gemeinsame Stellung im Produktionsprozeß verbundene proletarische Masse in eine Unzahl sich selbständig dünkender und kleinbürgerlich empfindender Atome. Dadurch wird die heutige Familienverfassung zu einem Kanal für die bürgerliche Geistesverseuchung, zu einer reaktionären Kraft».[13] Das Familienleben steht im Widerspruch zum Arbeitsleben, verdoppelt aber zugleich dessen Misere, so daß es als Kompensation an dieses gefesselt bleibt. Die psychische Entlastung in der Freizeit dient in erster Linie der Regeneration der Arbeitskraft; die partielle, zeitlich begrenzte Aufhebung der Lohnsklaverei erlaubt es, diese danach wieder ertragen zu können. Die Aktivitäten des Arbeiters in der Freizeit haben komplementären Charakter zu den Belastungen der Arbeit und reproduzieren zugleich bestimmte Züge dieser Arbeit. Der Widerspruch zwischen Produktivkräften und Produktionsverhältnissen, der im Bereich der Produktion die Entfaltung der menschlichen Produktivkraft des Arbei-

12 J. Habermas: Soziologische Notizen zum Verhältnis von Arbeit und Freizeit. In: Sport und Leibeserziehung. Hg. von H. Plessner u. a. München 1967, S. 39.

13 E. Hoernle: Grundfragen proletarischer Erziehung. Frankfurt am Main 1970, S. 59.

ters sabotiert, reproduziert sich in spezifischer Weise im Freizeitbereich und verhindert dort die Entfaltung menschlicher Möglichkeiten. Was für das Familienleben im engerem Sinn gilt, gilt in verschiedener Weise für alle Freizeitaktivitäten.[14]

Arbeiten in Haus und Garten; Reparaturen, Basteln, Kleingärtnerei verlängern die mit Arbeit ausgefüllte Zeit und erlauben zugleich, eine materielle, psychische und physische Verelendung, die mit der kapitalistisch organisierten Produktion einhergeht, einzugrenzen. Diese Nebenarbeiten entsprechen den begrenzten materiellen Mitteln, die der Arbeiter vom Kapital zugemessen bekommt und kompensieren die psychischen und physischen Folgen einer mit der vom Kapital erzwungenen Arbeitszerlegung einhergehenden Reduktion der beruflichen Tätigkeiten auf stereotype, geisttötende Bewegungsrituale. Sie ermöglichen Einsparungen beim Haushaltsgeld und erlauben die Erfahrung der Kontrolle von Produktionsvorgängen, von Planungsverhalten, von handwerklicher Geschicklichkeit, von Vielseitigkeit und Verantwortlichkeit. Die Arbeit am ganzen Stück gibt dieser einen transparenten Sinn. «Jedenfalls scheint der Mensch in seinem Hobby die Selbstbestimmung zu gewinnen, die die Fremdregelung der Berufsarbeit verbietet, die Anschaulichkeit, die deren Abstraktheit nimmt, und auch die Identität mit sich selber, die die Unverhältnismäßigkeit des industriellen Leistungsanspruchs zerstört.»[15] Die Produktion in der Freizeitsphäre, in die die Sehnsucht nach unentfremdeter Arbeit eingehen kann, ist zugleich irrational. Die Produkte, die sie hervorbringt, kann die kollektive Produktion rationeller hervorbringen. Die Freizeitarbeit verharrt auf vorindustriellen Produktionsstufen; überflüssige menschliche Arbeit, die durch Maschinen getan werden könnte, wird konserviert.[16] Die Arbeit ist Arbeit von einzelnen, sie ist von den Potenzen kollektiver Arbeit abgespalten, sie ist an das borniere Interesse von kleinbürgerlichen Privateigentümern gefesselt. Der Widerspruch zur entfremdeten Produktion trägt regressive Züge, er nimmt die Gestalt eines privatistischen Rückfalls auf vorindustrielle Produktionsformen an. Die entfremdete Produktion wird nicht durch die bewußte Leistung eines demokratischen Kollektivs aufgehoben, die unentfaltete Möglichkeiten menschlicher Produktivität lustvoll freisetzen könnte, sondern erfährt, durch beim gegenwärtigen Stand der Produktivkräfte in diese Art überflüssig gewordene Arbeitsleistungen, lediglich eine Kompensation. Die durch fehlende materielle Mittel erzwungene oder erleichterte Flucht vor

14 Vgl. hierzu Habermas, a. a. O.
15 Ebd., S. 37.
16 Der Gehalt bestimmter Freizeitaktivitäten wäre freilich in einer anderen Gesellschaft nicht einfach abzuschaffen, sondern in kollektiven Aktivitäten aufzuheben, z. B. in der kollektiven Gestaltung von Wohnungen oder Parks. Die Aufhebung der Trennung von Stadt und Land würde unmittelbarer Naturbearbeitung, als Humanisierung der Natur, ein neues Gewicht geben.

der vom Kapital deformierten kollektiven Arbeit in eine andere Form der Arbeit, die einen Sinn verspricht, die Identifikation erlaubt, ist eine von den Produktionsverhältnissen erzwungene kollektive Fehlleistung, die eine fatale Berufsarbeit auf eine Art regiert, die an diese gefesselt bleibt. Die «Freizeitarbeit» erlaubt individuelle psychische und physische Wiedergutmachung und ist Ausdruck begrenzter materieller Mittel; sie ist damit an eine gesellschaftliche Misere gebunden, die die Entfaltung eines emanzipierten produktiven Gattungslebens nicht zuläßt.

Auch der Sport, als körperliche Betätigung, die besonders für jüngere Arbeiter sehr anziehend ist, ist in einen Widerspruchszusammenhang mit der entfremdeten Produktion verstrickt, der ihn verdirbt.[17]

Der Sport gibt dem Leib Funktionen zurück, die ihm die Maschine entzogen hat; er kann der Gesundheit dienen, er liefert Möglichkeiten kollektiven Handelns, in das eigene Phantasie, eigenes Geschick eingebracht werden können; die Ausübung des Sports in Gruppen kann Kommunikation stiften, die Familie und Arbeit nicht zulassen; der Sport erlaubt Selbstbestätigung durch das Erreichen kontrollierbarer Leistungen; er erlaubt die lustvolle Abfuhr von Aggressivität; in der Sphäre des Sports gibt es mehr Chancengleichheit als in der beruflichen Sphäre, die sportlichen Regeln sind für alle Aktiven gleich.

Im Gegensatz zur entfremdeten Arbeit setzt sich zugleich deren Rationalität durch. Die Leibesübungen gehorchen kapitalistischen Leistungs- und Konkurrenzprinzipien. Solidarität herrscht in den Sportteams höchstens an der Oberfläche, wer die geforderten Leistungen nicht bringen kann, wird aus dem Rennen ausgeschieden. Die Interaktionsmuster, die Anforderungen an die Aktiven während der sportlichen Betätigung verdoppeln in spezifischer Weise diejenigen in die Arbeitssphäre.[18] Die Regeln, denen die sportliche Betriebsamkeit gehorcht, werden nicht von den Aktiven entwickelt, sie werden diesen von außen auferlegt. Der Fußballverein abstrahiert ebenso wie die Fabrik von den spezifisch menschlichen Qualitäten des Aktiven, er will ihn als «Spielermaterial» das eine maximale «Torausbeute» sichert. Die eindrucksvollen Leistungen, die im Bereich des Sports vollbracht werden, die ungeheuren psychischen und physischen Energien, die hier investiert werden, hinterlassen keine veränderte, humanisierte Umwelt, sie bringen die Massen einer demokratischen Umwälzung nicht näher. Weil die Massen im Bereich der kapitalistisch organisierten Produktion nichts nach ihrem Willen leisten dürfen, weil sie keine Anerkennung für ihre Leistungen bekommen, suchen sie sich beim Sport hierfür zwanghaft zu entschädigen. Sie stürzen sich auf eine körperliche Pseudoaktivität, die dafür zu sorgen hat, daß sie der entfremdeten

17 Vgl. hierzu G. Vinnai: Fußballsport als Ideologie. Frankfurt am Main 1970.
18 Vgl. hierzu ebd., S. 14 ff und B. Rigauer: Sport und Arbeit. Frankfurt am Main 1970.

Produktion von neuem gewachsen sind. Als vom produktiven Gattungs-vermögen abgespaltene, leere Betriebsamkeit ist das sportliche Treiben kaum mehr als Kitt für das Bestehende.

Die kapitalistisch organisierte Produktion unterdrückt die Entfaltung von Phantasie, die sich von der bestehenden Realität absondert, um die kollek-tive Produktion einer neuen Realität anzuleiten. Im Freizeitbereich werden Phantasieregungen so von der Realität abgespalten, daß sie, anstatt der Veränderung der Realität zu dienen, zu ihrer Stabilisierung beitragen. Die Kulturindustrie erfaßt die Phantasie der Arbeiter im Dienst des Bestehen-den, sie entzieht ihr den Drang nach Veränderung. Fernsehsendungen, Presseerzeugnisse, Filme, die das Interesse der Arbeiter erregen, kennen im Gegensatz zu den Erfahrungen am Arbeitsplatz wechselnde Szenen, Liebe oder Freundschaft; sie dulden die Abfuhr von Aggressivität und die Befriedigung narzißstischer Regungen durch die Identifikation mit Hel-den, die der Existenz des Arbeiters entrückt sind. Die alternativen Erfah-rungen zur Arbeit sind jedoch von deren Rationalität durchdrungen; der Gegensatz zur Arbeit trägt zugleich deren Züge. Die Bewegungsmuster der Athleten im Stadion, die Handlungsmuster des Films, die szenischen Arrangements im Fernsehen sind standardisiert, in ihnen wiederholt sich trotz inhaltlicher Differenzen das Immergleiche; die erregende Spannung muß in eingefahrenen Gleisen stereotyp zum Ausdruck kommen. Die zu Kapital gewordene vergegenständlichte Arbeit steht auf jeder Stufe ihrer Entwicklung den Subjekten, die sie erzeugt haben, als etwas Starres, Feindliches gegenüber, dessen Gesetzen sie sich willenlos zu fügen haben. Diese Willenlosigkeit steigert sich noch dadurch, daß mit zunehmender Rationalisierung und Mechanisierung des Arbeitsprozesses die Tätigkeit der Arbeiter in gewisser Weise ihren Tätigkeitscharakter verliert und zu einer Art «kontemplativer» Haltung wird.[19] Diese «Kontemplation» ist jedoch meist psychisch aufreibender als stärker unmittelbar produktive Aktivitäten. In einem Hof von abgeblendetem Bewußtsein wird bei der Bedienung der heute vorherrschenden halbautomatischen Maschinen meist krampfhaft durchzuhaltende Aufmerksamkeit verlangt, die die Ner-ven bis zur Erschöpfung aufreiben kann. Die Irritation, die diese Arbeit in der Freizeit hinterläßt, weckt ein Verlangen nach Kontrasterfahrungen, «nach einer neuen Reizung, mit der die vorherige entspannt wird».[20] Zugleich hat die mechanisierte Arbeit solche Macht über den Freizeitler, daß er nichts anderes mehr erfahren kann als die Nachbilder des Arbeits-vollzuges. Auch nach der Arbeit verhält man sich passiv und erwartet die Lieferung von Stoff, der sich in den Assoziationsgleisen der Arbeitswelt

19 Vgl. hierzu G. Lukács: Geschichte und Klassenbewußtsein. Neuwied 1970, S. 265
20 A. Mitscherlich: Auf dem Weg zur vaterlosen Gesellschaft. München 1965, S. 423.

bewegt. «Amüsement ist die Verlängerung der Arbeit unterm Spätkapitalismus. Es wird von dem gesucht, der dem mechanisierten Arbeitsprozeß ausweichen will, um ihm von Neuem gewachsen zu sein.»[21]

Die Produkte der Massenmedien, an die die Phantasie des Arbeiters gekettet wird, transzendieren seinen Alltag nur so, daß die Grenzen der kapitalistischen Rationalität nicht überschritten werden. Die Phantasie heftet sich an ideologisch verklärte Darstellungen von Verkehrsformen und Handlungsmustern privilegierter Schichten der Gesellschaft.

Wo Verhaltensweisen dargestellt werden, die den etablierten Normen zuwiderlaufen, werden diese zugleich diskriminiert: Die Identifikation mit dem Abweichler darf nur auf masochistischer Basis geschehen.

Die vom Kapital beherrschte Massenkommunikation zerstört zugleich die Kommunikation der Massen. Die Kommunikation ist herrschaftskonform organisiert, sie ist eingleisig, wie im Betrieb, auf privilegierte Akteure hin zentriert; die Massen bleiben passive, voneinander isolierte Konsumenten. Wo die Massen als Massen auftreten dürfen, in den Sportarenen, im Kino, werden sie von einer kapitalistischen Regie dirigiert. Das Bedürfnis nach Kollektivität wird von der Freizeitindustrie so organisiert, daß Kollektivität nicht wirklich entstehen kann. Im Beatkeller ist es zu laut, um miteinander zu reden; das Kino fixiert die Zuschauer, die im Dunkeln sitzen, auf ein vorgegebenes Geschehen auf der Leinwand; die «Brüderlichkeit» der Fußballarenen verdankt sich einzig dem Erfolg der Mannschaft, der die Massen anhängen. Wo die Massen massenhaft auf den Plan treten dürfen, kommen sie sich nicht wirklich näher. Wenn die Distanz zwischen den versammelten Individuen wenigstens etwas reduziert werden soll, muß der Alkohol zu Hilfe genommen werden. Er erleichtert den Abbau von Hemmungen, das Ausagieren aufgestauter affektiver Regungen, Nähe und körperliche Berührungen – zugleich schränkt er intellektuelle Fähigkeiten ein, ruiniert die Gesundheit und stellt damit den Verkauf der Arbeitskraft in Frage. Der Widerspruch zwischen einer partiell geduldeten Entfaltung und einer gleichzeitigen Fesselung dieser Entfaltung an die entfremdete Produktion, in dem sich im Freizeitbereich der Widerspruch zwischen Produktivkräften und Produktionsverhältnissen reproduziert, verleiht allen Lebensäußerungen nach Feierabend eine Ambivalenz, die zugunsten des Bestehenden ausschlägt, solange sie nicht politisch aufgehoben wird.

Die Agenturen der kapitalistischen Integrationskultur fesseln im Freizeitbereich Fähigkeiten und Sehnsüchte der Massen ans Bestehende. Die Macht hierzu gewinnen sie nicht primär aufgrund ihrer eigenen Potenzen, sondern Dank der Misere der entfremdeten Produktion, die die Individuen psychisch und physisch verstümmelt. Die Traumata der entfremdeten

21 Th. W. Adorno, M. Horkheimer: Dialektik der Aufklärung. Amsterdam 1947, S. 163.

Arbeit lassen den Arbeiter auch in der Freizeit nicht los, der Wiederholungszwang, den sie in seine Psyche zementieren, kettet den Arbeiter auch nach Feierabend an den Terror der Fabrik.[22] Jeder Versuch der Negation der entfremdeten Arbeit in der Freizeit ist zugleich durch deren Misere verdorben; der Genuß des Arbeiters ist einer ähnlichen Leere und Abstraktheit verfallen wie seine Tätigkeiten im Produktionsbereich.

Zur Psychopathologie des proletarischen Sozialcharakters

«Das menschliche Wesen ist kein den einzelnen Individuen innewohnendes Abstraktum. In seiner Wirklichkeit ist es das Ensemble der gesellschaftlichen Verhältnisse.»[1] Eine materialistische Psychologie, die sich an dieser Marxschen These orientiert, hat psychische Strukturen und Prozesse in Verbindung mit gesamtgesellschaftlichen Strukturen und Prozessen zu begreifen. Sie hat aufzuzeigen, wie sich in psychischen Dispositionen gesellschaftliche Verhältnisse in bestimmter Weise reproduzieren. Sie hat aufzudecken, daß in den Symptomen psychischer Erkrankungen die Irrationalität von Sozialstrukturen erscheint. Diese sind einer materialistischen Psychologie Ausdruck verschiedener Dimensionen von gesellschaftlicher Entfremdung. In der Struktur des seelischen Mikrokosmos «spiegelt» sich die Struktur des sozialen Makrokosmos; dieselbe Rationalität, die die Gesellschaft regiert, regiert auch die Psyche der Individuen, die in ihr leben. Im folgenden soll versucht werden, die Einsicht in derartige Abhängigkeiten dadurch zustande zu bringen, daß die materialistische Theorie durch psychoanalytische Einsichten bereichert wird. Die Versuche, Marxismus und Psychoanalyse zu verbinden, sind bisher über vage programmatische Erklärungen nicht hinausgekommen; auch der folgende Versuch kann deshalb nur eine zu bearbeitende Perspektive andeuten.

Die Marxsche Theorie thematisiert den Prozeß der Auseinandersetzung der Menschengattung mit der äußeren Natur. Sie zeigt, daß das System gesellschaftlicher Arbeit als Prozeß, worin die Gattung den Stoffwechsel mit der Natur durch ihre Taten vermittelt, zugleich die Subjektivität der Gattungsmitglieder erzeugt. Der Mensch «tritt dem Naturstoff selbst als eine Art Naturmacht gegenüber. Die seiner Leiblichkeit angehörenden Naturkräfte, Arme und Beine, Kopf und Hand, setzt er in Bewegung, um sich den Naturstoff in einer für sein Leben brauchbaren Form anzueignen. Indem er durch diese Bewegungen auf die Natur außer ihm einwirkt und

22 Zur Verbindung von Trauma und Wiederholungszwang vgl. S. Freud: Jenseits des Lustprinzips. Gesammelte Werke, Band XIII. Frankfurt am Main 1961, S. 19 ff.
1 K. Marx: Thesen über Feuerbach 6. In: Frühschriften, a. a. O., S. 340.

sie verändert, verändert er zugleich seine Natur».[2] Mit der Beziehung der Menschen zu den sich geschichtlich entfaltenden Produktivkräften, die die vorherigen Generationen als Vergegenständlichung ihrer Arbeitsleistungen hinterlassen haben, ist zugleich ein historisch gegebenes Verhältnis des Menschen zur Natur und der Menschen untereinander gesetzt, das die menschliche Subjektivität hervorbringt. Im Prozeß der Bearbeitung der äußeren Natur erzeugt die Gattung ihre eigene «Natur». «Man sieht, wie die Geschichte der Industrie und das gewordene gegenständliche Dasein der Industrie, das aufgeschlagene Buch der menschlichen Wesenskräfte, die sinnlich vorliegende menschliche Psychologie ist, die bisher nicht in ihrem Zusammenhang mit dem Wesen des Menschen, sondern immer nur in einer äußeren Nützlichkeitsbeziehung gefaßt wurden.»[3]

Die Psychoanalyse thematisiert den Prozeß der Bearbeitung der «inneren» Natur des Menschen durch die Gesellschaft, als deren Agenten die Eltern auftreten. Sie analysiert, wie die Innerlichkeit der Subjekte, wie Triebstrukturen durch Erziehungseinflüsse aus einem biologisch gegebenen Anlagepotential herausgearbeitet werden. Die Kritik der politischen Ökonomie erfaßt, wie, gesellschaftlich vermittelt, äußere Natur auf die Menschen einwirkt; wie blinder Naturzwang, nicht humanisierte[3a] äußere Natur sich als irrationale gesellschaftliche Herrschaft reproduziert, die die Entfaltungschancen der Gesamtheit der Mitglieder der Gesellschaft einengt. Die Psychoanalyse sucht zu begreifen, wie, über seelische Instanzen vermittelt, «innere» Natur das Verhalten der Menschen beeinflußt; wie dem Zugriff eines autonomen Ichs entzogene, blinde Triebregungen, nicht humanisierte innere Natur, die Einflußchancen des Individuums einengt. Marx thematisiert den Prozeß der Entfremdung in der sozialen Objektivität, Freud thematisiert innerpsychische Prozesse der «Entfremdung».

Der Marxschen Theorie zufolge, sind die Übelstände der bürgerlichen Gesellschaft Ausdruck einer antagonistischen Form der Vergesellschaftung, die die lebendige Arbeit und die vergegenständlichte Arbeit bzw. deren Personifikationen in einen extremen Gegensatz zueinander bringt. Überflüssiges menschliches Leiden ist ihr Ausdruck einer mit dem Privateigentum verbundenen verkehrten Aneignung der Natur in der Klassengesellschaft. Auch der Psychoanalyse ist unnötiges menschliches Leiden Ausdruck von Widersprüchen; Symptome seelischer Erkrankungen sind

2 K. Marx: Das Kapital I. S. 185 f.
3 K. Marx: Nationalökonomie und Philosophie. In: Frühschriften, a. a. O., S. 243.
3a Nicht humanisierte Natur ist Natur, die von der Gesellschaft nicht bearbeitet wurde oder auf falsche Art bearbeitet wurde. Es ist Natur, die nicht oder auf falsche Art vergesellschaftet wurde. Es handelt sich um unbearbeitete äußere Natur und Gesellschaft als «zweite Natur» oder um von Ich nicht bearbeitete Esregungen und um verdrängte Triebregungen. Zum Problem der «Humanisierung» der Natur, vgl. K. Marx: Nationalökonomie und Philosophie (Pariser Manuskripte).

für sie «Kompromißergebnisse, aus der Interferenz zweier gegensätzlicher Strebungen hervorgegangen, und vertreten ebensowohl das Verdrängte wie das Verdrängende, das bei ihrer Entstehung mitgewirkt hat»[4]. Überflüssiges seelisches Leiden ist der Psychoanalyse Ergebnis der Verdrängung von Triebregungen, der verkehrten, bewußtlosen Aneignung der inneren Natur. Nach Marx' Einsicht macht die verkehrte Aneignung der Natur den Arbeiter zum «blinden Naturknecht»; nach Freuds Einsicht macht die verkehrte Naturaneignung das Ich zu einem blinden Knecht des Es, des nichthumanisierten natürlichen Anteils des Menschen. Eine materialistische Psychologie hat die Aufgabe, beide Ansätze so zu verbinden, daß die psychoanalytischen Einsichten im historischen Materialismus aufgehoben sind. Sie hat aufzuzeigen, wie die «innere» Natur für eine gesellschaftliche Praxis domestiziert wird, welche durch die Art und Weise bestimmt ist, in der die Gattung die äußere Natur unterwirft. Sie hat zu benennen, wie sich gesellschaftliche Widersprüche im innerseelischen Bereich reproduzieren, welche Konsequenzen sie dort zeitigen, und wie sie auf den gesellschaftlichen Widerspruchszusammenhang zurückwirken.

Der Prozeß der Bearbeitung der äußeren Natur und der Prozeß der Bearbeitung der inneren Natur, Berufsarbeit und Erziehungsarbeit sind miteinander synchronisiert: Die Auseinandersetzung der Gattung mit der Natur verlangt bestimmte psychische Dispositionen, die im Erziehungsprozeß auf die Kinder übertragen werden. Die Gesellschaft als «zweite Natur» und die Psyche als Teil einer aus einem Anlagepotential herausentwickelten «menschlichen Natur» sind von derselben ökonomischen Rationalität bestimmt: Die «Triebökonomie» gehorcht der die politische Ökonomie steuernden Rationalität. Die Einsichten, die die Theorien von Marx und Freud zutage fördern, zeigen Entsprechungen, die die Verbindung beider Ansätze im Sinne dieses Postulats ermöglicht.

Wie allen bürgerlichen Psychologen fehlt Freud ein gesellschaftliches Totalitätsbewußtsein; auch er scheitert an der Differenz zwischen erster und zweiter Natur, geschichtlich Gewordenes gerät ihm zum «ewig Menschlichen». Trotzdem fördern seine ungeheuer scharfsinnigen Beobachtungen Einsichten zutage, die es erlauben, daß die Kritik der Psychoanalyse ein wesentliches Element einer materialistischen Analyse der Subjektivität werden kann. Was Freud als psychische Struktur, als Funktionen der psychischen Instanzen, als Triebökonomie ontologisiert, ist Ausdruck bestimmter gesellschaftlicher Verhältnisse, die im Prozeß gesellschaftlicher Arbeit, speziell im Rahmen der Erziehungsarbeit, auf die Individuen transponiert werden.

4 S. Freud: Vorlesungen zur Einführung in die Psychoanalyse. Und Neue Folge. Fischer-Studienausgabe Bd. 1. Frankfurt am Main 1969, S. 298.

Die folgenden formelhaften Andeutungen sollen ansatzweise belegen, daß die von Freud ermittelte Struktur der Psyche einer geschichtlich gewordenen gesellschaftlichen Struktur entspricht, daß sich im Individuum, wie es Freud darstellt, ein «Ensemble von gesellschaftlichen Verhältnisse» wiederfinden läßt.

Im von Marx dargestellten phylogenetischen Prozeß tritt der Mensch als Naturwesen der Natur gegenüber, um sie sich zu unterwerfen. «Er tritt dem Naturstoff als eine Naturmacht gegenüber.»[5] Der Prozeß der Arbeit strukturiert die äußere Natur nach gesellschaftlichen Regeln und entfaltet dabei zugleich die spezifisch menschlichen Wesenskräfte. Im von Freud thematisierten ontogenetischen Prozeß spaltet sich das Ich vom Es ab und sucht die Triebe, die Repräsentanten des Natürlichen am Menschen, nach gesellschaftlichen Regeln zu strukturieren. Das Ich tritt als Teil des Es dem übrigen Es gegenüber, um sich seine Energien dienstbar zu machen.[6] Die Art der Bearbeitung der äußeren Natur durch den Menschen bestimmt die gesellschaftlichen Strukturen; die mit ihr verbundene Bearbeitung des Triebpotentials durch das Ich bzw. dessen Vorläufer, die Eltern, durch deren Einfluß das Ich sich konstituiert hat, prägt den menschlichen Charakter. Die Ursache, die die Gattung zwingt, der Natur gegenüberzutreten, um sie sich zu unterwerfen, ist nach Marx die Not, der Mangel an Gebrauchswerten; die Ursache, die die Abspaltung des Ichs vom Es und das Ringen zwischen beiden erzwingt, ist nach Freud die Versagung. Die Bearbeitung der Natur gelingt den Menschen durch eine List, indem sie in Werkzeuge oder Maschinen gebannte Naturkräfte gegen die Natur einsetzen. Dem Ich gelingt die Bearbeitung der inneren Natur, indem es sich deren Energien nutzbar macht. «Seine Energien hat es dem Es entlehnt, und wir sind nicht ganz ohne Einsicht in die Methoden, man könnte sagen in die Schliche, durch die es dem Es weitere Energiebeträge entzieht.»[7]

In der kapitalistischen Gesellschaft leistet den Prozeß der Bearbeitung der Natur eine in Klassen aufgespaltene Gesellschaft. Die Bearbeitung der Natur durch die unmittelbaren Produzenten findet unter dem Diktat autoritärer Herrschaft statt. Die Gewalt der Herrschenden und die materielle Not zwingen die Massen dazu, die Natur zu bearbeiten. Naturgewalten, gesellschaftliche Herrschaft und der Mangel an Gebrauchswerten schränken den Entfaltungsspielraum der Menschen ein. Den Prozeß der Bearbeitung der inneren Natur leistet das Ich unter dem Diktat eines von ihm abgespaltenen Teils, unter dem Diktat des Über-Ichs, den verinnerlichten Repräsentanzen der Autoritäten, die gesellschaftliche Herrschaft verkörpern. Wie der Staat als Instrument der herrschenden Klasse das Funktionieren der kapitalistischen Ökonomie garantiert, garantiert das Über-Ich

5 K. Marx: MEGA 3, S. 115.
6 Vgl. S. Freud: Vorlesungen, a. a. O., S. 515 f.
7 Ebd., S. 514.

93

das Funktionieren der Triebökonomie. Blinde Triebregungen, das Über-Ich, der Mangel an Liebesobjekten schränken die Entfaltungschancen des Ichs ein. «So vom Es getrieben, vom Über-Ich eingeengt, von der Realität zurückgestoßen, ringt das Ich um die Bewältigung seiner ökonomischen Aufgabe.»[8]

Die soziale Gewalt, die die Gesellschaft regiert, ist mit blindem Naturzwang eng verbunden. Die herrschende Klasse repräsentiert die Gewalt der falsch angeeigneten Natur in Gestalt entfremdeter, geronnener Arbeitsleistungen, die Gewalt des toten Kapitals als nichthumanisierter Natur. Die Natur liefert das materielle Substrat der Individuen, der Herrschaft und der Gebrauchswerte. Im seelischen Bereich sind Über-Ich und Es eng miteinander verschwistert. «Das Über-Ich taucht in das Es ein, als Erbe des Ödipuskomplexes hat es ja intime Zusammenhänge mit ihm.»[9] Die Triebregungen in der ödipalen Phase bringen das Über-Ich hervor. Je massiver die Verdrängung der Triebregungen während der ödipalen Phase ausfällt, desto archaischer gebärdet sich das Über-Ich. Die dem Es entstammenden Triebregungen speisen das Ich und das Über-Ich, sie verleihen den Triebobjekten, auf die sie sich richten, ihre Attraktivität.

Die herrschende Klasse ist in der kapitalistischen Gesellschaft einerseits damit beschäftigt, die Massen zu kontrollieren, zu unterdrücken, andererseits hat sie die Aufgabe, gesellschaftliche Zielvorstellungen oder Ideologien zu produzieren. Das Über-Ich ist einerseits eine das Ich kontrollierende, überwachende Instanz und andererseits Träger des Ich-Ideals, das Zielvorstellungen und Utopien für das Ich formuliert. «Das Über-Ich scheint in einseitiger Auswahl nur die Härte und Strenge der Eltern, ihre verbietende und strafende Funktion aufgegriffen zu haben, während deren liebevolle Fürsorge keine Aufnahme und Fortsetzung findet.»[10] Andererseits: «Wir haben noch eine wichtige Funktion zu erwähnen, die wir diesem Über-Ich zuteilen. Es ist auch der Träger des Ichideals, an dem das Ich sich mißt, dem es nachstrebt, dessen Anspruch auf immer weitergehende Vervollkommnung es zu erfüllen bemüht ist.»[11]

Die gesellschaftliche Synthesis leisten die Menschen als Agenten von Produktionsverhältnissen durch den Prozeß der arbeitsteiligen Aneignung der Natur. Die Produktionsverhältnisse legen fest, wie die Arbeit organisiert wird und wie die Produkte der Arbeit verteilt werden. Im System der Warenproduktion wird das Tauschprinzip, das mit abstrakter Arbeit verbunden ist, generalisiert und schafft einen gesellschaftlichen Funktionszusammenhang, in dem alles von allem abhängt. Die Synthesis im psychischen Apparat leistet das Ich als Agent der «Triebökonomie». «Was das Ich zum Unterschied vom Es aber ganz besonders auszeichnet,

8 Ebd., S. 515.
9 Ebd., S. 516.
10 Ebd., S. 501.
11 Ebd., S. 503.

ist ein Zug zur Synthese seiner Inhalte, zur Zusammenfassung und Vereinheitlichung seiner seelischen Vorgänge, der dem Es völlig abgeht ... Er allein stellt jenen hohen Grad von Organisation her, dessen das Ich bei seinen besten Leistungen bedarf. Es entwickelt sich von der Triebwahrnehmung zur Triebbeherrschung, aber die letztere wird nur dadurch erreicht, daß die [psychische] Triebrepräsentanz in einen größeren Verband eingeordnet, in einen Zusammenhang aufgenommen wird.»[12] Seine synthetische Funktion erfüllt das Ich, indem es die Triebe bearbeitet, indem es eine Verteilung von Triebenergien vornimmt. Die Bearbeitung der Triebe erfolgt nach «abstrakten», quantitativen Regeln; die Lustvorgänge, die dieser Bearbeitung entspringen, sind quantitativ erfaßbar: «Da es sich bei solchen Lustvorgängen um die Schicksale von *Quantitäten* seelischer Erregung oder Energie handelt, bezeichnen wir Betrachtungen dieser Art als ökonomische.»[13] Das Lust-Unlustprinzip als Gleichgewichtsprinzip bestimmt die Beträge der Besetzung der Repräsentanzen der inneren und äußeren Objekte. Die kapitalistischen Produktionseinheiten werden durch das Profitprinzip gelenkt, die Agenten des Kapitals achten darauf, daß ihre Einnahmen ihre Ausgaben möglichst weit übersteigen. Das von Freud beschriebene Ich verhält sich wie der Buchhalter eines Unternehmens, der ein möglichst großes Lustplus erwirtschaften will, nachdem die nicht zu vermeidende Unlust abgezogen worden ist.

Die Vernunft, die die kapitalistische Ökonomie lenkt, ist partieller Art. Die optimale Versorgung der Bevölkerung mit Gebrauchswerten wird dadurch behindert, daß eine undemokratische Organisation der Produktion, eine blinde Naturbeherrschung und die mit ihr verquickte gesellschaftliche Herrschaft die Entfaltung der Produktivkräfte hemmen. Nach Freud vertritt das Ich im Seelenleben die Vernunft. «Wenn wir uns populären Redeweisen anpassen, dürfen wir sagen, daß das Ich im Seelenleben Vernunft und Besonnenheit vertritt.»[14] Die Vernunft des Ichs aber ist partieller Art. Die Möglichkeit des Ichs, eine optimale Triebbefriedigung zu gewährleisten, ist dadurch beschnitten, daß es Energien bei der bewußtlosen Verdrängung von Triebregungen, beim Bemühen, den Anforderungen des Über-Ichs gerecht zu werden, vergeuden muß.

Die Marxsche Kritik der politischen Ökonomie macht sich an einem Überhang sozialer Objektivität fest. Die Produkte menschlicher Arbeit, gewinnen als totes Kapital die Herrschaft über diese. Die Individuen werden zu Objekten einer Natur, die zwar von ihnen bearbeitet wurde, aber ohne Anleitung durch eine kollektive demokratische Vernunft. Die mit der Gewalt der ersten Natur verbundene Gewalt der zweiten Natur schlägt die Menschen in Fesseln. Die Menschen werden zu Agenten von Sachzwän-

---

12 Ebd., S. 513. Siehe zur synthetischen Funktion des Ich die Arbeiten von H. Nunberg.
13 Ebd., S. 349.
14 Ebd., S. 513.

gen, zu Agenten blinder Natur. Die Freudsche Psychoanalyse ist im Gegensatz zu ihren kastrierten Ich-psychologischen Nachfahren wesentlich kritische Es-Psychologie. Ihr zufolge liegt krankhaftem psychischem Leiden ein Überhang des Es über das Ich zugrunde. Dies Übergewicht des Es hat zur Folge, «daß wir nicht leben sondern gelebt werden». Wir werden «gelebt von unbekannten unbeherrschten Mächten».[15] Das Es, nichthumanisierte innere Natur, schlägt ein wehrloses Ich in seinen Bann. Gegen das Ich verbinden sich verdrängte Triebregungen, Triebregungen, die einst vom Ich bearbeitet wurden, aber nun seiner Regie entzogen sind, mit seelischen Kräften, die niemals vom Ich bearbeitet wurden. «Das Verdrängte fließt mit dem übrigen Es zusammen»[16] und destruiert die Autonomie des Ichs.

Die entfremdete äußere und die entfremdete innere Realität sind derselben Rationalität verfallen. Die kapitalistische Ökonomie wird nicht von aufgeklärten menschlichen Bedürfnissen, nicht von moralischen Prinzipien gelenkt, sondern von einer abstrakten quantifizierenden Rationalität, die im Tauschprinzip wurzelt. «Selbstverständlich kennt das Es keine Wertungen, kein Gut und Böse und keine Moral. Das ökonomische oder, wenn sie wollen, quantitative Moment... beherrscht alle Vorgänge.»[17] Die kapitalistische Ökonomie zeigt unversöhnliche Widersprüche. Freud über den Charakter des Es: «Gegensätzliche Regungen bestehen nebeneinander, ohne einander aufzuheben oder sich voneinander abzuziehen.»[18] Die Rationalität des Kapitals, die Vernunft des Äquivalententauschs und des Realcharakters abstrakter Arbeit zerstört die Dimension der Zeit. Das Kapital erzeugt eine historisch produzierte Zeitlosigkeit. «Im Es findet sich nichts, was der Zeitvorstellung entspricht, keine Anerkennung eines zeitlichen Ablaufs und ... keine Veränderung des seelischen Vorgangs durch den Zeitablauf.»[19]

Die ökonomische Entfremdung, der Übergang nichthumanisierter Natur bringt, wie der Marxsche Ideologiebegriff aufzeigt, die falsche Einschätzung von sozialen Realitäten mit sich. Die entfremdete Arbeit erzeugt zugleich die im Bewußtsein herrschende Entfremdung. Die Verdrängung als blinde Triebbeherrschung, die einen Überhang des Es in bezug auf das Ich nach sich zieht, erzeugt ein falsches Bewußtsein von innerseelischer Realitäten. Die psychische «Entfremdung», der Einfluß abgespaltener, verdrängter Triebregungen verzerrt die Wahrnehmung. «Gegen die innere Gefahr hilft keine Flucht, und darum sind die Abwehrmechanismen des

15 S. Freud: Das Ich und das Es. Gesammelte Werke 13. Frankfurt am Main 1969, S. 251.
16 S. Freud: Vorlesungen. A. a. O., S. 514.
17 Ebd., S. 512.
18 Ebd., S. 511.
19 Ebd., S. 511.

Ichs dazu verurteilt, die innere Wahrnehmung zu verfälschen und uns nur eine mangelhafte und entstellte Kenntnis unseres Es zu ermöglichen. Das Ich ist dann in seinen Beziehungen zum Es durch seine Einschränkungen gelähmt, durch seine Irrtümer verblendet.»[20] In den von Marx analysierten ideologischen Gebilden spiegelt sich die Macht des Kapitals als Gott, als erste Natur; zugleich werden unterdrückte menschliche Möglichkeiten mit ihrer Hilfe in falscher Perspektive projiziert. Nach Freuds Analyse des falschen Bewußtseins werden unter dem Einfluß der blinden Macht des Es, innere Zwänge nach außen projiziert, abgedrängte seelische Potenzen werden projektiv an Menschen und Dinge angeheftet.

Die Herrschaft des toten Kapitals, die geronnenen Arbeitsleistungen früherer Generationen über die lebendige Arbeit, läßt die Vergangenheit über die Gegenwart triumphieren. Erst wenn die Gattung die Produktivkräfte ihrer bewußten, demokratischen Kontrolle unterwirft, wenn sie sich ihre Vergangenheit angeeignet, endet eine blinde Vorgeschichte, beginnt Geschichte in emphatischem Sinn, als von einer autonomen Gattung gelenkter Prozeß. «In der bürgerlichen Gesellschaft herrscht also die Vergangenheit über die Gegenwart, in der kommunistischen die Gegenwart über die Vergangenheit.»[20a] Die Herrschaft eines blinden Es, der einstmals mit Hilfe der Verdrängung bearbeiteten Triebregungen, läßt die Vergangenheit über die Gegenwart triumphieren. Erst wenn das Ich durch einen therapeutischen Prozeß die Triebe wieder in seine Regie nehmen kann, öffnet sich Zukunft: «. . . Eindrücke, die durch Verdrängung ins Es versenkt worden sind, sind virtuell unsterblich, verhalten sich nach Dezennien, als ob sie neu vorgefallen wären. Als Vergangenheit erkannt, entwertet und ihrer Energiebesetzung beraubt können sie erst werden, wenn sie durch analytische Arbeit bewußt geworden sind.»[21] Freud bei der Darstellung von Krankengeschichten: «Beide Patienten machen uns den Eindruck, als wären sie an ein bestimmtes Stück ihrer Vergangenheit *fixiert*, verständen nicht davon freizukommen und seien deshalb der Gegenwart und der Zukunft entfremdet.»[22]

Das Zentrum des Ensembles kapitalistischer Verhältnisse, das die Menschlichkeit des Arbeiters negiert, macht die Kritik der politischen Ökonomie im Bereich der Produktion fest. Die Gewalt identitätszerstörender Verhältnisse erfährt der Arbeiter ihr zufolge in erster Linie im Arbeitsprozeß. Der Psychoanalyse sind seelische Defekte primär ein Resultat elterlichen Einflusses in der frühen Kindheit. Das Ensemble gesellschaftlicher Verhältnisse wird von ihr auf den sozialen Bereich reduziert, der dem

20 S. Freud: Die endliche und die unendliche Analyse. Gesammelte Werke 16. Frankfurt am Main 1968, S. 82.
20 a K. Marx: Das Kommunistische Manifest. MEW 4, S. 476.
21 S. Freud: Vorlesungen. A. a. O., S. 511.
22 Ebd., S. 273.

Menschen im Laufe seines Lebens zuerst entgegentritt: auf die Familie. Das Mißlingen der Individuierung wird von ihr aus gestörten frühen Objektbesetzungen und Identifikationen in der Familie abgeleitet. Die Sozialisationsdefekte von Arbeitssphäre und Familie sind weitgehend aufeinander bezogen. Die für den proletarischen Sozialcharakter typischen seelischen Verstümmelungen, als deren Extremvarianten die Symptome des Psychotikers begriffen werden können, können als Ausdruck sowohl einer irrationalen primären Sozialisation als auch einer irrationalen sekundären Sozialisation durch die Fabrik begriffen werden, die funktional aufeinander bezogen sind.

«Verfolgt man den Weg, den die Entwicklung des Arbeitsprozesses vom Handwerk über Kooperation, Manufaktur zur Maschinenindustrie zurücklegt, so zeigt sich dabei ständig eine zunehmende Rationalisierung, eine immer stärkere Ausschaltung der qualitativen menschlich-individuellen Eigenschaften des Arbeiters.»[23] Der Arbeitsprozeß wird in stets zunehmendem Maße in abstrakt-rationale Teiloperationen zerlegt, wodurch die Beziehung des Arbeiters zum Produkt als Ganzem zerrissen wird und seine Arbeit sich auf eine mechanisch zu wiederholende Spezialfunktion reduziert. Unterm Kapitalismus sind Arbeitsmöglichkeiten, die die Vergegenständlichung von Individualität dulden, Ausnahmen, die einer privilegierten Minderheit vorbehalten sind. Der herrschaftskonforme Einsatz des Produktionsapparats legt fest, wie die Ware Arbeitskraft eingesetzt wird, ohne daß jene, die sie zu verkaufen gezwungen sind, dabei wesentlich mitbestimmen können. Damit schwindet die Möglichkeit der Identifizierung mit der Arbeit, die Chance, die eigenen individuellen Fähigkeiten zu objektivieren, sich in den Objekten – Produkten der eigenen Tätigkeit – wiederzuerkennen. Die Produktion fordert die Ausmerzung individueller Bedürfnisse, die ihren kapitalkonformen reibungslosen Ablauf stören. Die für die Arbeit notwendige Werkintelligenz muß vom übrigen Ich isoliert werden: Die individuelle Psyche darf dem normierten Einsatz der Arbeitskraft nicht im Wege stehen. «Mit der modernen, psychologischen Zerlegung des Arbeitsprozesses ragt die rationelle Mechanisierung bis in die Seele des Arbeiters hinein: selbst seine psychologischen Eigenschaften werden von der Gesamtpersönlichkeit abgetrennt, ihr gegenüber objektiviert, um in rationale Spezialsysteme eingeführt und hier auf den kalkulatorischen Begriff gebracht werden zu können.»[24] Die Arbeit wird vom toten Kapital aufgesaugt: Die Leistungen des Ichs, die Gedanken, die Gefühle, die Bewegungen, die in die Arbeit eingehen, sind fremdgesteuert, der Disposition des Trägers der Arbeitskraft weitgehend entzogen. Die Verhaltensweisen der lebendigen Arbeit werden dieser von

23 G. Lukács: Geschichte und Klassenbewußtsein. Neuwied 1968, S. 176.
24 Ebd., S. 177.

außen aufgezwungen; sie gehorchen keiner Vernunft, die ihren Sitz im Arbeiter hat.

«Mit der Verwertung der Sachenwelt nimmt die Entwertung der Menschenwelt im direkten Verhältnis zu.»²⁵ Diese Entwertung erstreckt sich auch auf die Beziehungen der Menschen untereinander. Die Organisationsprinzipien der kapitalistischen Produktionsweise isolieren die Arbeiter voneinander. Soweit sie nicht jede Interaktion unterbinden, verleihen sie dieser ambivalenten Charakter. Der kollektive Charakter der industriellen Produktion schafft kooperative Abhängigkeitsbeziehungen, die die Basis für solidarische Bindungen abgeben können. Die dem Kapitalverhältnis entspringenden Regeln machen die Arbeiter gleichzeitig zu Konkurrenten auf dem Arbeitsmarkt, zu Rivalen im innerbetrieblichen Kampf um die Besetzung bestimmter Arbeitsplätze. Die Arbeitskollegen sind Partner und Rivalen zugleich, was den Gefühlsbindungen an sie ambivalenten Charakter verleiht und ein kollektiviertes Mißtrauen hervorbringt. Der Doppelcharakter der Produktion als Arbeits- und Kapitalverwertungsprozeß verleiht nicht nur den Beziehungen zwischen den Arbeitern einen ambivalenten Charakter, Widersprüchlichkeiten prägen auch die Beziehungen zu Vorgesetzten und Sachen im Betrieb. Die Vorgesetzten als Kooperationspartner und feindliche Kapitalagenten, die Maschinen als nützliche Gebrauchsgegenstände und feindliche Macht wegen ihrer Kapitaleigenschaft haben für den Arbeiter ein Doppelgesicht, aufgrund dessen seine Beziehungen zu ihnen einen ambivalenten Charakter haben müssen.

Da die kapitalistische Organisation der Arbeit den Menschen keine Selbstdarstellung, sondern lediglich die Manipulation von ihnen entfremdeten, sachlichen und menschlichen Objekten erlaubt, findet die Objektlibido kaum etwas, an das sie sich anheften könnte, sie kehrt ins Ich zurück. Dem Arbeiter ist es verwehrt, während der Arbeit Dinge oder Menschen zu lieben, ihm bleibt nichts als eine libidinöse Besetzung der eigenen zwanghaften Bewegungsrituale und eine uneingestandene, verdrückte, giftige Selbstliebe. Einer Überbesetzung der Selbstrepräsentanzen entspricht eine Unterbesetzung der Repräsentanzen der Außenwelt.

Die Arbeiter erscheinen im Arbeitsprozeß nicht als dessen eigentliche Träger, sondern sie werden als mechanisierter Teil in ein mechanisches System eingefügt, dessen Gesetzen sie sich willenlos zu fügen haben. Die Anpassung an derart verhärtete Verhältnisse, denen gegenüber der einzelne ohnmächtig ist, bringt zugleich eine Verhärtung der Subjekte mit sich: Je realitätsgerechter sie sich verhalten, desto mehr werden sie zum Ding, desto weniger lebendig sind sie. Spontanes Handeln, eines der wichtigsten Kennzeichen einer gelungenen Individuierung, weicht mechanischen Verrichtungen. Triebregungen, die sich nicht umstandslos den For-

25 K. Marx, MEGA I, 3, S. 82.

derungen nach Disziplin und Leistung im Dienste des Kapitals unterordnen lassen, müssen unterdrückt und tabuisiert werden. Das geschwächte Ich erschöpft seine Energien beim Abwehrkampf gegen die unterdrückten Bedürfnisse. Die entfremdeten Verhältnisse erlauben keine Objektbesetzungen und Identifikationsprozesse, auf denen die Entfaltung eines autonomen Ich basiert. Die Beziehungen zur Außenwelt liefern zugleich die Triebregulative; einem verhärteten verarmten Ich, das sich versteinerten Verhältnissen gegenübersieht, entsprechen stereotype zwanghafte Triebabläufe: Die Verhaltensweisen sind vom Wiederholungszwang geprägt. Mit seiner Hilfe hämmert die Maschinerie denen, die sie bedienen, ihren Rhythmus ein. «All in all we are in the swing of things»[26] (Alles in allem schwingen wir mit den Dingen mit), stellt ein Arbeiter fest.

Der Einsatz des Körpers als Arbeitsinstrument in der entfremdeten Produktion hat seine Verdinglichung zur Konsequenz. Der Leib wird gezwungen wie eine Maschine zu funktionieren, damit er sich in ein maschinelles System einordnen lassen kann. Er muß dazu entsensibilisiert, enterotisiert werden. Spontanes Tun, spielerisches Verhalten, unreglementierte Sinnlichkeit wird den Individuen ausgetrieben, die sich von einer versteinerten Ökonomie verwerten lassen müssen. Die Unterdrückung der lebendigen Sinnlichkeit erfolgt mit Hilfe starrer Abwehrsysteme, die als Konsequenz die stereotypen Bewegungsrituale zeitigen, die der entfremdeten Maschinerie entsprechen. Die Übernahme dieser Bewegungsrituale wird dadurch erleichtert, daß sie eine sekundäre Sexualisierung erfahren: «Eine dem inneren Reizschutz dienende Unternehmung wird sekundär Sexualbefriedigung»[27], die Bewegungsrituale werden zur Ersatzbefriedigung. Die Erstarrung resultiert als Symptom aus dem Konflikt zwischen verdrängter Sexualität und den sie verdrängenden seelischen Instanzen. Symptome aber, in denen sich sexuelle Repression ausdrückt, dienen nach Freud «der Sexualbefriedigung der Kranken, sie sind ein Ersatz für solche Befriedigung, die sie im Leben entbehren»[28]. Da die Libido kaum Menschen und Dinge findet, an deren Repräsentanzen sie sich anheften kann, bringt ein sekundärer Narzißmus eine Überbesetzung der Muskelrepräsentanzen mit sich, die sich aufgrund der Schwäche des Ichs verselbständigt. Es bilden sich «organlibidinöse Stauungen in der Muskulatur»[29], die in Bewegungsritualen Abfuhr suchen müssen.

Die libidinöse Überbesetzung des eigenen Selbst, der eigenen Körperrepräsentanzen, entspricht homoerotischen Dispositionen.[29a] Diese beinhal-

26 Ch. Walker: Toward automatic factory. New York 1957, S. 104; zitiert nach H. Marcuse: Der eindimensionale Mensch. Neuwied 1961, S. 46.
27 O. Fenichel: Perversionen, Psychosen, Charakterstörungen. Darmstadt 1967, S. 59.
28 S. Freud: Vorlesungen. A. a. O., S. 296.
29 O. Fenichel, a. a. O., S. 98.
29a Die homoerotischen Dispositionen zeigen sich beispielsweise in der

ten, daß Objektwahlen narzißtischen Charakter zeigen, daß nur Objekte akzeptiert werden können, die dem eigenen Selbst gleichen. Beim Arbeiter zeitigt eine ausgeprägte latente Homosexualität als Reaktionsbildung antifeministische Einstellungen, die Zügen des eigenen Charakters, die dem Weiblichen zugerechnet werden, rigorosen Widerstand entgegenzusetzen zwingen. «Feminine» Eigenschaften wie Schwäche, Gefühlsbetontheit, Mangel an Selbstkontrolle müssen bekämpft werden: Die Norm gebietet mit sich selbst nicht zu zimperlich umzugehen. Das Männlichkeitsideal überbetont eine fragwürdige Härte und Robustheit, die es dem Kapital erleichtert, den Körper im Dienste der Ausbeutung schinden zu lassen. Die antifeminine Einstellung des männlichen proletarischen Sozialcharakters liefert das Modell für die Ablehnung all dessen, was als «anders» eingeschätzt wird. Die Unduldsamkeit trifft ausländische Klassengenossen oder einheimische, die sich nicht konform verhalten. «Während das Subjekt zugrund geht, negiert es alles, was nicht seine Art ist.»[30] Die latente Homosexualität fügt sich einer Gesellschaft ein, in der das Tauschprinzip und der Realcharakter abstrakter Arbeit das Identitätsprinzip generalisiert haben. In der homosexuellen Liebe steckt immer ein Zug des Gleichseinwollens, der Verachtung des Nicht-Identischen, während die heterosexuelle Liebe sich primär an der Differenz, am Andersartigen festmacht. (Die heterosexuelle Liebe beinhaltet freilich auch im Nichtidentischen das Identische, im Fremden das Bekannte zu entdecken.)

In der Beziehung des Mannes zur Frau erscheint das Verhältnis der Gattung zur Natur. Eine verkehrte Aneignung der äußeren Natur läßt nur eine verkehrte Aneignung der Sinnlichkeit zu, so daß die Beziehungen zum anderen Geschlecht, die ihrem Genusse dienen könnten, mißlingen müssen. Der falsche Umgang mit der Natur, aufgrund einer irrationalen Produktionsweise, verdirbt auch das «natürlichste» Verhältnis zwischen den Menschen, das zwischen Mann und Frau. Die Sexualität, die zur verdrängten Homosexualität pervertiert wird, erlaubt keine emanzipierten Beziehungen zwischen Individuen verschiedenen Geschlechts. Zugleich verdirbt die verdrängte Homosexualität auch die Beziehungen zwischen gleichgeschlechtlichen Individuen, weil sie, als tabuisierte, Berührungsängste und Kontaktstörungen nach sich ziehen muß, die, wie später dargestellt wird, in extremer Form die Gestalt der Paranoia annehmen können. Die falsche Aneignung der äußeren Natur verhindert die Versöhnung des Menschen mit seinen Triebregungen, mit seinem natürlichen Anteil. Sie verhindert damit, daß seine Bedürfnisse menschliche Bedüfnisse werden können und entfremdet so den Menschen seinem Gattungswesen. «Das unmittelbare, natürliche, notwendige Verhältnis des Menschen zum Men-

Bedeutung, die Zoten in gleichgeschlechtlichen Gruppen zukommt. Zur homosexuellen Disposition des Arbeiters siehe: Arbeitersexualität. A. a. O., S. 8–28.
30 Th. W. Adorno: Minima Moralia. Frankfurt am Main 1962, S. 52.

schen ist das Verhältnis des Mannes zum Weibe. In diesem natürlichen Gattungsverhältnis ist das Verhältnis des Menschen zur Natur unmittelbar sein Verhältnis zum Menschen, wie sein Verhältnis zum Menschen unmittelbar sein Verhältnis zum Anfang seiner eigenen natürlichen Bestimmung ist. In diesem Verhältnis erscheint also sinnlich, auf ein anschauliches Faktum reduziert, inwieweit dem Menschen das menschliche Wesen zur Natur oder die Natur zum menschlichen Wesen des Menschen geworden ist. Aus diesem Verhältnis kann man also die ganzen Bildungsstufen des Menschen beurteilen. Aus dem Charakter dieses Verhältnisses folgt, inwieweit der Mensch als Gattungswesen, als Mensch sich geworden ist und erfaßt hat; das Verhältnis des Mannes zum Weibe ist das natürlichste Verhältnis des Menschen zum Menschen. In ihm zeigt sich also inwieweit das natürliche Verhalten des Menschen menschlich und wieweit das menschliche Wesen ihm zum natürlichen Wesen, inwieweit seine menschliche Natur ihm zur Natur geworden ist. In diesem Verhältnis zeigt sich auch, inwieweit das Bedürfnis des Menschen zum menschlichen Bedürfnis, inwieweit ihm also der andere Mensch als Mensch zum Bedürfnis geworden ist, inwieweit er in seinem individuellen Dasein zugleich Gemeinwesen ist.»[30a]

In der kapitalistischen Produktion tritt die vergegenständlichte Tätigkeit der Arbeiterklasse in Gestalt von Maschinen den produzierenden Individuen feindlich gegenüber: Das tote Kapital errichtet ein Gewaltsystem über die lebendige Arbeit. «Der Arbeiter legt sein Leben in den Gegenstand; aber nun gehört es nicht mehr ihm, sondern dem Gegenstand. Je größer also diese Tätigkeit, um so gegenstandsloser ist der Arbeiter. Was das Produkt seiner Arbeit ist, ist er nicht. Je größer also dies Produkt; je weniger ist er selbst. Die Entäußerung des Arbeiters in seinem Produkt hat die Bedeutung, nicht nur, daß seine Arbeit zu einem Gegenstand, zu einer äußeren Existenz wird, sondern daß sie außer ihm, unabhängig, fremd von ihm existiert und eine selbständige Macht ihm gegenüber wird, daß das Leben, was er dem Gegenstand verliehen hat, ihm feindlich und fremd gegenübertritt.»[31] Die Anpassung an diese feindliche Realität verlangt vom Arbeiter zwanghafte, mimetische Reaktionen, mit deren Hilfe er sich der Gewalt, die ihn unterdrückt, angleicht; sie verlangt archaische Schemata der Selbsterhaltung, die das Leben zwingen, für seinen Fortbestand mit seiner Anpassung ans Tote zu bezahlen. Eine blinde, weitgehend automatisierte Unterwerfung unter das tote Kapital muß das Leben des einzelnen sichern. Der Arbeitsprozeß depersonalisiert den Arbeiter, er büßt seinen Subjektcharakter ein, wird zum Ding, das sich kaum von der Dingwelt abheben kann. Der Arbeiter wird zum Anhängsel an Maschinen, zum Material, das seine Bewegungsgesetze nicht in sich selbst trägt, son-

30 a K. Marx: Nationalökonomie und Philosophie. A. a. O., S. 234 f.
31 K. Marx: MEGA I, 3, S. 83.

dern von einer wildgewordenen Ökonomie diktiert bekommt. Während bürgerliche Individuen ihr Arrangement mit dem Bestehenden durch ein Wechselspiel zwischen verschiedenen psychischen Instanzen, zwischen Ich, Über-Ich und Es erreichen, erzwingt die Unterwerfung des Arbeiters eine eher eindimensionale statische Identifikation mit dem technokratischen Realitätsprinzip. Bei Individuen, die zum Objekt einer totalen Ökonomie werden, schrumpft das Ich dermaßen, daß es kaum noch imstande ist, sich gegenüber den Ansprüchen des Es und denen der verinnerlichten Repräsentanzen von Realitätszwängen zu behaupten. Die Ichgrenzen werden brüchig, das Ich droht ständig von den Ansprüchen des Es oder der Außenwelt überrollt zu werden. Gegenüber den Personifikationen des toten Kapitals, welches die lebendige Arbeit beherrscht und aussaugt, muß der ohnmächtige einzelne zu befehlsautomatischen Reaktionen greifen. «Das Detailgeschick des individuellen, entleerten Maschinenarbeiters verschwindet als winziges Nebending vor der Wissenschaft, den ungeheuren Naturkräften und der gesellschaftlichen Massenarbeit, die im Maschinensystem verkörpert sind und mit ihm die Macht des Meisters (master) bilden.»[32]

«Zeit ist nur dadurch, daß etwas geschieht, und nur dort, wo etwas geschieht.»[33] Zeitbewußtsein entsteht durch Erwartungen, Hoffnungen, Befürchtungen. Die kapitalistische Produktionsweise tendiert dazu, dem Arbeiter nur leere, inhaltlose Zeit zuzubilligen, aus der die Dimension der Zukunft getilgt ist. Sie bringt «Raum und Zeit auf einen Nenner, nivelliert die Zeit auf das Niveau des Raumes».[34] Die Organisation der Arbeit basiert auf der rationell-kalkulatorischen Zerlegung des Arbeitsprozesses, die dem Arbeiter monotone Tätigkeiten aufzwingt. Sein Tun schrumpft auf repetitive Teilarbeiten, auf ein paar sich ständig gleichförmig wiederholende Handgriffe. Die Arbeitsleistungen verlieren qualitative Züge, die abstrakte Arbeit, auf der der Tauschwert von Waren basiert, gewinnt Realcharakter. Ihre Quantität ist alles, was Arbeitsleistungen noch auszeichnet. Es ergibt sich der Zustand, «daß die Menschen gegenüber der Arbeit verschwinden, daß das Pendel der Uhr der genaue Messer für das Verhältnis der Leistungen zweier Arbeiten geworden, wie er es für die Schnelligkeit zweier Lokomotiven ist. So muß es nicht mehr heißen, daß eine (Arbeits-)Stunde eines Menschen gleichkommt einer Stunde eines anderen Menschen, sondern das vielmehr ein Mensch, während einer Stunde soviel wert ist wie ein anderer Mensch während einer Stunde. Die Zeit ist alles, der Mensch ist nichts mehr, er ist höchstens noch die Verkörperung der Zeit. Es handelt sich nicht mehr um die Qualität. Die Quantität allein ent-

32 K. Marx: Das Kapital I. S. 444 f.
33 E. Bloch: Tübinger Einleitung in die Philosophie I. Frankfurt am Main 1964, S. 176.
34 G. Lukács: Geschichte und Klassenbewußtsein. S. 179.

scheidet alles: Stunde gegen Stunde, Tag gegen Tag».[35] Die Zeit verliert ihren flußartigen Charakter, sie wird zur bloßen Uhrzeit. «Die Uhrzeit ist eine gleichmäßig abgeteilte, in gleichen Abständen fortschreitende; so rückt sie denn ‹unerbittlich›, nämlich gleichförmig vor. Sie ist derart auf die Zahlenreihe auftragbar und durch sie ausdrückbar; Zifferblatt wie Kalender sind dadurch möglich. Aber das so bezeichenbare Fortschreiten ist völlig gleichgültig gegen die Inhalte, die darin geschehen oder auch nicht geschehen. Die Uhrzeit ist abstrahiert von der erlebten, doch hierbei auch abstrakt geworden, sie rektifiziert die erlebte durchaus, doch um den Preis formaler Starre.»[36] Die Arbeitszeit wird zur leeren Zeit, die die Ausformung sinnhaltiger individueller Zeitperspektiven nicht duldet. Zeitperspektiven entstehen während der Arbeitszeit nur durch Erwartungen, die über diese hinausgreifen, durch den Bezug auf Pausen, den Feierabend, das Wochenende, den Urlaub.

Wie der Arbeitstag sabotiert auch das Arbeitsleben die Aufrichtung von individuellen Zeitperspektiven. Die betriebliche Hierarchie erlaubt nur einer kleinen Minderheit der Arbeiter nach langer Betriebszugehörigkeit den Aufstieg zum Vorarbeiter oder Meister. Der Weg zu einer außerberuflichen Karriere ist durch fehlende materielle Mittel und mangelnde Bildung verbaut. Während Angestellte und Selbständige damit rechnen können, daß sie mit zunehmendem Alter eher ein höheres Einkommen und mehr Einflußchancen am Arbeitsplatz gewinnen, zeigt die komplementäre Linie bei den Arbeitern normalerweise eine absteigende Tendenz. Die relative Lohnhöhe erreicht bei jüngeren Arbeitern, die im Vollbesitz ihrer physischen Leistungsfähigkeit sind, ihren Höhepunkt; mit zunehmendem Alter, wenn das Kapital die Physis des Arbeiters verschlissen hat, sinkt der Wert der Arbeitskraft. Der gealterte Arbeiter, der dem technologischen Wandel und den sich ständig verschärfenden Akkordsystemen nicht mehr gewachsen ist, wird auf schlechter bezahlte Arbeitsplätze abgeschoben, wo seine Tätigkeit den Charakter von Hilfsdiensten bekommt.

Auch der Reproduktionsbereich, der Familien- und Freizeitbereich duldet nur wenig entfaltete Zeitperspektiven. Die fehlenden materiellen Mittel erlauben kaum langfristige Planungshorizonte. «Das praktische Leben mit seinen Mühen und Sorgen zieht alle Kräfte an sich. Vergangenheit und Zukunft treten weit hinter der unmittelbaren Gegenwart zurück; der Proletarier lebt dem Tage, der Minute. Alles Bewußtsein zentriert sich um das Notwendigste, um Brot, Hemd, Heizung.»[37] Im bürgerlichen Familienverband erlaubt die Übertragung des angehäuften Eigentums von einer Generation auf die andere eine Familientradition; die vorhandenen materiellen Mittel dulden weitläufige Planungsperspektiven. Das Leben des Arbeiters

35 K. Marx: Elend der Philosophie. Zitiert nach G. Lukács: Geschichte und Klassenbewußtsein. S. 179.
36 E. Bloch: Tübinger Einleitung in die Philosophie I. S. 177.
37 A. Busemann: Pädagogische Milieukunde. Halle 1927, S. 136.

ist hingegen stark auf das Hier und Jetzt, auf den unmittelbaren Genuß, auf die unmittelbare Not ausgerichtet: Seine Perzeption der Realität ist konkretistisch. Engels notiert in seinem Bericht über die «Lage der arbeitenden Klassen in England»: «Eine Klasse, um deren Bildung sich niemand kümmert, die allen möglichen Zufällen unterworfen ist, die gar keine Sicherheit der Lebenslagen kennt, was für Gründe, was für ein Interesse hat die, die Vorsicht üben, ein solides Leben zu führen und, statt von der Gunst des Augenblicks zu profitieren, auf einen entfernteren Genuß zu denken, der gerade für sie und für ihre ewig schwankende, sich überschlagende Stellung noch sehr ungewiß ist?»[38]

Die proletarische Situation bringt auch eine Beschneidung der Raumerfahrung mit sich. Die industrielle Arbeit fixiert den Arbeiter auf einen bestimmten Platz an der Maschine oder am Band. Sein Aktionsradius im Betrieb ist beschränkt, die Arbeitsorganisation reduziert die Zahl seiner Bewegungen, die nur einen eng umgrenzten Raum füllen dürfen. Optische Barrieren, negativ sanktionierende Fragen des Werkschutzes, von Aufsehern, von Arbeitern in anderen Teilen des Werks sabotieren die Aneignung der Räumlichkeit im Betrieb. Prämiiert wird die Treue zum Arbeitsplatz, die Fixierung auf ein beschränktes Areal in der Werkshalle. Auch im Freizeitsektor erfährt der Arbeiter eine Beschneidung seiner subjektiven Raumhorizonte. Beengte Wohnverhältnisse schränken seinen Entfaltungsspielraum ein; der Gelegenheit Reisen zu machen, andere Regionen kennenzulernen, stehen seine Erschöpfung nach Arbeitsschluß, zeitliche, materielle und bildungsmäßige Barrieren entgegen. Der geographische Sektor, der Arbeitern vertraut ist, ist wesentlich begrenzter als bei bürgerlichen Individuen.[39]

Die der Arbeiterklasse vorenthaltene Möglichkeit, Arbeitsprozesse selbst zu organisieren, nimmt ihr die Chance, sich Produktionsvorgänge transparent zu machen. Die vom Kapital eingesetzte Technologie tritt der Arbeiterklasse weitgehend fremd und feindlich, als undurchschaubare Macht gegenüber. Die Sabotage von Objektbesetzungen und Identifikationsmöglichkeiten läßt das Ich verkümmern und verhindert damit die realitätsgerechte bewußtseinsmäßige Aneignung von sozialen Verhältnissen: Die Wahrnehmung gehorcht den Gesetzen falscher Projektion. Projektives Vorgehen ist nicht an sich falsch; da sich in den psychischen Strukturen der Individuen, in ihrem Denken und Fühlen, die Strukturen der sozialen Objektivität niederschlagen, enthält jede Projektion Momente der Wahrheit; falsch wird sie nur durch den Ausfall einer Reflexion, die überprüft, inwiefern sie die Realität trifft. «Indem das Subjekt nicht mehr vermag, dem Objekt zurückzugeben, was es von ihm empfangen hat, wird es nicht reicher sondern ärmer. Es verliert die Reflexion nach beiden

38 MEW 2, S. 356.
39 Vgl. hierzu R. Wald: Industriearbeiter privat. Stuttgart 1966.

Seiten: da es nicht mehr den Gegenstand reflektiert, reflektiert es nicht mehr auf sich selbst und verliert die Fähigkeit zur Differenz.»[40] Die Außenwelt wird reflexionslos mit Zügen der eigenen Person versehen, sie wird so rezipiert, wie es den eigenen blinden Bedürfnissen entspricht. Ein Übermaß an Narzißmus, den der Mangel an Objektbesetzungen hervorbringt, zeitigt ein starres Schema der Allmacht, das die Realität und das eigene Selbst überwältigt und jede Differenz und Eigenart negiert. Übergeneralisierte Interpretationsmuster überrollen die Realität, «die Geschlossenheit des Immergleichen wird zum Surrogat von Allmacht».[41] Das zwanghaft projizierende Individuum, das an der Realität verzweifelt, kann nichts projizieren als seine eigene Misere. Die unterdrückten Destruktionsregungen werden auf Kommunisten, Juden, Gastarbeiter, auf Intellektuelle projiziert. Die gesellschaftliche Misere resultiert für den Projizierenden nicht aus bestimmten Produktionsverhältnissen, sondern aus der Heimtücke von Abweichlern. Gewalt und Ausbeutung werden nicht als Ausdruck einer falschen Ökonomie begriffen, sondern sind die Konsequenz der Bosheit und Herrschsucht privilegierter Minderheiten: Die Interpretation von Herrschaftsverhältnissen erfährt eine interessenpsychologische Verkürzung. Soziale Prozesse werden nicht als Ausdruck der gesellschaftlichen Beziehungen von Warendingen bzw. der sachlichen Beziehungen ihrer Besitzer begriffen, sie werden «personalisiert». Die blinde Projektion der eigenen Destruktionsneigungen, der eigenen leeren Gier, führt dazu, daß demokratisch nicht legitimierbare Macht nicht als Ausdruck der irrationalen Organisationsprinzipien gesellschaftlicher Verhältnisse, sondern als Resultat von Verschwörungen begriffen wird. Die Neigungen zur Übergeneralisierung bei der Realitätserfassung, die sich in Schwarz-Weiß-Denken, in simplifizierenden Interpretationen der sozialen Realität äußert, verbindet sich mit konkretistischen Einstellungen. Um den völligen Bruch mit der sozialen Objektivität zu vermeiden, um den Kontakt mit der Realität nicht gänzlich einzubüßen, klammert sich das Bewußtsein an das unmittelbar Gegebene, an das konkret Erfaßbare, dessen Vermitteltheit vernachlässigt wird. Das Interesse gilt Dimensionen der Realität, an die sich wenig sublimierte Triebregungen unmittelbar anheften lassen. Es zielt auf Gebrauchswerte, die im Horizont der eigenen Möglichkeiten liegen, auf Menschen, zu denen man persönliche Kontakte hat, auf kulturelle Manifestationen, die, wie das Fernsehprogramm oder der Sport, kaum sublimierte Triebregungen oder größeren intellektuellen Aufwand einfangen. Die projizierende, «wahnhafte» Erfassung der Realität wird als kollektivierte sozial akzeptiert, sie gewährt psychische Entlastung und braucht deshalb nur bestimmte Dimensionen der Realitätser-

40 Th. W. Adorno, M. Horkheimer: Dialektik der Aufklärung. Amsterdam 1947, S. 223.
41 Ebd., S. 224.

fassung zu infizieren. Ein infantil gebliebenes soziales Bewußtsein kann sich mit einer entwickelten handwerklichen Intelligenz, mit einer entfalteten technischen Sensibilität verbinden.

Der von der kapitalistischen Produktion geforderte Sozialcharakter trägt Züge, die das pathologische des Schizophrenen ausmachen. Die psychiatrische Literatur nennt als Symptome schizophrener Erkrankungen, Deformationen, die den Entstellungen entsprechen, die die verschiedenen Aspekte entfremdeter Arbeit erzwingen. Was als Symptom der Schizophrenie gilt, kann auch als Entmenschlichung durch entfremdete Arbeitsverhältnisse interpretiert werden: Übersteigerter Narzißmus, Entleerung der Objektbesetzungen, Denk-und Wahrnehmungsstörungen, verselbständigte Bewegungsrituale, Befehlsautonomie (sie entspricht auch dem, was im Text als «Mimesis» bezeichnet wurde), Ambivalenz der Gefühlseinstellungen, Kontaktstörungen, homoerotische Dispositionen, Aufhebung der Ichgrenzen bzw. Depersonalisation (Gefühle, Gedanken, der Körper werden als fremd erfahren, das Subjekt fühlt sich von fremden Mächten gelenkt, die Grenze zwischen Selbst und Objektwelt bricht zusammen), Zerstörung von Raum- und Zeiterfahrungen.

Der von den Arbeitern bearbeitete Naturstoff tritt diesen als totes Kapital gegenüber und zwingt ihnen Reaktionsmuster auf, die ihren spezifisch menschlichen Charakter eingebüßt haben und «instinktmäßig tierartige»[42] Form haben. Die Handlungsweisen werden nicht von einer aufgeklärten Vernunft gesteuert, sie folgen bewußtlos den Zwängen der kapitalistischen Ökonomie. Möglichkeiten der Menschengattung, die es erlauben, die in der Natur und in den Menschen schlummernden Potenzen mit Hilfe einer von einer demokratischen Vernunft gelenkten Produktion zu entfalten, bleiben ungenützt. «Indem daher die entfremdete Arbeit dem Menschen den Gegenstand seiner Produktion entreißt, entreißt sie ihm sein Gattungsleben, seine wirkliche Gegenständlichkeit und verwandelt seinen Vorzug vor dem Tier in einen Nachteil, daß sein unorganischer Leib, die Natur, ihm entzogen wird.»[43] Die Knechtung des Arbeiters durch die kapitalistische Produktion wirft ihn auf tierische Reaktionsweisen zurück: «Es kommt daher zu dem Resultat, daß der Mensch (der Arbeiter) nur mehr in seinen tierischen Funktionen, Essen, Trinken und Zeugen, höchstens noch Wohnung, Schmuck etc., sich als freitätig fühlt und in seinen menschlichen Funktionen (d. h. in der menschlichen Gattungstätigkeit: Arbeit) nur mehr als Tier, das Tierische wird das Menschliche und das Menschliche wird das Tierische.»[44] Der Arbeiter wird zum «geistlosen Naturknecht»[45], der keinen Gegenstand im Kopf zu haben braucht, bevor er ihn produziert. Das Resultat des Arbeitsprozesses ist nicht bereits

42 K. Marx: Das Kapital I. S. 185.
43 MEGA I, 3, S. 89.
44 Ebd., S. 86.
45 Ebd., S. 84.

vorher in den Vorstellungen des Arbeiters ideell vorhanden. Die Trennung zwischen geistiger und körperlicher Arbeit legt die Planung der Arbeit in die Hände des kapitalistischen Managements; dem Arbeiter bleibt nur die sprachlose Unterwerfung unter die Zwänge des Kapitals. Die Verhaltensweisen sind der Gewalt der zu Kapital gewordenen vergegenständlichten Arbeit weitgehend bewußtlos verhaftet, die Verhaltensweisen sind kaum symbolvermittelt, sie sind eingeschliffen wie die Auslöseschemata von dressierten Tieren. «Das Tier ist unmittelbar eins mit seiner Lebenstätigkeit. Es unterscheidet sich nicht von ihr. Es ist sie. Der Mensch macht seine Lebenstätigkeit selbst noch zum Gegenstand seines Wollens und Bewußtseins. Er hat bewußte Lebenstätigkeit. Er ist nicht eine Bestimmtheit, mit der er unmittelbar zusammenfließt. Die bewußte Lebenstätigkeit unterscheidet den Menschen unmittelbar von der tierischen Lebenstätigkeit. Eben nur dadurch ist er ein Gattungswesen. Oder er ist nur ein bewußtes Wesen, d. h. sein eigenes Leben ist ihm Gegenstand, eben weil er Gattungswesen ist. Nur darum ist seine Tätigkeit freie Tätigkeit.»[46] Die entfremdete Arbeit beraubt den Menschen seiner Differenz zum Tier; die verkehrte Aneignung der Natur zwingt den Menschen eine schlechte Karikatur des Tieres zu verkörpern.

Die psychischen Voraussetzungen für entfremdete Arbeitsleistungen schafft der Modus der Triebkontrolle, den die Psychoanalyse als Verdrängung bezeichnet. Der Prozeß entfremdeter Arbeit, der versteinerte Gesellschaftsstrukturen hervorbringt, die die menschliche Entfaltung beschneiden, hat auf der innerpsychischen Ebene als Pendant den Prozeß der Verdrängung, der starre Symptome zeitigt, die die Autonomie des Ich einschränken. Die entfremdete Arbeit, die die Arbeiter im Auftrag der herrschenden Klasse leisten, entzieht diesen die bewußte Kontrolle über den von ihnen bearbeiteten Naturstoff; die Verdrängung, die das Ich im Auftrag des Über-Ich leistet, entzieht diesem die bewußte Kontrolle über die von ihm bearbeiteten Triebregungen. «Das Symptom stammt vom Verdrängten ab, ist gleichsam der Vertreter desselben vor dem Ich, das Verdrängte ist aber für das Ich Ausland, inneres Ausland.»[47]

Die Arbeiter erzeugen stets von neuem ihre Misere durch entfremdete Arbeitsleistungen. Der Prozeß der Warenproduktion nötigt sie dazu, ihre Arbeitskraft als lebendiges Kapital an das tote Kapital zu ketten. Sie sind gezwungen, geistlose, ewig gleichförmige Arbeiten zu leisten, deren Inhalt sie nicht selbst bestimmen, sondern von der Rationalität des Kapitals diktiert bekommen und deren Produkte sich, als Waren, ihnen gegenüber verselbständigen und Gewalt über sie erlangen. Der Arbeiter erzeugt als «Naturknecht» seine Ohnmacht, eine «tierische Existenz», die der Rationalität einer blinden Ökonomie gehorcht. Nur durch ihre perma-

---

46 Ebd., S. 81.
47 S. Freud: Vorlesungen. A. a. O., S. 496.

nente Entmenschlichung können die Arbeiter in einem Sozialsystem über-leben, indem eine «zweite Natur» über die Menschen triumphiert. Der Prozeß der Verdrängung kettet einen Teil des Ich an die Zwänge des Es, an nicht-humanisierte innere Natur. Dieser Teil büßt seine Autonomie ein, er erschöpft seine Energien beim unbewußten Kampf gegen Triebregungen, die im Interesse der Regeln einer blinden Triebökonomie nicht befriedigt werden dürfen. «Durch den Akt der Verdrängung verzichtet es (das Ich, G. V.) auf ein Stück seiner Organisation, muß zulassen, daß die verdrängte Triebregung dauernd seinem Einfluß entzogen bleibt.»[48] Die Verdrän-gung bewirkt die bewußtlose Unterwerfung des Ich unter die Rationalität des Es und zwingt dieses zur endlosen Reproduktion des Immergleichen. «Der neuerliche Triebablauf vollzieht sich unter dem Einfluß des Automa-tismus — ich zöge vor zu sagen: des Wiederholungszwanges —, er wandelt dieselben Wege wie der früher verdrängte, als ob die überwundene Gefah-rensituation noch bestünde. Das fixierende Moment an der Verdrängung ist also der Wiederholungszwang des unbewußten Es.»[49] Die Psyche ist an archaische Schemata der Selbsterhaltung fixiert. Sobald soziale Zwänge auftauchen, die die unbewußten Klischees aktivieren, in die die Erinne-rung an die Primärverdrängungen gebannt sind, rasten Reiz-Reaktions-Schemata wie bei dressierten Tieren ein. Der Psychoanalytiker Lorenzer beschreibt in sprachtheoretischer Absicht das Verhalten, das der Verdrän-gung gehorcht, folgendermaßen: «Die Merkmale dieses klischeebestimm-ten Verhaltens sind, um sie summarisch in Stichworten aufzuzählen: feh-lende Erkennbarkeit — Determiniertheit — unverzögerte Entladung — Irre-versibilität — Unabhängigkeit und Tendenz zum Einschleifen — Umwelt-verhaftung, d. h. Verhaftung an eine Szene und szenische Reproduktion, d. h. Wiederholungszwang — entwicklungsgeschichtliche Verankerung. Alle diese Merkmale teilt das klischeebestimmte Verhalten, wie es als Folge einer Verdrängung vorkommt, mit den tierischen Lebewesen, die ein Auslöseschema erwerben.»[50] Die tierischen Reaktionsweisen eines dem Es blind verhaftenden Ich entsprechen der von Marx dargestellten tierischen Existenz des Arbeiters, die dem Kapital, der nicht-humanisierten zweiten Natur, blind verhaftet ist. Wie der Arbeiter unter der Kapitalherrschaft, kann das Ich unter dem Diktat einer blinden Triebökonomie nur überleben, indem es sich selbst verstümmelt, indem es Symptome produziert. «So wird das Symptom allmählich mit der Vertretung wichtiger Interessen betraut, es erhält einen Wert für die Selbstbehauptung, verwächst inniger mit dem Ich, wird ihm immer unentbehrlicher ... Man kann die Bedeu-tung dieser sekundären Anpassung an das Symptom auch übertreiben,

48 Ebd., S. 527.
49 S. Freud: Hemmung, Symptom und Angst. In: Hysterie und Angst. Stu-dienausgabe Bd. VI, S. 292.
50 A. Lorenzer: Sprachzerstörung und Rekonstruktion. Frankfurt am Main 1970, S. 83.

indem man aussagt, das Ich habe sich das Symptom überhaupt nur ange-schafft, um dessen Vorteile zu genießen. Das ist dann so richtig oder so falsch, wie wenn man die Ansicht vertritt, der Kriegsverletzte habe das Bein nur abschießen lassen, um dann arbeitsfrei von seiner Invalidenrente zu leben.»[51] Die entfremdete Produktion stellt eine verkehrte Aneignung der äußeren Natur dar, der Verdrängung stellt eine verkehrte Aneignung der inneren Natur dar. Die entfremdete Produktion erzeugt eine verkehrte Identität des Arbeiters mit der nicht-humanisierten äußeren Natur, die Verdrängung erzeugt eine verkehrte Identität des Ich mit dem Es, der nicht-humanisierten inneren Natur.

Die von verdrängten Triebregungen gesteuerten Verhaltensweisen ge-winnen eine der Rationalität des Es entsprechende, spezifische Abstrakt-heit, die der vom Kapital geforderten abstrakten Arbeit entspricht. Diese Abstraktheit infiziert auch den Konsum des Arbeiters, der weitgehend den Charakter einer Ersatzbefriedigung annimmt, die verdrängten Triebre-gungen einzig offensteht. Der Genuß nach Feierabend wird zur leeren, unstillbaren Gier, die keine wirkliche Befriedigung gewährt. Bei den ora-len Suchterscheinungen, wie etwa beim verbreiteten, mehr oder weniger ausgeprägten Alkoholismus, verliert der Genuß seinen qualitativen Cha-rakter, die Menge, die Quantität des Konsumierten wird in erster Linie wesentlich. Die von der Werbung, von der Kulturindustrie aufgezwunge-nen Produkte entsprechen einer Psyche, die nur das Immergleiche repro-duzieren kann, auch wenn dieses in verschiedener Gestalt auftritt. Der Sexualität des Mannes, die sich in Zoten ausdrückt, sind alle Weiber gleich, wenn sie nur liegen. In der kapitalistischen Gesellschaft dürfen die Menschen noch nicht wirklich Menschen sein, sie müssen als ökonomische Charaktermasken, als Anhängsel von Warendingen existieren. Die Bezie-hungen zwischen den Menschen nehmen die Gestalt von persönlichen Beziehungen zwischen Sachen und sachlichen Beziehungen zwischen Per-sonen an. Dem entsprechen Verhaltensweisen, die verdrängten Triebre-gungen verfallen sind. Bei sozialen Beziehungen, die von diesen gelenkt werden, verkehren nicht wirkliche Menschen miteinander, sondern ab-strakte, unpersönliche, Esanforderungen. Nicht in erster Linie menschli-che Subjekte beziehen sich aufeinander, sondern deren nicht-humani-sierte Persönlichkeitsanteile, die sich einer feindlichen Dingwelt assimilie-ren. Die Menschlichkeit ist unterm Kapitalismus kaum mehr als Fassade, bloßer Schein, der eine unmenschliche ökonomische Rationalität und eine blinde Triebökonomie verhüllt, über die sich die Individuen kaum erhe-ben können.

Die Unterwerfung unter irrationale Herrschaftsverhältnisse besorgt die Angst. Das Proletariat unterwirft sich der Herrschaft des Kapitals, die sie zu permanenten Verdrängungsleistungen zwingt aus Angst vor materiel-

51 S. Freud: Hemmung, Symptom und Angst. A. a. O., S. 244.

lem Elend, das denen droht, die dem Kapital ihre Arbeitskraft verweigern, aus Angst vor der Ausgrenzung und der körperlichen Verstümmelung, die die Staatsgewalt diejenigen spüren läßt, die ihre Bedürfnisse gegen die etablierten Regeln durchsetzen wollen. Die Ängste der Erwachsenen knüpfen an die «Urängste» an, die in der Kindheit die Primärverdrängungen von Triebregungen motiviert haben. «Die Angst wird bei der Verdrängung nicht neu erzeugt, sondern als Affektzustand nach einem vorhandenen Erinnerungsbild reproduziert.»[52] Die Verdrängungsleistungen, die die entfremdeten Verhältnisse vom Erwachsenen fordern und die aktuelle Symptome des psychischen Leidens hervorbringen, sind «Fälle von *Nach*drängen». «Sie setzen früher erfolgte *Urverdrängungen* voraus, die auf die neuere Situation ihren anziehenden Einfluß ausüben.»[53] «Die Angst macht die Verdrängung»[54], die stets von neuem die Bedürfnisbefriedigung auf ein systemkonformes Maß zurückschraubt und Widerstand gegen die Bedürfnisrepression niederhält. Die Primärverdrängungen, an die die Verdrängungsleistungen der Erwachsenen anknüpfen, besorgt in der oralen Phase die Angst vor dem Verhungern, die Angst vor der totalen Verlassenheit. In der phallischen Phase liefert die Kastrationsangst, die Angst vor körperlichen Verstümmelungen, den Motor der Verdrängung. «Die Gefahr der psychischen Hilflosigkeit paßt zum Stadium der frühen Unreife des Ichs, die Gefahr des Objekt-(Liebes-)verlusts zur Unselbständigkeit der ersten Kinderjahre, die Kastrationsgefahr zur phallischen Phase, endlich die Angst vor dem Über-Ich, die eine besondere Stellung einnimmt, zur Latenzzeit. Mit dem Lauf der Entwicklung sollen die alten Angstbedingungen fallengelassen werden, da die ihnen entsprechenden Gefahrensituationen durch die Erstarkung des Ichs entwertet werden. Aber das ist nur in sehr unvollkommener Weise der Fall.»[55]

Die entfremdete Arbeit bringt eine permanente Infantilisierung mit sich. Die für sie notwendigen Verdrängunsleistungen stabilisieren primäre Verdrängungen, die die Individuen auf kindliche Reaktions- und Erfahrungsweisen fixieren. «Die Tatsache der Fixierung kann dahingehend ausgesprochen werden, daß ein Trieb oder Triebanteil die als normal vorgesehene Entwicklung nicht mitmacht und infolge dieser Entwicklungshemmung in einem infantilen Stadium verbleibt. Die betreffende libidinöse Strömung verhält sich dann zu den späteren psychischen Bildungen wie eine dem System des Ungewußten angehörige, wie eine verdrängte.»[56] Die aktuellen existentiellen Bedrohungen reaktivieren ständig kindliche Ängste und verhindern, daß Fixierungen überwunden wer-

52 Ebd., S. 239.
53 Ebd., S. 239.
54 S. Freud: Vorlesungen. A. a. O., S. 521.
55 Ebd., S. 523.
56 S. Freud: Psychoanalytische Bemerkungen über einen autobiographisch beschriebenen Fall von Paranoia. Gesammelte Werke Bd. VIII, S. 304.

den. Der Infantilisierungsdruck, dem die unmündigen Produzenten ausgesetzt sind, läßt sie nicht von ihren frühen Traumata loskommen. Beispielsweise erzeugt ein ständiges Unfallrisiko bei der Arbeit latente Verstümmelungsängste, die verhindern, daß kindliche Verstümmelungsängste überwunden werden können. Seine Fixierungen an infantil gebliebene Regungen bleiben dem «normalen» Erwachsenen unbewußt. Im Falle der Psychose bringt der Aufstand der unterdrückten Triebregungen gegen unmäßige Versagungen diese Fixierungen ans Licht. Die als psychiatrische Fälle klassifizierten Individuen kennzeichnet eine Phase des «Mißlingens der Verdrängung, des Durchbruchs, der Wiederkehr des Verdrängten. Dieser Durchbruch erfolgt von der Stelle der Fixierung her und hat die Regression der Libidoentwicklung bis zu dieser Stelle zum Inhalt».[57] Die Psychose stellt eine Extremvariante regressiven Verhaltens dar, durch die frühkindlich gebliebene psychische Dispositionen offensichtlich werden. In ihr wird transparent, welche psychischen Verstümmelungen die entfremdete Arbeit erzwingt, die den Individuen die Entfaltungschancen nimmt und sie im Zustand der Unmündigkeit hält. In den Symptomen der Psychose manifestiert sich eine verordnete Infantilität, die in abgeschwächter Form notwendig ist, um dem Terror entfremdeter Verhältnisse gerecht werden zu können.

In der Psychose treten die Deformationen offen zutage, die den Mitgliedern der Arbeiterklasse in der frühen Kindheit als Opfer der Kleinfamilie zugefügt worden sind, um sie für entfremdete Verhältnisse zu präparieren. Diese Defekte der Basis der Persönlichkeit resultieren aus der Bewältigung der Mutter-Kind-Dyade und der darauf folgenden ödipalen Dreierkonstellationen. In den präödipalen Phasen erzeugt primär die Beziehung zur Mutter, in der ödipalen Phase die Beziehung zu Mutter und Vater die Basis für spätere Realitätserfahrungen und Verhaltensdispositionen.[57a]

Die Beziehungen zwischen Mutter und Kind während der Phase der primären Identifikation prägen die Grundformen, in die die ganze spätere Entwicklung eingegossen wird. Die Interaktionen zwischen Mutter und Kind liefern das Fundament für spätere Interaktionschancen, der formgebende Charakter dieser Beziehung, der Umgang mit Körperbedürfnissen schafft die Grundlage für ein späteres Arbeitsvermögen. In dieser Phase besteht zunächst kein Ich; es sind keine Grenzen zwischen Selbst und Umwelt vorhanden: Der Säugling ist ein «undifferenziertes, unbegrenztes Wesen im Kontinuum seiner biologischen Umgebung.»[58]

Die Psyche während der Phase nach der Geburt kennt keine Barriere zwi-

57 Ebd., S. 304 f.
57 a Daß das Kleinkind, wie später der Arbeiter in der Produktion, unmittelbar durch Sachzwänge sozialisiert wird, wird im folgenden vernachlässigt.
58 S. Margolin, R. Grinker, in: The Psychosomatic Concept in Psycho-Analysis. London 1953, S. 39; zitiert nach A. Lorenzer: Zur Begründung einer materialistischen Sozialisationstheorie. Frankfurt am Main 1972, S. 40.

schen Ich und Nicht-Ich, der Körper der Mutter wird nicht als etwas Fremdes erfahren. Der «Narzißmus» kennt zunächst keine psychischen Gehalte;
«der Narzißmus ist ja nichts anderes als die ursprüngliche Einheit bzw.
partiell und vorübergehend gelungene Wiederverschmelzung zum gren-
zenlos-kontinuierlichen Einssein mit der Mutter, er sucht die Ansätze
einer Aufspaltung in Selbst- und Objektwelt zu überspielen»[59]. Der Einbruch von Versagungen sprengt diese ursprüngliche symbiotische Einheit
auf, er zerstört das Kontinuum unbegrenzter Bedarfsstillung im Mutter-
leib. Es erfolgt ein Sprung von der totalen Abhängigkeit zu Bedingungen,
unter denen sich Anfänge von Autonomie entwickeln können. Das Kind
kann die von Versagungen erzwungene Zerstörung der ursprünglichen
Einheit mit der Mutter bewältigen, indem es die Erfahrung macht, daß
dem Trauma der Trennung bei liebevoller Zuwendung der Mutter ein
Wechselspiel folgen kann, das diese Trennung und die mit ihr verbundene
Erfahrung totaler Hilflosigkeit periodisch wieder aufhebt. Die Formen der
Versagung und die Formen ihrer Aufhebung durch die mütterliche Liebe
legen während der frühesten Kindheit die Basis der Erfahrung von Selbst
und sozialer Realität, für spätere Interaktions- und Arbeitsleistungen.
«Ein Kind, das durch eine Kette von Störungen, und d. h. Versagungen,
unmittelbarer Bedürfnisbefriedigung aus dem leidlosen Zustand bedürf-
nisloser Einheit von Bedarf und Erfüllung herausgetrieben wurde, erwirbt
als Ersatz neue Befriedigungsformen in der Wechselbeziehung, deren Entfaltung erst allmählich das Gegenüber von Ich und Nicht-Ich preisgibt.»[60]
Der periodische Einbruch von Versagungen in ein Befriedigungskonti-
nuum und deren reaktive Aufhebung bei Unlustäußerungen des Kindes,
durch die liebevolle Zuwendung der Mutter, liefert die Basis der Zeiterfahrung. Die Prozesse der Abtrennung des Kindes von der Mutter, die Prozesse der Grenzziehung zwischen Selbst und Nicht-Selbst liefern die Basis
der Raumerfahrung. Die Erfahrung, daß die Katastrophe der Trennung
von der Mutter, die der Mythos der Vertreibung aus dem Paradies thematisiert, ertragen werden kann, weil die Liebe der Mutter eine erotische Wie-
dervereinigung auf einem höheren psychischen Organisationsniveau zuläßt, sichert die Entstehung eines «Urvertrauens» (Erikson), das die
Grundlage für sozialen Optimismus, für Selbstvertrauen, für ein «Prinzip
Hoffnung» abgibt.

Zur Bewältigung der Trennung von der Mutter steht dem Kind der
Mechanismus der Identifizierung zur Verfügung. Das Kind entschädigt
sich für die verlorene Mutter, indem es sich diese, der Dominanz der Oralität in der Säuglingszeit entsprechend, gleichsam einverleibt und in seinem
Ich wieder aufrichtet. «Die Grundlage dieses Vorganges ist eine soge-
nannte Identifizierung, d. h. eine Angleichung des Ichs an ein fremdes, in

59 A. Lorenzer, a. a. O., S. 43.
60 Ebd., S. 44.

deren Folge dies erste Ich sich in bestimmten Hinsichten so benimmt wie das andere, es nachahmt, gewissermaßen in sich aufnimmt. Man hat die Identifizierung nicht unpassend mit der oralen, kannibalistischen Einverleibung der fremden Person verglichen. Die Identifizierung ist eine sehr wichtige Form der Bindung an die andere Person, wahrscheinlich die ursprünglichste.»[61] Das Kind kann die unerträgliche Trennungsangst während der Ablösung von der Mutter verarbeiten, indem es diese sozusagen zu einem Teil der eigenen Person macht. Es kann dadurch zugleich erreichen, daß es durch seine Angleichung an die Züge der Mutter deren Narzißmus schmeichelt, was ihm bestimmte Gratifikationen von seiten der Mutter einträgt. Die totale Abhängigkeit von der Mutter, die Angst vor der völligen Verlassenheit, vor unerträglichen Versagungen bei einem Rückzug der Mutter zwingt das Kind, diese und später auch andere Personen oder auch Sachen zu einem Teil der eigenen Person zu machen, selbst wenn sie feindselige, grausame Züge zeigen, solange keine Liebesobjekte zur Verfügung stehen, die mehr Befriedigung anbieten.

Die psychischen Defekte der Arbeitermutter, die aus den Versagungen ihres Alltags resultierende Ambivalenz der Gefühlseinstellungen gegenüber ihrem Kind, verankern bereits in der frühen Kindheit basale Deformationen, auf denen die Misere des proletarischen Sozialcharakters fußt. Die feindseligen Züge des mütterlichen Verhaltens liefern die Vorerfahrung der feindseligen Züge der «Allmutter» Kapital. Wie das Arbeiterkind von einer Mutter hilflos abhängig ist, die ein Existenzminimum an Zuwendung oft nur lieblos verabreicht, ist der einzelne, isolierte Arbeiter später in gewisser Weise hilflos vom Kapital abhängig, das eine spärliche Versorgung mit Gebrauchswerten gewährt und dafür unmäßige Versagungen auferlegt. Die Beziehungen zur Mutter erzeugen die Grundlage der Formeln, die die spätere Beziehung zum Kapital regeln; in Gestalt der Mutter, ebenso wie in Gestalt des Kapitals, tritt dem isolierten einzelnen nichthumanisierte Natur gegenüber, die Muster totaler Abhängigkeit auferlegt, deren Überwindung erst individuelle Erwachsenheit und kollektive Mündigkeit hervorbringen kann. Dem Einfluß der nicht-humanisierten mütterlichen «Natur» auf das Kind entstammen wesentliche Charakteristika des Es; als Agent des Kapitals sorgt die Mutter für eine Rationalität des Es, die dessen Vernunft gehorcht. Was Freud als Eigenschaften des Es ontologisiert, ist der Niederschlag elterlicher Verhaltensweisen, durch die Kapitalzwänge übermittelt werden, solange die Eltern nicht primär Menschen sein dürfen, sondern als ökonomische Charaktermasken fungieren müssen.

Die Ablösung von der Mutter gelingt dem Kind bei einem Wechsel von Versagung und liebevoller Zuwendung. Die Versagung sprengt die symbiotische, ursprüngliche Mutter-Kind-Einheit auf, trennt Ich und Nicht-

---

61 S. Freud: Vorlesungen. A. a. O., S. 501.

Ich, die Liebe, die diese Trennung auf einem anderen Niveau der seelischen Entwicklung wieder aufhebt, erleichtert es, diesen Bruch zu bewältigen. Die Verschränkung von Liebe und Versagung, bei einem ambivalenten mütterlichen Verhalten, macht die Konstituierung von Ich-Grenzen, die Entstehung eines autonomen Selbst zum Problem.

Die «overprotective mother», die ihre unbewußte Ablehnung des Kindes durch Überfürsorglichkeit verdeckt, verhindert eine Ablösung des Kindes durch eine hochgradige Aufdringlichkeit, durch eine permanente Einmischung in jede kindliche Regung. Sie reagiert auf die Bedürfnisse des Kindes so, als ob es die eigenen Bedürfnisse wären; sie ist unzugänglich für das, was das Kind ausdrücken möchte, weil sich ihre verdrängten Triebregungen in Projektionen Luft machen, die die Einsicht in die kindlichen Bedürfnisse sabotieren. Die überfürsorgliche Mutter stößt zwar das Kind durch eine latente Feindseligkeit von sich ab, verhindert aber zugleich einen Rückzug des Kindes durch ein scheinbar liebevolles Gehabe.

Die kalte und abweisende Mutter, die ihre Ablehnung des Kindes offen agiert und ein Minimum an Zuwendung nur in Verbindung mit der Verabreichung von Nahrung oder der Erziehung zu Ordnung und Sauberkeit zukommen läßt, erschwert die Ablösung des Kindes, weil ihr Mangel an Liebe dem Kinde nicht das «Urvertrauen» gibt, das ihm die Trennung zu bewältigen erlaubt. Die Abstoßung durch die Mutter hinterläßt ein unaufhebbares Gefühl der Verlassenheit, einen Mangel an Selbstvertrauen, eine tiefsitzende Unsicherheit, die es nicht erlaubt, anderen als autonomes Selbst gegenüberzutreten. Die schizoide Disposition, die Neigung zum ständigen Rückzug aus zwischenmenschlichen Beziehungen, die dieses Interaktionsmuster zwischen Mutter und Kind hinterläßt, stellt eine zwanghafte Reaktionsbildung auf unbewußte, aus einer unbewältigten Kindheit stammende Anklammerungsbedürfnisse dar, die die Ich-Grenzen aufheben, wenn sie zum Durchbruch kommen.

Sowohl die unterschwellig als auch die offen ablehnende Mutter erzeugt bei ihren Kindern ein «Urmißtrauen», das die Neigung einschließt, Sozialkontakte permanent zu verweigern. Aus der Beziehung zur Mutter resultierende, ambivalente Gefühlseinstellungen, in denen sich die mütterliche Misere reproduziert, beschneiden die Möglichkeit eines liebenden Umgangs mit Menschen und Dingen: Resignation, Unsicherheit, Fatalismus beherrschen Denken und Handeln.

Das Mißlingen der Ablösung von der Mutter reduziert die Möglichkeit, Raumerfahrungen zu machen, die aus selbständigen Erkundungen der Umwelt resultieren. Die Gleichzeitigkeit von Versagung und liebevoller Zuwendung, die entsteht, wenn die liebevolle Zuwendung mit einer tiefersitzenden Ablehnung verbunden ist oder wenn lieblos auf die Bedürfnisse des Kindes eingegangen wird, duldet keine Aufrichtung von Zeithorizonten. Es entsteht kein Wechsel von Versagung und Liebe, kein Erwartungshorizont, der eine subjektive Zeitdimension erstellt. Die Ambivalenz der mütterlichen Einstellungen weckt kindliche Triebregungen und verhindert zugleich ihre Befriedigung; Triebregungen müssen verdrängt werden, sie werden an die Konstellationen während der frühen Kindheit fixiert: In den Reaktionsweisen wird der Wiederholungszwang, die die Nötigung zur endlosen Reproduktion des Immergleichen installiert.[61a]

Je weniger die Traumata während der Ablösung von der Mutter wegen eines Mangels an liebevoller Zuwendung bewältigt werden können, desto brüchiger fallen die Ich-Grenzen aus, die dann beim Aufstand der unterdrückten Triebregungen in der Psychose eingerissen werden. Das an unbewußte Traumata fixierte, schwache Ich, muß sich deshalb gegen die ständige Gefahr, von Triebregungen überrollt zu werden, dadurch wehren, daß es sich zwanghaft von einer Realität abschirmt, die verdrängte Triebregungen zu reaktivieren droht. Die unbewältigte Ablösung von der Mutter macht es notwendig, eine unüberwindbare Kluft zwischen «Mein» und «Dein» aufzureißen, die durch eine erotische Vereinigung nicht übersprungen werden kann. Diese Barriere duldet es nicht, sich liebevoll Personen und Sachen zu überlassen; sie gewinnt einen unüberwindlichen Charakter dadurch, daß die Sehnsucht, sich Liebesobjekten anheim zu geben, die Gefahr mit sich bringt, von blinden Emotionen überwältigt zu werden, die die eigene Subjektivität hinfällig werden lassen. Die Starrheit von unelastischen Ich-Grenzen, die ständig zu brechen drohen, der Zwang, zwischen «Mein» und «Dein» eine Kluft lassen zu müssen, ermöglicht das gefühlsmäßige Akzeptieren der bürgerlichen Eigentumsordnung. Das Ich, dessen Autonomie ständig von verdrängten Triebregungen bedroht ist, kann sich nur Liebesobjekten überlassen, wenn es die Angst vor emotionaler Zuwendung dadurch reduzieren kann, daß es die Objekte, an die es seine Triebregungen anheftet, durch Besitztitel zugleich seiner Kontrolle unterwerfen kann. Das Privateigentum wird emotional akzeptiert, weil die

61 a Während der ersten Phase der primären Identifikation mit der Mutter ist der Mund die wesentliche körperliche Leitzone. Die unbewältigten Traumata dieser Phase fixieren die Arbeiter auf «orale» Reaktionsmuster. Anne Parsons kommt nach der psychoanalytischen Untersuchung der Arbeiterfamilie in Neapel zu dem Ergebnis, daß die von ihr untersuchte Sozialschicht durch einen «oralen Kernkomplex» geprägt ist (Anne Parsons: «Belief, Magie and Anomie», New York 1969, S. 8 ff.). Der Industriebetrieb verlangt vom Arbeiter eine «orale» Fügsamkeit, der nach Feierabend ein spezifisches infantiles Verwöhnungsbedürfnis, orale Suchterscheinungen oder die Neigung entspricht, sich vom Fernsehen passiv «füttern» zu·lassen. Das Motiv des Fressens oder Gefressenwerdens kommt beim Wahn nicht selten vor. Es äußert sich beispielsweise in der Unfähigkeit, in Gegenwart anderer zu essen, als Abwehr unbewußter kannibalistischer Wünsche. Daß der Verfolger beim Wahn gleichzeitig ein Liebesobjekt und den eigenen Körper repräsentieren kann, läßt sich als Folge seiner «Einverleibung» durch Introjektion begreifen. Ein in der Kindheit «einverleibtes» Objekt ist ein Stück der eigenen Psyche geworden, das sich beim Schizophrenen wieder entfremdet. Zur Rolle der Oralität in der Psychose vgl. Karl Abraham: Untersuchungen über die früheste prägenitale Entwicklungstufe der Libido. In: Internationale Zeitschrift für Psychoanalyse 1916, Heft 2, S. 71–79, oder O. Fenichel, a. a. O., S. 79 f.

Angst vor Objektbesetzungen diese auf ein vom Rechtssystem legitimiertes Maß zurückzuschrauben erlaubt, weil Liebe an autoritäre Kontrolle und Besitzerstolz, Sinnlichkeit an den «Sinn des Habens» gefesselt sein muß, um relativ angstfrei genossen werden zu können.

Die primäre Beziehung zwischen Mutter und Kind verankert das Tauschprinzip als Handlungsregulativ in der Psyche des Kindes. Das Kind lernt im Umgang mit der Mutter allmählich, daß es sich durch ein bestimmtes Verhalten das Interesse und die Zuneigung von Menschen «kaufen» kann. Es erfährt, daß Gesten der Zuneigung, die Fähigkeit bestimmte Muskeln zu beherrschen oder auch Aggressions- und Unmutsäußerungen die Mutter dazu bewegen können, sich um das eigene Wohlbefinden zu kümmern. Bestimmte kindliche Regungen sprechen bestimmte mütterliche Regungen an, sie provozieren ein Verhalten der Mutter, das beiden Interaktionspartnern ein bestimmtes Maß an Befriedigung gewährt. (Bei der Mutter kann die Befriedigung im Extremfall lediglich darin bestehen, den Geboten des Über-Ichs zu gehorchen.) Mutter und Kind suchen sich wechselseitig zu einem Verhalten zu bewegen, das den eigenen Triebbedürfnissen entspricht. Die Mutter zwingt das Kind, mit der Drohung des Liebesentzugs, bewußt oder unbewußt Triebregungen so zu bearbeiten, daß sie sich komplementär zu den Triebstrukturen verhalten, die die Gesellschaft bei ihr sozialisiert hat. Sie entgilt die Anpassungsleistungen des Kindes, die durch den Mechanismus der Identifikation gelingen, indem ein ihren Ansprüchen konformes Verhalten des Kindes es ihr erlaubt, sich dem Kind gegenüber zu öffnen. Im Wechselverhältnis zwischen mütterlichen und kindlichen Ansprüchen werden Einigungsformeln «ausgehandelt», die weitgehend einer quantifizierenden Rationalität gehorchen. Jeder Partner ist bereit, ein gewisses Quantum an Unlust in Kauf zu nehmen, wenn der andere als Gegenleistung bereit ist, ein gewisses Quantum an Lust zu verschaffen. Zwischen Mutter und Kind besteht keine egalitäre Beziehung, das machtmäßige Übergewicht der Mutter erlaubt dieser, den Tausch mit der Überwältigung des Kindes zu verbinden. Indem die Mutter dem Kind diese Erfahrung permanent aufzwingt, lehrt sie es, sich in eine Gesellschaft einzufügen, in der das Tauschprinzip mit Ausbeutung und Unterdrückung assoziiert ist.

Sowenig dem Arbeiterkind die Überwindung der Traumata der Mutter-Kind-Dyade gelingt, so wenig hat es die Chance, die ödipale Konfliktkonstellation ohne psychische Verstümmelungen zu bewältigen; schon die Defekte aus der Säuglingszeit wirken sich als Handicap in den Belastungssituationen des Dreierkonflikts aus.

Die Irrationalität des väterlichen Machtanspruchs gegenüber seinen Kindern erschwert es dem Sohn, eine männliche Geschlechtsidentität durch die Bewältigung der ödipalen Rivalität zu erlangen. Der Sohn hat Schwierigkeiten, sich mit einem Vater zu identifizieren, der weder liebevolle Zuwendung noch Schutz gegenüber einer bedrohlichen Umwelt in zureichendem Maße zu bieten vermag und deshalb kein akzeptables Modell von Männlichkeit liefert. Die Machtposition des Vaters gegenüber dem Sohn ist aufgrund seiner gesellschaftlichen Ohnmacht ausgehöhlt; er kann zwar, aufgrund seiner physischen Übermacht, bewußt oder unbewußt mit der Kastration drohen – die Unterdrückung der kindlichen Sexualität ist für die Arbeiterfamilie typisch –, doch das Kind ahnt frühzeitig die reale Ohnmacht des Vaters. Die Schwierigkeiten bei der Identifikation mit dem Vater machen die Ablösung von der Mutter zum Problem. Der Sohn ist dem ödipalen Konflikt nicht gewachsen, wenn die Liebe zum Vater und der Respekt vor diesem fehlen, die ihm die Kraft leihen könnten, auf die Mutter als erotisches Objekt zu verzichten. Das Kind kann die für die Ablösung von der Mutter nötigen Verdrängungsleistungen nicht vollbringen, wenn es nicht ein Vaterbild, als Über-Ich, in sich aufrichten kann, das ihm hierzu die Kraft leiht. Der Sohn muß partiell auf die ödipale Rivalität mit dem Vater um den Preis einer Regression auf präödipale Phasen verzichten, wo die erotische Beziehung zur Mutter gestattet war. Die Furcht vor der Aggressivität der «tödlichen» männlichen Konkurrenz des Vaters treibt ihn tendenziell in die Homosexualität. Diese stellt einen problematischen Versuch dar, der gegen das eigene Geschlecht gerichteten Aggressivität, bereits in der Kindheit durch die Vermeidung der Konkurrenz mit dem Vater zu entgehen. Die Neigung zur Homosexualität wird durch ein bestimmtes mütterliches und väterliches Verhalten noch verstärkt. Die in ihren Beziehungen zum Ehemann sexuell relativ unbefriedigte Frau tendiert dazu, ihren Sohn unbewußt erotisch an sich zu fesseln, was dessen Ablösung von ihr erschwert und damit die ödipale Konfliktkonstellation verschärft. Weil der Sohn durch seine enge Bindung an die Mutter für den Vater bewußt oder unbewußt zum sexuellen Rivalen wird, gilt dem Sohn ein besonderes Maß an väterlicher Aggressivität, das gleichfalls ödipale Konfliktkonstellationen verstärkt. Auch die Versagungen von seiten der Mutter, infolge der ihr von den sozialen Verhältnissen aufgezwungenen emotionalen Kälte können homoerotische Strebungen beim Sohn forcieren. Im Gefühl der Enttäuschung durch die Mutter, dem Urbild alles Weiblichen, kann das männliche Subjekt sich durch die Identifizierung mit mütterlich-weiblichen Eigenschaften selbst zu einer «Mutter» gegenüber geliebten Objekten zu machen suchen, die es so behandelt, wie es sich selbst gewünscht hatte behandelt zu werden. Da die proletarische Männerrolle diese Lösung kaum offenläßt, weil sie die Härte und Robustheit einschließt, welche die entfremdete Arbeit verlangt, entsteht eine Tendenz zur passiv homosexuellen Unterwerfung unter machtvollere Autoritäten als der Vater, die das «männliche» Prinzip der Herrschaft in einer patriarchalischen Gesellschaft, kraftvoller repräsentieren. Das Individuum sucht, da die Beziehung zum Vater das Imago omnipotenter Macht als veräußerlichtes Über-Ich in seinen seelischen Apparat zementiert hat, nach einem stärkeren, machtvolleren Vater als dem realen, nach einem «Übervater», wie ihn der «Vater Staat» und andere mächtige Institutionen darstellen, in denen sich gesellschaftliche Herrschaft konkretisiert. An ihn suchen das schwache Ich und das veräußerlichte Über-Ich sich anzulehnen, um die gesellschaftlich geforderten Verdrängungsleistungen vollbringen zu können. Die Verhaltensweisen der Eltern produzieren eine gestörte Identität des Kindes, die um eine problematische Geschlechtsidentität zentriert ist. Dies begünstigt die masochistische Unterwerfung unter Autoritäten, die die eigene Autonomie tilgen, eine Unterwerfung der durch unterschwellige homoerotische Dispositionen eine geheime Lust abgewonnen werden kann. Die verdrängte Homosexualität treibt zur Angleichung an die Herrschaft, die die Autonomie des Individuums liquidiert, sie erschwert die Möglichkeit, sich von der etablierten Macht abzugrenzen.

Aus der Bewältigung des ödipalen Konflikts resultiert die Aufrichtung des Inzesttabus. Das Über-Ich, das dem Ödipuskomplex entspringt, verbietet genitale Strebungen in bezug auf Familienmitglieder und erzwingt eine Vertagung sexueller Kontakte außerhalb der Familie auf die Zeit nach der Pubertät. Mit der Erzwingung des Aufschubs genitaler sexueller Regungen wird das Lustprinzip durch das Realitätsprinzip ersetzt, das es ermöglicht, Triebbefriedigungen zu vertagen. Mit dieser Vertagungsmöglichkeit können Erwartungshorizonte gesetzt werden, die subjektive Zeithorizonte entstehen lassen. Nach Eriksons Interpretationen sind die phallischen Regungen des Jungen in der ödipalen Phase mit dem «Modus des Eindringens»[62] gekoppelt. Dieser Modus impliziert u. a. das Eindringen in die Realität durch Gedanken, also Wißbegierde, und das Eindringen in den Raum durch kraftvolles Umherlaufen, er ermöglicht also die Erfahrung von Räumlichkeit. Dieses Modell, das von der Erfahrung des Bürgerkindes ausgeht, hat für das Proletarierkind nur beschränkte Gültigkeit. Die massive Unterdrückung genitaler Strebungen und die damit verbundene Verhinderung der Ablösung von der Mutter, die mit der Fixierung an präödipale Phasen verbunden ist, reduziert intellektuelle Entfaltungschancen, zerstört die Motivation zur Raumerfahrung und fixiert die Bedürfnisse auf ihre unmittelbare Befriedigung, was die Zeithorizonte einschränkt. Der Arbeiter bleibt, weitgehend blind, psychisch auf das Hier und Jetzt fixiert.

Die Bewältigung der ödipalen Konfliktkonstellation, die Art und Weise, wie der Rivalitätskonflikt zwischen Vater und Sohn um die Gunst der Mutter während der phallischen Phase verarbeitet wird, liefert die Basis der psychischen Dispositionen, die festlegen, wie sich das Individuum in den von der kapitalistischen Ökonomie diktierten Konkurrenzbeziehungen behaupten kann. In der Kastrationsangst des Knaben während der phallischen Phase «liegt der Ursprung des Bedürfnisses des Menschen nach

62 E. Eriksson, Kindheit und Gesellschaft. Stuttgart 1967.

119

einem Feind, gegen den er sich wappnen und den er als konkreten Gegner bekämpfen kann.»[62a] Wenn aufgrund einer extremen Verschärfung des Ödipuskomplexes die Kastrationsängste zu stark werden, ist das Individuum in den vom Kapital verordneten Rivalitätskonflikten zum Verlierer vorherbestimmt. Die Lösung der ödipalen Konfliktkonstellation in der Arbeiterfamilie prädisponiert das Arbeiterkind in den institutionalisierten Konkurrenzbeziehungen mit Bürgerkindern, z. B. in der Schule, zur Niederlage.

Verhältnisse, die extreme Versagungen auferlegen, z. B. ständige Mißerfolge im Beruf oder Zustände totaler Vereinsamung, zwingen den Psychotiker zur Abkehr von der Realität. Die Lebenswelt, die dem Subjekt durch gelungene Libidobesetzungen lebendig und inhaltsvoll werden kann, wird öde und leer. «Wenn Schizophrene darüber klagen, die Welt sei so ‹leer›, so ‹inhaltslos›, so ‹schablonenhaft› geworden, es hätte sich etwas verändert, die Menschen seien nur ‹flüchtig hingemacht›, und wenn sie sich in dieser veränderten Welt so ratlos und verlassen fühlen, so spiegelt das auch den (allerdings nicht totalen) Rückzug der Libido von den Objektbesetzungen.»[63] An die Stelle der versagenden Realobjekte treten die Phantasieobjekte aus der Kindheit. Die aufgegebenen Objektbesetzungen werden durch narzißtische ersetzt, die Libido kehrt ins Ich zurück und läßt dieses verkümmern. Die Einsicht, daß der Psychotiker sich durch ein krankhaftes Übermaß an Narzißmus auszeichnet, steht im Zentrum der Freudschen Psychosenforschung. Die Symptome psychischer Erkrankungen repräsentieren den Rückfall auf Entwicklungsphasen, wo kindliche Traumata eine Fixierung erzwungen haben, sie zeigen, welche Stadien infantiler Entwicklung aufgrund übermäßiger Versagungen nicht überwunden werden konnten. Bei der Psychose erreicht die Regression die Stufe, auf der das Ich entstanden ist. Sie zeichnet sich durch den **Rückfall auf frühinfantile Phasen und den damit verbundenen Zerfall des Ichs aus. Je weniger Liebesobjekte dem Subjekt zur Verfügung stehen, die das Ich an die Realität binden, desto weniger Energien stehen zum Kampf gegen Regressionsneigungen zur Verfügung, desto weiter reicht die seelische Desorganisation, der Rückfall auf infantile Entwicklungsstufen.**[64]

Beim Psychotiker, der partiell auf das psychische Organisationsniveau des Kleinkindes zurückfällt, schwindet wieder das Vermögen, die Differenz zwischen Selbst und Nicht-Selbst wahrzunehmen: die Ichgrenzen brechen zusammen. Mit der Zerstörung der Fähigkeit zwischen Selbst und Umwelt zu differenzieren, wird dem Kranken innere und äußere Wahrnehmung zum Kontinuum. Der Zerfall der Ichgrenzen ist zugleich ein Zer-

62a Ebd., S. 212.

63 O. Fenichel, a. a. O., S. 89.

64 Zur hier dargestellten psychoanalytischen Psychosentheorie vgl. O. Fenichel, a. a. O., und Th. Freeman, J. L. Cameron, A. McGhie: Studie zur chronischen Schizophrenie. Frankfurt am Main 1969

fall der Identität. Freeman, Cameron und McGhie in einem Bericht über schizophrene Patienten: «Alle Patienten lieferten früher oder später den Beweis, daß sie sich über ihre eigene Identität im unklaren waren. Häufig waren sie verwirrt und verstört. Ein Patient sagte: Habe ich eigentlich ein Gesicht? Ist das mein Gesicht? Ich habe ein Gesicht. Ist das mein Gesicht? Es gibt nur ein Gesicht, eine Pflegerin, ein Krankenhaus. Ein anderer fragte: Bin ich ein Pfleger? Bin ich kein Pfleger. Bin ich ein Doktor? Nicht selten sprachen die Patienten von sich in der dritten Person. So sagte z. B. eine Patientin: Ich kenne ein Wrack, das heißt Emily›.»[65] Die gestörte Identität der Patienten zeigt sich in der Schwierigkeit, zwischen sich selbst und anderen zu unterscheiden. Ein Patient zum Arzt: «Was ich war und was du warst, konnte ich oft nicht sagen, du und ich, es ist alles dasselbe oder etwa nicht?» Ein anderer: «Ich kann allmählich nicht mehr unterscheiden, wieviel von mir noch in mir und wieviel schon bei anderen ist. Ich bin ein Haufen, eine Mißgeburt, die jeden Tag neu geformt wird.»[66] Diese Äußerungen zeigen, daß der Identitätsverlust, die distanzlose, primäre Identifikation mit Autoritätspersonen zur Konsequenz hat. Die Befehlsautomatie des Schizophrenen entspricht den mimetischen Reaktionen des Säuglings, mit denen dieser sich mütterlichen Regungen anpaßt.

Die Ich- und Objektfindung beim Kleinkind geschieht zuerst über die Entdeckung des eigenen Körpers: «Das Ich ist vor allem ein körperliches»[67], das «Körperschema» (Schilder), die Erfahrung des eigenen Körpers bildet den Kern der Selbsterfahrung. «In den hypochondrischen Sensationen, die die Schizophrenien einleiten, erscheint dieser Kern und seine Entstehungsgeschichte wieder hervorzutreten. Ebenso häufig sind in den Einleitungsphasen von Schizophrenien Sensationen der Entfremdung eines Organs, ganzer Körperteile oder des Körpers überhaupt, die nicht mehr so empfunden werden wie vorher.»[68]

Der Zerfall der Ichgrenzen bringt die Unfähigkeit mit sich, die Umwelt realitätsgerecht zu erfassen. Die verminderte Fähigkeit, sich als eigenständiges Wesen mit einer persönlichen Identität gegenüber der Realität zu behaupten, führt zu Schwierigkeiten beim Orten und Gliedern von inneren und äußeren Wahrnehmungen. Weil das Selbstbewußtsein reduziert ist, werden Denkvorgänge als von außen aufoktroyiert erfahren, sie erscheinen fremdbestimmt, von fremden Mächten eingegeben. «In jeder Situation, in der das Bewußtsein des psychischen und körperlichen Ichs reduziert ist, werden Denkprozesse als der Kontrolle des Individuums entzogen, als fremd und von außen kommend erfahren.»[69] Die Aufgabe von Objektbesetzungen verhindert die Anpassung der Gedanken an die äußere

65 Th. Freeman, a. a. O., S. 64.
66 Ebd., S. 65 f.
67 S. Freud: Das Ich und das Es. Gesammelte Werke Bd. VI, S. 369.
68 O. Fenichel, a. a. O., S. 74 f.
69 Th. Freeman, a. a. O., S. 72.

Realität. In Halluzinationen werden Gedanken als Realität erfahren, der Wahn kann als Versuch verstanden werden, sich chaotisch aufdrängende Sinneseindrücke und Gedanken zu ordnen. «In gewissem Sinne läßt sich der Wahn als sekundäre Verarbeitung der Halluzinationen interpretieren; er signalisiert den Versuch des desintegrierten Ich, die ichfremde Vorstellung mit den realen Geschehnissen in der Außenwelt in Übereinstimmung zu bringen.»[70] Im Wahn versucht der Psychotiker krampfhaft den Bruch mit der Realität dadurch zu heilen, daß er sich seine Umwelt durch verzweifelte gedankliche Anstrengungen wieder anzueignen sucht.

Das Denken des Schizophrenen ist trotz seines auffallenden, oft bizarren Symbolgebrauchs konkretistisch. Dieser scheinbare Widerspruch hebt sich auf, wenn bedacht wird, daß sich das Kleinkind, auf dessen psychisches Organisationsniveau der Kranke partiell zurückfällt, nur für seine unmittelbare Umwelt interessiert, die es mit Hilfe einer bestimmten Art des Symboldenkens zu erfassen sucht. «Das symbolische Denken entspricht auf der Stufe des Primärprozesses dem normalen, rationalbegrifflichen Denken des Sekundärprozesses.»[71] (Natürlich benutzt auch das rationalbegriffliche Denken Symbole, diese repräsentieren lediglich ein anderes psychisches Organisationsniveau.) Das Symboldenken Schizophrener zeigt nicht die dem normalen erwachsenen Denken eigenen Abstraktionsprozesse; es ist wie das Denken des Kleinkindes fest an konkrete Erfahrungen gebunden. «Konkretes Denken überwiegt bei Kindern in den ersten drei oder vier Lebensjahren, wenn der Prozeß der Unterscheidung zwischen Individuum und Außenwelt gerade einsetzt.»[72] Das primärprozeßhafte Denken, auf das der Kranke zurückfällt, arbeitet mit Verschiebungen und Verdichtungen. «Die Verschiebung ermöglicht dem Patienten die Abfuhr von Gefühlen und erlaubt zugleich, einem Erregungsfocus in seiner Umwelt aus dem Wege zu gehen.»[73] Eine Triebspannung wird nicht an dem Objekt abgeführt, die sie verursacht hat, sondern an einem anderen, das weniger bedrohliche Züge trägt. Die Verdichtung zeichnet sich durch eine Fusion der Objekte, also durch Objektverschmelzungen oder durch den Ersatz eines ganzen Objekts durch ein Teilobjekt aus. Das Denken krankt an Übergeneralisierungen oder daran, daß ein Teil für das Ganze genommen wird.

Die Zerstörung der Identität, der Zerfall des Selbstbewußtseins manifestiert sich in der Zerstörung der Raum- und Zeiterfahrung. Die Gedächtnisstörungen der Schizophrenen bestehen nicht darin, daß keine Erinnerungen zur Verfügung stehen, sondern darin, daß der zeitliche Ablauf von Ereignissen nicht richtig dargestellt werden kann und daß Erinnerungen nicht sinnvoll auf die Situation bezogen werden können, in der sie auftau-

70 Ebd., S. 78.
71 Ebd., S. 96.
72 Ebd.
73 Ebd., S. 86.

chen. Die Zerstörung des Zeiterlebens zeigt sich als Zerfall der Fähigkeit, sich in der Zeit als identisch zu erfahren. «Die ungenügende Kontinuität bekundet sich in einem ungegenwärtigen Gefühl für die Zeit: Vergangenheit, Gegenwart und Zukunft; auch das Vergehen des Augenblicks ist unbestimmt. Ein Gemütszustand oder Vorgang kann nicht als permanent oder nur einen Augenblick während unterschieden werden. Zu dieser Unbestimmtheit gesellt sich Ungewißheit der Zeitfolge und Erinnerungen, häufig verbunden mit einem getrübten Gefühl dafür, ob man etwas selbst erlebt hat oder ob es nicht eine andere Person gewesen sein könnte.»[74] Mit dem Zerfall der Ichgrenzen zerfällt auch die Raumorientierung des Individuums. Da das Selbst sich nicht mehr von der äußeren Realität abgrenzen läßt, gelingt es nicht mehr, den eigenen Ort in der Realität präzise zu bestimmen. Binswanger[75] konstatiert bei Schizophrenen eine «Entwertung des erlebten Raumes».

Der verzweifelte Kampf des geschwächten Ichs, die Kontrolle über die Triebregungen wieder zu erlangen, bringt es mit sich, daß Bewegungsimpulse, die auf Triebabfuhr gerichtet sind, mit Hemmungsimpulsen im Streit liegen, was als Kompromiß leblose Erstarrungen oder Bewegungsrituale zeitigt. Der narzißtische Rückzug ist mit versteinerten Verhaltensweisen, mit stereotypen Bewegungsmustern verbunden. Es handelt sich dabei «um Äußerungen einer organlibidinösen Übersetzung der Muskelrepräsentanzen, die nach dem Zerfall des Ichs eine Art selbständige Bedeutung gewonnen haben».[76]

Die Regression auf Phasen des infantilen Narzißmus zeigt sich am deutlichsten im Größenwahn. Das Ich erfährt hier alle Sexualüberschätzung, die sonst geliebten Objekten gilt. Freud hat bei seiner Analyse des Falles Schreber die Rolle der Homosexualität bei der Wahnbildung analysiert, er zeigt den Einfluß verdrängter, passiv homosexueller Persönlichkeitsanteile bei der Ätiologie der Psychose.[77] Mit Hilfe des Wahns sucht der Kranke passiv homosexuelle Versuchungen abzuwehren. Seine Rückzugstendenzen lassen sich teilweise darauf zurückführen, daß aus entsexualisierter homoerotischer Libido gespeiste soziale Triebregungen wieder resexualisiert werden, weshalb sie abgewehrt werden müssen. Die Betonung der Rolle der Homosexualität bei der Wahnbildung steht zu der Tatsache einer Regression zum Narzißmus nicht im Widerspruch: Die Homosexualität läßt sich als Regressionsstufe zwischen heterosexuellen Objektbesetzungen und reinen Ichbesetzungen beschreiben.

74 P. Federn: Ich-Psychologie und die Psychosen. Bern 1956, S. 136 f, zitiert nach Th. Freeman, a. a. O., S. 108.

75 L. Binswanger: Das Raumproblem in der Psychose. In: Zeitschrift für die gesamte Neurologie und Psychiatrie 1948. Zitiert nach Joseph Gabel: Ideologie und Schizophrenie, Frankfurt am Main 1962, S. 288.

76 O. Fenichel, a. a. O., S. 98.

77 Vgl. S. Freud: Der Fall Schreber. Gesammelte Werke. Bd. VIII, S. 414 ff.

Beim Verfolgungswahn werden homoerotische Strebungen mit Hilfe von Verleugnung und Projektion abgewehrt. «Ich liebe ihn nicht, ich hasse ihn», sagt nach Freud das abwehrende Ich. Die Projektion «er haßt mich», rationalisiert zugleich den eigenen Haß und ergibt die Formel: «Ich liebe ihn nicht, ich hasse ihn, weil er mich verfolgt.» Die Verbindung von Liebe und Haß wird durch die ausgeprägte Ambivalenz einer infantilen Beziehung zu Objekten möglich, wie sie der problematischen Beziehung zur Mutter oder zum Vater entspringt. Die brüchigen Ichgrenzen sind mit ambivalenten Gefühlseinstellungen und mit diesen verbundenen Kontaktstörungen gekoppelt. Der Regredierte strebt danach, durch primäre Identifikationen wieder mit Liebesobjekten zu verschmelzen; da diese Verschmelzung den Rest seiner Autonomie hinwegraffen würde, wehrt sich das Ich mit Hilfe aggressiver Regungen gegen starke libidinöse Bindungen und erlaubt nur Objektbesetzungen mit flüchtigem Charakter: Distanzlosigkeit ist mit inkonsistenten ambivalenten Objektbesetzungen verbunden. Eine Patientin: «Kennst du den Unterschied zwischen Nähe, Ähnlichkeit, Gleichheit und Einssein? Nah ist nah, wie ich mit dir; wenn du jemandem ähnlich bist, bist du ihm nur ähnlich. Gleichheit – du bist dem anderen gleich, aber Einssein ist nicht Zweiheit – es ist eins, und das ist schrecklich, schrecklich! Das wiederholte sie, wobei sie in einer plötzlichen Panik aufsprang. Kommen Sie mir nicht zu nahe, gehen Sie weg von der Couch, ich will nicht mit ihnen eins sein.»[78] In bezug auf Autoritätspersonen bedingt die Gefühlsambivalenz ein Schwanken zwischen «Befehlsautomatismus» und «Negativismus» zwischen zwanghafter Unterwerfung und zwanghafter Verweigerung. Das ständige Schwanken zwischen Liebe und Haß wird durch den übersteigerten Narzißmus ermöglicht, der unvermeidliche Kränkungen nach sich zieht, die aggressive Regungen speisen.

Das Schema des Verfolgungswahns – «Ich liebe ihn nicht, ich hasse ihn – weil er mich verfolgt» – hat bei den anderen Wahnformen seine Entsprechungen. Beim Liebeswahn lautet die Formel: «Ich liebe nicht ihn, ich liebe ja sie – weil sie mich liebt.» Die überbetonte Liebe des Mannes zur Frau oder die Einbildung des Mannes, ständig von Frauen begehrt zu werden, soll die Sehnsucht nach Kontakten mit Männern verdecken. Der Eifersuchtswahn gehorcht der Formel: «Ich liebe nicht ihn – sie liebt ihn ja.» Die Neigung zu homosexuellen Kontakten wird mit Hilfe des Vorwurfs der Untreue auf den Partner projiziert. Der Beziehungs- oder Beeinflussungswahn zeichnet sich durch eine Projektion des Über-Ichs in die Außenwelt aus. Der Kranke fühlt sich einer ihm widerwärtigen, ständigen äußeren Kontrolle ausgesetzt; er fühlt sich von äußeren Instanzen, gegen die er sich wehrt, kritisiert, überwacht, gelenkt. Durch die Projektion des Über-Ichs wird diese Kontrolle als von außen kommend erfahren, die normalerweise

78 Th. Freeman, a. a. O., S. 70 f.

als Selbstbeobachtung, als Selbstkontrolle Gestalt annimmt. Die homoerotische Dimension dieser Wahnform wird deutlich, sobald berücksichtigt wird, daß das Über-Ich normalerweise ein introjiziertes Objekt des
gleichen Geschlechts repräsentiert, also beim Mann ein verinnerlichtes
Vaterbild darstellt. «Das Sträuben gegen das im Wahn nach außen projizierte Über-Ich ist also im Prinzip dasselbe, wie das Sträuben gegen einen
wahnhaft empfundenen Liebeszwang: das Sträuben gegen die nach außen
projizierte eigene Homosexualität.»[79]

Die Übersicht über die aus weitreichenden Regressionen abgeleiteten
schizophrenen Grundstörungen zeigt, daß sie den psychischen Deformationen entsprechen, die vorher aus der entfremdeten Produktion abgeleitet
wurden. Entfremdete Arbeitsleistungen basieren auf einem infantilen Potential des Arbeiters, das in der Psychose offen zum Ausdruck kommt. Die
Entleerung von Objektbesetzungen; der übersteigerte Autoerotismus; die
Depersonalisation als Unfähigkeit, Selbst und Umgebung voneinander
abzugrenzen; die «Entfremdung» des Körpers, der Gedanken, der Gefühle; schwere Kontaktstörungen; ambivalente Gefühlseinstellungen; mimetische Reaktionen; homoerotische Dispositionen; die Zerstörung von
Raum- und Zeiterfahrungen resultieren aus den Traumata der frühen
Kindheit und der permanenten Traumatisierung durch die entfremdete
Arbeit, die diese primären Traumata stets von neuem aktualisiert.

Die Verbindung von Infantilität und traumatischer Erfahrung entfremdeter Verhältnisse wird bei bestimmten Wahnformen besonders deutlich.
Der Arbeiter erfährt sich während der entfremdeten Arbeit als von der zu
Kapital gewordenen, ihm feindlichen Maschine angewandt. Die Maschine, die im Dienste des Kapitals steht, zwingt ihm ein bestimmtes Verhalten
auf; er fühlt sich als Anhängsel eines tyrannischen Apparats. Die «Ein-
flußmaschine» die den Kranken tyrannisiert, nach psychoanalytischer Erklärung, eine projizierte Doublette des eigenen Körpers oder der Genita-
lien,[80] spielt beim psychotischen Wahn oft eine zentrale Rolle. «Ein cha-
rakteristisches Merkmal moderner Geisteskrankheit ist z. B. die Beeinflus-
sungsmaschine, ein Apparat, der einem Menschen angeblich Gedanken
eingibt und sie so erscheinen läßt, als ob sie die eigenen Gedanken dieses
Menschen wären, oder ihn dazu zwingt, bewußt gegen seinen Willen zu
handeln.»[81] Wahnkranke, die sich nicht selten von Sendern gelenkt fühlen, die ihnen bestimmte Gedanken aufzwingen, realisieren, daß das Über-
Ich, als Repräsentant väterlicher Macht, gesellschaftliche Herrschaft, für
die der Vater gegenüber dem Kind steht, und die Manipulation durch tech-

79 O. Fenichel, a. a. O., S. 84.
80 Vgl. hierzu V. Tausk: On the Origin of the «Influencing Machine» in Schi-
zophrenia. In: The Psychoanalytic Quaterly 2, 1933, S. 519 ff oder L. Linn: Some
Comments on the Origin of the Influencing Machine. In: Journal of the American
Psychoanalytic Association 6, 1958, S. 305 ff.
81 B. Bettelheim: Aufstand gegen die Masse. München 1964, S. 65.

nische Massenmedien eng miteinander verquickt sind. An den aufgezwungenen Ideen, hinter denen sich die Gebote des Über-Ichs, der verinnerlichten gesellschaftlichen Autorität verbergen, zeigt sich, daß die herrschenden Ideen, die Ideen der herrschenden Klasse sind. Ein häufiges Wahnbild zeigt einen Verfolger, der in einer Vielzahl von Personen Gestalt annimmt. In diesem Bild steckt einerseits der Hinweis auf bedrohliche homoerotische Versuchungen, die von allen Personen ausgehen, die Vaterbeziehungen bzw. ihnen entspringende homoerotische Regungen reaktivieren, und andererseits die Erfahrung, daß die Individuen sich als ökonomische Charaktermasken, als austauschbare Agenten kapitalistischer Herrschaft in Konkurrenzbeziehungen ständig bedrohen müssen, wenn sie ihr Leben reproduzieren wollen. Der vom Verfolgungswahn Besessene erscheint sogleich weniger «verrückt», wenn berücksichtigt wird, daß das «männliche» Prinzip der Herrschaft bzw. die an dieses gebundenen Vaterimagines, von denen er sich aufgrund seiner homoerotischen Dispositionen angezogen fühlt, ihm als Abweichler mit der Liquidierung drohen.

Die Paranoia ist eine typische Alterserkrankung, sie tritt also besonders bei denen auf, die unter dem Druck gesellschaftlicher Verhältnisse wieder infantil werden müssen und die der Tyrannei der Maschine und dem Druck der Konkurrenz aufgrund ihrer abgebauten physischen und psychischen Leistungsfähigkeit besonders wehrlos ausgeliefert sind, was die Annahme einer Verbindung zwischen Regression und gesellschaftlicher Entfremdung zu ihrer Erklärung stützt.

Die Mitglieder der Arbeiterklasse entgehen normalerweise der offenen Psychose, weil politische und unpolitische Widerstandsformen sozialen und psychischen Zwängen entgegenarbeiten. Der politische und gewerkschaftliche Kampf, «informelle Gruppen», der verlängerte Aufenthalt auf der Toilette sorgen im Betrieb dafür, daß von individuellen Bedürfnissen nicht völlig abstrahiert wird. Vor allem die Entlastungschancen nach Feierabend verhindern den völligen psychischen Ruin. Isolierte, unverheiratete Individuen sind deshalb besonders vom psychischen Zusammenbruch bedroht.

Da in der Arbeiterklasse ein pathologisches Potential kollektiviert ist, das sich der Rationalität der bestehenden Wirtschaftsweise fügt, wird es nicht als krankhaft interpretiert, solange es nicht ein systemkonformes Maß übersteigt. Daß dieses Potential ein recht weitreichendes Maß an Identitätszerstörung einschließen kann, zeigt die Erfahrung, daß präpsychotische Individuen oder Individuen mit bestimmten psychotischen Symptomen in der Arbeiterklasse weniger als abweichend interpretiert werden als in bürgerlichen Schichten. Die Ausgrenzung des Schizophrenen nimmt in der Arbeiterklasse erst dann massive Formen an, wenn er von den psychiatrischen Institutionen als «Irrer» etikettiert wird.[82] Die vom Kapital besorgte Kollektivierung des pathologischen Potentials führt dazu, daß verstümmelte Charaktere nicht als normabweichend interpretiert werden und deshalb nicht von der Stigmatisierung bedroht sind. Die Institutionalisierung der Verrücktheit im gesellschaftlichen Terrorzusammenhang erlaubt deren Eingrenzung, was dem Ich eine gewisse Autonomie rettet, die eine fragwürdige Realitätstüchtigkeit zuläßt. Die «Normalen» entgehen der individuellen psychischen Katastrophe, weil die Gesellschaft ihre seelische Verelendung im Dienste einer Rationalität organisiert, die die kollektive Katastrophe als Möglichkeit enthält. Das psychotische Potential, das normalerweise wegen bestimmter Entlastungsmechanismen latent bleibt, tritt nur bei einer Minderheit offen zutage. Sein offenes Ausbrechen hat das Zusammenwirken von extremen Schädigungen durch die primäre Sozialisation und eines Übermaßes an aktuellen Versagungen zur Grundlage. Unerträgliche soziale Widersprüche, übersteigerte Arbeitsbelastungen, extreme soziale Isolierung im Privatbereich treffen mit kindlichen Traumata zusammen und führen zu einem Zusammenbruch von Abwehrmechanismen, der regressiven Neigungen freien Lauf gibt und das Individuum zum wehrlosen Opfer der Gesellschaft macht.[83]

82 Vgl. hierzu E. Parow: Psychotisches Verhalten und soziale Umwelt. Frankfurt am Main 1972, S. 43 f.
83 Die moderne bürgerliche Psychiatrie geht davon aus, daß die Psychose sowohl durch ein genetisches Potential als auch durch bestimmte soziale Belastungen verursacht wird. Falls es dieses Anlagepotential wirklich geben sollte, tritt es jedoch nicht, wie diese annimmt, bei der Ätiologie der Schizophrenie neben sozialen Faktoren in Erscheinung, sondern es wirkt sich dahingehend aus, daß es festlegt, wie soziale Belastungen verarbeitet werden können. Ein bestimmtes Anlagepotential tritt keinesfalls zu sozialen Einflüssen hinzu, sondern vermittelt höchstens deren Verarbeitung. Anlagefaktoren sind niemals unmittelbar für psychotische Erkrankungen verantwortlich, diese können unter verschiedenen sozialen Konstellationen völlig verschiedene Konsequenzen zeitigen, z. B. werden Individuen mit einer besonderen Triebstärke unter repressiven Verhältnissen besonders zu leiden haben, während ihnen Verhältnisse mit großem Entfaltungsspielraum keinerlei Schaden zufügen.
Wenn die Selbsterfahrung, wie Freud feststellt, wesentlich eine körperliche ist, muß die körperliche Beschaffenheit auch Einwirkungen auf die Identitätsbildung haben. Bei einer bestimmten konstitutionellen Ausstattung können soziale Belastungen derart drückend werden, daß ein pathologisches Potential, das bei normaler Konstitution latent bleiben kann, offen zutage treten muß. Die Häufigkeit von Alterspsychosen weist darauf hin, daß mit dem Abbau der physischen Leistungsfähigkeit soziale Belastungen extremer erfahren werden. Eine Gegenüberstellung von körperlichen und sozialen Faktoren wird fraglich, sobald berücksichtigt wird, daß soziale Faktoren wie z. B. Nahrung, Kleidung, Bewegungschancen, Schmutz, Licht und Lärmverhältnisse und auch gesellschaftlich bedingte seelische Belastungen, wie die psychosomatische Medizin zeigt, die physische Ausstattung entscheidend beeinflussen können. Zu überlegen wäre, ob sich nicht die schlechte Ernährung und die körperliche Verstümmelung früherer Arbeitergenerationen in der Konstitution der z. Z. lebenden Arbeitergenerationen nieder-

Therapie und politische Praxis

Eine erfolgversprechende Psychosentherapie muß wie eine verändernde politische Praxis an Widersprüchen ansetzen. Was Marx von einer sozialistischen Politik verlangt, daß sie nämlich die vorwärtstreibende Kraft des Elends erkennt, gilt auch für die Therapie seelischer Erkrankungen.

Das manifest werden der Psychose ist nicht nur Ausdruck einer psychischen Kapitulation, es enthält auch potentiell einen Versuch der Selbstheilung. Im ambivalenten Charakter des psychotischen Verhaltens und Erlebens steckt neben der psychischen Katastrophe auch ein Rettungsversuch, der sich allerdings falscher Mittel bedient. Der Ausbruch der Psychose stellt eine Weigerung dar, die bestehende Realität wie bisher zu akzeptieren; er beinhaltet den Aufstand der unterdrückten Natur, der verdrängten Triebregungen, die sich nicht länger mit den bisherigen Abwehrmechanismen niederhalten lassen. Ein erster Schritt während des psychotischen Schubs besteht in einem Rückzug von einer unerträglichen Realität, er besteht in der Weigerung, sich in der bisherigen Form mit der Realität auseinanderzusetzen: Der Psychotiker weicht dem Konflikt mit einer feindlichen Realität durch den Bruch mit ihr aus. Ein zweiter Schritt nach dem Ausbruch der Psychose versucht diesen Bruch wieder zu heilen, indem nicht mehr die zum Konflikt mit der Realität Anlaß gebenden Ansprüche der Triebregungen unterdrückt werden, sondern die diesen Ansprüchen entgegenstehenden Wahrnehmungen. «Der zweite Schritt der Psychose will auch den Realitätsverlust ausgleichen, aber nicht auf Kosten einer Einschränkung des Es, wie bei der Neurose auf Kosten der Realbeziehung, sondern auf einem anderen mehr selbstherrlichen Weg durch die Schöpfung einer neuen Realität, welche nicht mehr den nämlichen Anstoß bietet wie die verlassene. Der zweite Schritt wird also bei der Neurose wie bei der Psychose von denselben Tendenzen getragen; er dient in beiden Fällen dem Machtstreben des Es, das sich von der Realität nicht zwingen läßt.»[1] Im Dienste des Es, der Triebansprüche, gibt das Ich ein Stück unerträglicher Realität auf; dieser anfänglichen Phase der Ablösung von der Realität folgt eine Phase veränderter Realitätsdeutungen. Bei der Psychose «folgt auf die anfängliche Flucht eine aktive Phase des Umbaues».[2] Dieser Umbau enthüllt «die wunscherfüllende Funktion der Psychose, die der des Traumes nahe verwandt erscheint, und die es fertig bringt, eine unliebsame Realität zu verleugnen und eine angenehmere zu schaffen».[3] Die

schlägt. Die unteren Fraktionen der Arbeiterklasse, die die höchsten Schizophrenieraten aufweisen, zeigen auch die höchsten Raten an hirnorganischen Störungen und ganz allgemein den schlechtesten Gesundheitszustand aller Gruppen der Bevölkerung.

1 S. Freud: Der Realitätsverlust bei Neurose und Psychose. Gesammelte Werke XIII, S. 365.

2 Ebd.

3 O. Fenichel: Perversionen, Psychosen, Charakterstörungen. Darmstadt

wunscherfüllende Funktion der Psychose zeigt sich beim Wahn z. B. in Gestalt des Versuchs, eine unerträgliche soziale Isolierung phantasierend zu bewältigen: Beim Größenwahn darf ein magischer Allmachtsglaube alles Geschehen in der Umwelt auf das eigene Selbst beziehen; beim Verfolgungswahn verschafft die Allgegenwart der Verfolgung das Gefühl einer intensiven Beziehung zu Menschen, deren Lebensäußerungen ständig auf die eigene Person bezogen werden.

Der Wahn hat nicht nur eine wunscherfüllende Funktion, er ist nicht nur Realitätsflucht, in ihm steckt auch ein verzweifelter Versuch des Kranken, eine feindliche Realität zu bewältigen. Der Verfolgungswahn ist nicht nur falsches Bewußtsein, er ist auch das Bemühen, einen realen Terrorzusammenhang zu durchschauen, der den Kranken bedroht.[3a] Im Größenwahn sucht das Individuum Distanz zu einer erdrückenden Realität zu gewinnen, indem es diese herabsetzt; diese Herabsetzung reduziert seine Angst vor dieser Realität und erlaubt ihm damit, diese wenigstens partiell zu ertragen. Im Glauben, Jesus Christus zu sein, der bei Psychotikern nicht selten auftaucht, steckt der ohnmächtige Wille, ein unendliches, sinnloses Leiden dadurch zu bewältigen, daß ihm ein Sinn abgewonnen wird, an dem sich ein Rest von Widerstand gegen eine unerträgliche Realität anheften läßt. Der Zusammenbruch bestimmter Abwehrmechanismen, der den psychotischen Schub einleitet, läßt bisher Unbewußtes über die innere und äußere Realität ins Bewußtsein treten. Da diese Realität für den Kranken unerträglich ist (das Ausagieren bisher verdrängter, infantil gebliebener Triebregungen, die gesellschaftlich tabuisiert sind, trägt ihm die Ausgrenzung aus seinen bisherigen sozialen Zusammenhängen ein; als «Verrückter» etikettiert, muß er mit der Internierung in totalen, KZ-ähnlichen Institutionen rechnen), muß ihre Erfahrung sogleich wieder entstellt werden. Ein schizophrener Patient: «Es ist besser, verrückt zu sein. Wenn man verrückt ist, sieht man nichts.»[3b] Nach dem Zusammenbrechen von Verdrängungsmechanismen hat das Individuum potentiell die Chance, sich die Objektwelt in veränderter Form anzueignen; weil sich aber diese Objektwelt so abweisend, so erschreckend ausnimmt, muß dieses Bemühen auf halbem Wege steckenbleiben, muß es sich eines falschen Handelns, einer falschen Sprache bedienen. «Ein Teil der schizophrenen Symptome und vielleicht gerade die aufdringlicheren scheint einem Restitutionsversuch, einer Neigung zum Wiederaufbau der verlorenen Objektwelt zu entsprechen»[4], da aber das hervorstechendste Merkmal dieser Objektwelt für den Kranken die offene oder latente Gewalt ist, muß sich

1967, S. 72.

3a Vgl. hierzu F. Basaglia: Die abweichende Mehrheit. Frankfurt am Main 1972, S. 30 ff.

3b Zitiert nach Th. Freemann, J. L. Cameron, A. McGhie: Studie zur chronischen Schizophrenie. Frankfurt am Main 1969, S. 103.

4 O. Fenichel, a. a. O., S. 90.

dieser Restitutionsversuch mit der erneuten Verleugnung der Realität verbinden.

Der psychotische Schub läßt die Abwehrmechanismen zusammenbrechen, die bisher die Verdrängung von Triebregungen besorgt haben; er beinhaltet den Widerstand gegen eine unerträgliche Triebrepression. Bisher unterdrückte Haß- und Liebesregungen zerbrechen die charakterologische Panzerung: Der sonst extrem Gehemmte zeigt im katatonen Schub äußerst heftige Aggressionsäußerungen, mit denen er gegen Verhältnisse rebelliert, die seine individuelle Entfaltung seither sabotiert haben; vorher abgewehrte erotische Regungen, die nach den gängigen gesellschaftlichen Standards als pervers gelten, brechen sich mit dem Ausbruch der Psychose Bahn. Da mit den auftauchenden Triebregungen Traumata aus der Kindheit verknüpft sind, die einstmals ihre Verdrängung besorgt haben, und die Umwelt den Kranken wegen der mangelnden Kontrolle dieser Triebregungen ausgrenzt – also deren Befriedigung strikt verwehrt –, ist ihr Manifestwerden mit extremer Angst verknüpft. Diese zwingt starre, infantile Abwehrmechanismen einzusetzen, die den Empfindungen und Handlungen des Psychotikers ihre charakteristische Ambivalenz verleihen.

In der «Distanzlosigkeit» des Psychotikers steckt der Versuch, die vorherige extreme soziale Isolierung zu bewältigen. Dieses verzweifelte Bemühen, menschliche Nähe zu gewinnen, ist aufgrund der offenen oder versteckten Ablehnung durch die Umwelt und aufgrund der Brüchigkeit der Ichgrenzen, die dem Kranken nicht erlaubt, Nähe zu ertragen, ohne um den Rest seiner Anatomie bangen zu müssen, zum Scheitern verurteilt. Das heftige Bemühen, Distanz aufzuheben, mißlingt, weil Objektbesetzungen nicht ausgehalten werden können, solange sie Abwehrmechanismen bedrohen, an die das geschwächte Ich sich zwanghaft klammern muß. «Die objektstrebigen Tendenzen der Schizophrenen sind ja oft ganz außerordentlich ausgeprägt, so daß der Besucher einer Abteilung Gegenstand heftigster zärtlicher, sinnlicher und aggressiver Übertragungstendenzen der Schizophrenen wird. Aber gerade die Ungeordnetheit und Heftigkeit dieser Äußerungen können den scheinbaren Widerspruch gegen die analytische Theorie aufheben: Der flüchtige und unverläßliche Charakter aller Übertragungsaktionen und -phantasien läßt den Eindruck entstehen, als ob die Patienten, von einem narzißtischen Zustand ausgehend, sich der Objektwelt zu bemächtigen suchen, es aber nur in abrupten Ausbrüchen und für kurze Zeit zustande bringen.»[5] Der heftigen affektiven Äußerungen folgende, weitgehende Rückzug von der Umwelt, die Panzerung gegen diese, enthält immer auch einen verständlichen Protest gegen eine Realität, die diese Äußerungen provoziert und sie zugleich für unzulässig erklärt. Der Zwang, eine überwältigende Nähe mit Distanzierungsmecha-

5 Ebd., S. 89 f.

nismen beantworten zu müssen, zeigt sein Widerstandsmoment besonders beim Umgang mit Autoritäten. Um dem «Befehlsautomatismus», der
völligen Aufgabe des Selbst, beim Kontakt mit den Autoritäten, die die
bestehenden Institutionen repräsentieren, zu entgehen, greift das bedrohte Individuum zum «Negativismus», der zwanghaften Weigerung
den Anordnungen dieser Autoritäten Folge zu leisten.

Der in der Psychose enthaltene Heilungsversuch mißlingt aufgrund
subjektiver und objektiver Konstellationen. Die Psychose stellt eine Verweigerung dar, die dem Einfluß des Ich weitgehend entzogen ist. Der Aufstand der unterdrückten Triebregungen erfolgt ohne Anleitung durch eine
aufklärende Vernunft. Die psychotische Regression bringt einen Zerfall
des Ichs mit sich, der partielle Ausfall der Reflexion in bezug auf Erfah-
rungsprozesse und Handlungsmuster macht den Kranken zum hilflosen
Opfer der Verhältnisse. Die isolierte psychotische Verweigerung erfährt
keine Abstützung durch ein solidarisches Kollektiv, der verlassene Einzelne steht der Gewalt der Verhältnisse wehrlos gegenüber.

Regressionen können auch im Dienst des Ichs stehen, sie können verfestigte psychische Strukturen aufweichen und damit deren vernunftgelei-
tete, bedürfnisadäquatere Neuorganisation ermöglichen. Jede gelungene
Liebesbeziehung erfüllt einen Kindertraum, sie erlaubt auf erwachsene Art
ein glückliches Kind zu sein. Diese erwachsene Kindlichkeit beinhaltet
befreiende Regressionen, mit deren Hilfe das Ich die ihm von versteinerten
Verhältnissen aufgezwungenen Verhärtungen aufbrechen kann, um sich
unter dem Einfluß veränderter Erfahrungen des Selbst und der Umwelt
neu zu organisieren.

Die Psychose mündet nicht aus einer ihr immanenten Gesetzmäßigkeit
in den völligen psychischen Ruin. Wenn der Kranke nicht ausgegrenzt
würde, wenn er nicht psychiatrischen Institutionen ausgeliefert würde, die
die soziale Misere, der er seine Erkrankung verdankt, meist noch potenzie-
ren, hätte er unter dem Einfluß einer unaufdringlichen, liebevollen
Zuwendung vielleicht die Chance, eine mißlungene Kindheit nachträglich
zu bewältigen, könnte die Psychose in individuelle Emanzipationsprozesse münden. Mit der psychotischen Regression brechen bestimmte psychische Strukturen zusammen, tritt eine Entstrukturierung der Psyche,
eine Entsozialisierung des Individuums ein. Dieser Rückfall auf ein niedri-
geres psychisches Organisationsniveau gibt potentiell die Chance einer
Nacherziehung, die Möglichkeit einer Humanisierung von Triebregungen, die bisher aufgrund ihrer Verdrängung nicht bewußt vom Ich bearbeitet werden konnten. Die psychotische Regression gibt die Chance einer
Neustrukturierung des Ichs, dessen bisherige Strukturen sich teilweise
aufgelöst haben. Nur weil die Gesellschaft dem Kranken, besonders dem
aus der Arbeiterklasse, keine zweite Kindheit gönnt, aus der er reifer als
vor seinem Zusammenbruch hervorgehen könnte, kommt aus der Psychose für das Individuum nur Unheil.

In den psychotischen Ängsten muß der Kranke noch einmal die Traumata seiner Kindheit, die sich mit aktuellen Erfahrungen aufladen, durchmachen. Wenn die Psychosentherapie Aspekte einer aufgeklärten, liebevollen Kindererziehung in sich aufnehmen würde, die primär an der individuellen Entfaltung des Abhängigen und nicht an blinden elterlichen Bedürfnissen oder institutionellen Zwängen orientiert ist, könnte sie dem Kranken helfen, diese Traumata zu bewältigen. Sie könnte ihm nachträglich eine bessere Kindheit zubilligen, aus der er erwachsener hervorgehen könnte als vor seinem psychischen Zusammenbruch. Dem steht freilich nicht nur die etablierte Psychiatrie, sondern die gesamte gesellschaftliche Misere entgegen, die diese repräsentiert: Die soziale Realität, die den Kranken beschädigt hat, verweigert auch dessen Gesundung. Solange die Gesellschaft allen ihren Mitgliedern die Mündigkeit verwehrt, wird denjenigen, die nicht zu den Privilegierten gehören oder die ihre Arbeitskraft nicht mehr verkaufen können, ein besonderes Maß an Leid auferlegt. Sie sind gesellschaftlichen Gewaltverhältnissen, die sich auch in den deformierten psychischen Strukturen und Handlungsmustern aller Individuen, mit denen sie Kontakt haben, manifestieren, besonders wehrlos ausgeliefert. Therapie in emphatischem Sinn, als Prozeß individueller Emanzipation, der eine veränderte Lebensperspektive eröffnet, ist nur unter gesellschaftlichen Verhältnissen möglich, die Freiheitsgrade für ein anderes Leben offenlassen. Es kann sie erst in einer freien Gesellschaft wirklich geben, in der sie freilich als organisierter, institutionalisierter Prozeß zugleich überflüssig geworden wäre, weil Solidarität und Einfühlsamkeit zum allgemeinen Lebensbedürfnis geworden wären.

Die Psychosentherapie in den bestehenden psychiatrischen Institutionen ist bisher bestenfalls den höheren Schichten zugute gekommen, die psychotischen Mitglieder der Arbeiterklasse verschwinden normalerweise in Anstalten, die ihren psychischen Ruin vollenden, anstatt ihn aufzuhalten. Ansätze einer Psychosentherapie für proletarische Individuen können nur von einer Psychiatrie entwickelt werden, die sich ihrer Verstrickung in kapitalistische Verhältnisse bewußt ist und die Soziogenese von psychischen Erkrankungen im proletarischen Lebenszusammenhang durchschaut. Eine Psychiatrie für die Unterprivilegierten kann nur von Individuen entwickelt werden, die sich als Teil einer politischen Bewegung begreifen, die darauf zielt, «alle Verhältnisse umzuwerfen, in denen der Mensch ein erniedrigtes, ein geknechtetes, ein verlassenes Wesen ist» (Marx). Die Solidarität mit dem psychisch Schwergestörten kann nicht auf der fragwürdigen Menschlichkeit fußen, die die bürgerliche Psychiatrie für sich beansprucht. Nur Psychiater, die sich bewußt sind, daß ihr eigenes psychisches Leiden, das sie motiviert hat, ihren Beruf zu ergreifen, letztlich Ausdruck derselben gesamtgesellschaftlichen Misere ist, die die psychischen Deformationen des Kranken erzeugt hat, sind zu einem solidarischen Verhalten diesem gegenüber fähig, weil sie wissen, daß in seinem Schicksal ihr eigenes potentiell enthalten ist. Der politisch reflektierte Psychiater ist weniger gezwungen durch ein bestenfalls pseudomenschliches Verhalten seine eigenen Konflikte mit Hilfe des Kranken projektiv zu bewältigen, sich die eigene Unmündigkeit dadurch zu verschleiern, daß er andere in noch größerer Unmündigkeit hält, sein Irresein in Grenzen zu halten, indem er andere irre macht (Die Geschichte der psychiatrischen Institutionen zeigt auf Seiten ihrer Vertreter mindesten soviel «Verrücktheit» wie bei ihren Insassen). Die Ausbildung einer politischen Identität reduziert beim Therapeuten die Nötigung, den Kranken ökonomisch und psychisch für sich zu funktionalisieren, weil er psychische Stabilität aus einer veränderten Lebensperspektive und einem veränderten Umgang mit Menschen beziehen kann. Die politische Identität des Psychiaters hat ihre Wurzeln in der Einsicht, daß die bestehende Gesellschaftsordnung und die aus dieser resultierende Organisation der gegenwärtigen Psychiatrie nicht nur den Schwergestörten, sondern auch ihn selbst deformiert. Die Solidarität mit dem Kranken kann nicht auf einer Pseudomenschlichkeit fußen, die sich ihre fragwürdigen ökonomischen und psychischen Fundamente verschleiern muß; sie beruht auf einer, wenn auch vermittelten, Interessenidentität in bezug auf gesellschaftliche Umwälzungen. Die Emanzipation des psychisch Kranken ist die Emanzipation des Menschen, auch die des Psychiaters, der die Fesseln seiner Berufsrolle abstreifen kann.

In der Psychose sind Momente des Widerstands gegen das Bestehende in Form der Verweigerung mit Momenten der Kapitulation vor diesem verquickt. Die Psychose stellt einen Aufstand der unterdrückten Natur dar, der aufgrund seiner Ambivalenz von den herrschaftsichernden Institutionen, zu denen auch die Psychiatrie gehört, organisatorisch so bewältigt werden kann, daß er den Abweichler in die individuelle Katastrophe treibt. Bei der faschistischen «Massenpsychose» wird dieses bewußtlose Aufbegehren der unterdrückten Triebregungen im Interesse des Kapitals organisatorisch so erfaßt, daß es für die Massen in die kollektive Katastrophe mündet. «Der Faschismus ist totalitär auch darin, daß er die Rebellion der unterdrückten Natur gegen die Herrschaft unmittelbar der Herrschaft nutzbar zu machen strebt.»[6] Ein aufbegehrendes, im Sozialcharakter der Massen enthaltenes, widersprüchliches Potential, wird unterm Faschismus von der herrschenden Klasse so organisiert, daß es gegen die elementarsten Interessen der Massen mobilisiert werden kann (Der Faschismus organisiert dabei nicht nur ein psychisches Potential aus der vorfaschistischen Ära, er produziert dieses Potential in noch verstärktem Maße, indem er die Massen noch weiter infantilisiert). Die Psychose liefert eine Karikatur individueller Emanzipation, der Faschismus liefert eine Karikatur kol-

6 Th. W. Adorno, M. Horkheimer: Dialektik der Aufklärung. Amsterdam 1947, S. 218.

lektiver Emanzipation; in der individuellen wie in der kollektiven Psychose schließt sich der Aufstand des natürlichen Anteils der Menschen den Kräften der Repression an und wird durch diese überwältigt.

Der Faschismus organisiert einen verzerrten Drang der Massen nach grundlegenden gesellschaftlichen Veränderungen und treibt zugleich die Misere der bestehenden Verhältnisse auf die Spitze. Er organisiert scheinhaft das Bedürfnis der Massen nach grundlegenden sozialen Umwälzungen – wobei dieser Schein partiell auch reale Züge haben kann – und erfaßt real ein kollektiviertes regressives psychisches Potential, das bereit ist, Lust aus einer erpreßten Versöhnung mit der totalitären Herrschaft des Kapitals zu ziehen. Der Faschismus nimmt sich der in der Psychopathologie der Massen verborgenen Sehnsucht an, die Verdrängung der unterdrückten Triebregungen abzuwerfen, und bedient sich zugleich des in dieser Pathologie enthaltenen Drangs nach der Aufgabe des Selbst, nach der Identifikation mit der feindlichen Realität, nach der Angst vor der Veränderung, die eine problematisch gewordene Identität noch mehr in Frage stellt und die vorhandenen Abwehrmechanismen niederreißen würde. Der Faschismus organisiert die antikapitalistische Sehnsucht der Massen und ihre Unfähigkeit, die Kapitalherrschaft abwerfen zu können; er organisiert die Sehnsucht nach Befreiung und die Unfähigkeit, ohne Unterdrückung leben zu können, ohne machtvolle Autoritäten, an die das geschwächte Ich sich anlehnen kann.

Die faschistische «Bewältigung» der traditionellen Anarchie der Warenproduktion verlangt bestimmte Formen der Massenmobilisierung, die der Sehnsucht der Massen nach Kollektivität entsprechen. Der Faschismus liquidiert die bürgerliche, individualistische Subjektivität, dem kollektiven Charakter der Produktion entsprechend agieren die Massen massenhaft. Eine gesellschaftlich organisierte Erziehung nimmt in Jungvolk, HJ, BDM, Arbeitsdienst, Wehrmacht und Parteiorganisationen Gestalt an. In «Kraft durch Freude», Frauenschaften, in den kulturellen Organisationen des Regimes verlieren Freizeitaktivitäten bestimmte privatistische Züge. Das «Dritte Reich» propagiert eine bestimmte verzerrte Form von plebejischem Egalitarismus. «Wir sitzen alle im selben Boot, keinem soll es besser gehen; der Snob, der Intellektuelle, der Genießer werden attackiert. Eine Komponente der faschistischen Propaganda und des Faschismus überhaupt ist der Unterstrom des hämischen Egalitarismus, der Brüderlichkeit allumfassender Erniedrigung, der im von Hitler befohlenen Eintopfgericht sein Symbol fand.»[7]

Der Faschismus setzt im Bewußtsein der Massen den Primat des Politischen, auch wenn dies in Wirklichkeit nur scheinhaft geschieht. «Er durchdringt die wirtschaftlichen und gesellschaftlichen Prozesse nicht wirklich, da die in ihm enthaltene Vereinheitlichungstendenz, das Völki-

7 Th. W. Adorno: Kritik. Frankfurt am Main 1971, S. 56.

sche, eine bloß formale Zusammenfassung der vorhandenen Widersprüche ist. Diese Widersprüche sind in ständiger Bewegung begriffen. Das System stützt sich nicht auf bestimmte Zusammenhänge dieser Widersprüche, sondern auf alle gleichzeitig. Das erzeugt einen permanenten Wechsel, der zugleich den Eindruck von Bewegung, also etwas Kontunierlichem, und den weiteren Eindruck von Dynamik in einem an sich stationären System macht. Den Massen erscheint so Politik als ein wendenreiches Schauspiel, als Geschichte, auch wenn sich keiner der Widersprüche real löst.»[8] Die Menschen scheinen unterm Faschismus in ihrem empirischen Leben, in ihrer spezifischen Arbeit, in ihren individuellen Verhältnissen nicht mehr vermittelt wie in der Tauschgesellschaft, sondern unmittelbar Gattungswesen zu sein. Trotz ihrer völligen Entmündigung durch seine totalitäre Herrschaft gibt der Faschismus den Massen das Gefühl, Geschichte zu machen. Er hat die Arbeiterklasse auf paradoxe Art ihre Kraft spüren lassen. «Der Nationalsozialismus hat eine bestimmte Wahrnehmungsfähigkeit der Menschen hervorgetrieben: Für herausragende Leistungen von Großbetrieben, Militärapparaten, auch individuellen Einzelkämpfern, für die Umorganisation von Material und Menschen. Er hat den Arbeitern Selbstvertrauen in die eigene Kraft suggeriert, und zwar mit Hilfe des Rückgriffs auf vergessene geschichtliche Betätigungsmöglichkeiten: Raub, Gewalt gegenüber anderen Völkern, sich bewähren, die ganze Person einsetzen, den Helden spielen, aber auch eigene Initiative zeigen, praktisch sein, Auswege finden, größere Zusammenhänge rücksichtslos zusammenfassen usw. Der Nationalsozialismus bringt die Arbeitskraft als ganze technisch wirksam zum Einsatz, die der Kapitalismus nur stückweise verwerten kann. Das darauf sich stützende Selbstvertrauen der Massen wird aber ohne Rücksicht auf die autonomen Ziele und Interessen der Massen in Bewegung gebracht.»[9] Der Faschismus verspricht den Massen eine Zukunft, in der sie als «Herrenmenschen» für ihre Unterdrückung dadurch entschädigt werden sollen, daß sie andere unterdrücken dürfen. Als Ausgleich für die totale Unterwerfung unter die Herrschaft des Kapitals sollen die Massen einen Anteil der Beute von dessen imperialistischen Raubzügen erhalten. Die chimärische Zukunft, die den Massen vom «Tausendjährigen Reich» bei gleichzeitiger Aufrechterhaltung der bestehenden sozialen Antagonismen versprochen wird, besteht freilich in der militärischen Katastrophe, in Stalingrad, im Bombenkrieg.

Die faschistische Massenmobilisierung geht nicht von den Organisationen der Arbeiterklasse aus, sie fußt nicht auf proletarischer Solidarität: Die Arbeiterklasse konstituiert sich nicht durch kollektives Handeln als Subjekt der Geschichte, sondern sie wird als historisches Material kollek-

---

8 O. Negt, A. Kluge: Öffentlichkeit und Erfahrung. Frankfurt am Main 1973, S. 278.
9 Ebd., S. 281.

tiv vom Gewaltapparat der herrschenden Klasse erfaßt. Die Massen werden als «Menschenmaterial» noch stärker als in der vorfaschistischen Ära verdinglicht, um im Interesse einer imperialistischen Mobilisierung funktionalisiert werden zu können.

Der Faschismus überwindet die bürgerliche Tauschgesellschaft auf regressive Art, die fortgeschrittenste kapitalistische Technologie verbindet sich mit Prinzipien der Herrschaftsausübung aus vorindustriellen Epochen. Die gesteigerte ökonomische Effizienz ist mit einem Rückfall der Sozialorganisation hinter deren bürgerliche Form verquickt, der Faschismus reaktiviert – zumindest auf der Erscheinungsebene – auf bestimmte Art feudale Strukturen.[9a] Als Fortschritt in der kapitalistischen Entwicklung ist der Faschismus zugleich ein historischer Rückschritt. Die antikapitalistische Sehnsucht der Massen darf sich nur an vorindustrielle, feudale Verhältnisse heften.

Die faschistische Massenmobilisierung hebt nicht, wie die sozialistische, bürgerliche Emanzipationsstufen in sich auf, sondern fällt hinter diese zurück. Neben der gesellschaftlich organisierten Erziehung erfährt im Dritten Reich die traditionelle, patriarchalische Kleinfamilie eine zumindest ideologische Aufwertung. In ihr ist das feudale Prinzip der Blutsbande und die absolutistische Herrschaft des Vaters gegenüber Frau und Kindern, die nicht von der Rationalität des Äquivalententauschs berührt werden, zentrales Strukturprinzip. In der autoritären, in hierarchisch gegliederten Verbänden stattfindenden, kollektiven Massenerziehung erfährt das feudale Gefolgschaftsprinzip eine Wiederauferstehung: Vasallentreue zum Führer wird zur zentralen Erziehungsmaxime. Die von der bündischen Jugend im Erziehungsbereich übernommenen Ideologien knüpfen an feudale Verhältnisse an; sie haben eine schiefe Romantik des Bauernkriegs, der Landsknechte, der Burgen und Schlösser zum Inhalt. In der Blut- und Bodenmystik, in der Konservierung einer fragwürdigen ländlichen Volkskultur, in Erbhofgesetzen, in der ideologischen Verklärung des «Nährstandes» erfahren vorindustrielle Produktionsformen eine spezifische Aufwertung. Die mit der faschistischen Rassenlehre verbundene Abwehr «fremdrassiger» Elemente verweist auf eine eigenartige Reaktivierung des feudalen Prinzips der Blutsbande. Wie die herrschende Klasse ihre Macht darstellt, entspricht in bestimmter Weise der ostentativen Machtentfaltung vorbürgerlicher Potentaten.

Der eigenartige Rückgriff auf vorbürgerliche Verkehrsformen entspricht der Rationalität der faschistischen Gewaltherrschaft des Kapitals.[10] Die Aneignung des Mehrwerts erfolgt unterm Faschismus nicht

9 a Diese Strukturen haben freilich unterm Faschismus eine ganz andere Bedeutung als in der vorbürgerlichen Phase.

10 Die Verklärung vorindustrieller Verhältnisse entspricht zugleich der sozialen Basis der nationalsozialistischen Massenbewegung im absteigenden Kleinbürgertum (Handwerker, Kleinhändler, Bauern). Da dieses keine Zukunft mehr

mehr vermittelt über den «freien» Tauschverkehr, sondern trägt wieder Züge vorkapitalistischer Ausbeutung, die auf unmittelbaren Gewaltverhältnissen beruht. Der Rückgriff auf vorindustrielle Verkehrsformen und Gewaltverhältnisse entspricht zugleich dem imperialistischen Charakter des Faschismus. Die faschistischen Beutezüge greifen auf vorbürgerliche Bereicherungsmöglichkeiten zurück, die freilich in den imperialistischen Zügen des Kapitalismus schon immer enthalten waren: Auf Raub, die Versklavung und Auspressung anderer Völker.

Kollektives Handeln, als selbsttätiges Agieren der Massen Voraussetzung für deren Befreiung, wird in der faschistischen «Volksgemeinschaft» in den Dienst der Reaktion gestellt. Der Anschluß ans Kollektiv trägt regressive Züge, er liquidiert bürgerliche Prinzipien der Individuierung, anstatt sie in einem entfalteten Gattungsleben aufzuheben.

Der faschistische Widerspruchszusammenhang organisiert das ambivalente psychische Potential der Massen im Dienste des Kapitals; er erfaßt eine kollektivierte, latent schizophrene Disposition, um sie für seine reaktionäre Gewaltherrschaft einzuspannen.

Der faschistische Nationalismus befriedigt einen infantilen Narzißmus und die mit ihm verbundenen Omnipotenzphantasien. Der regressive Anschluß ans nationale Kollektiv, vermittelt über die kollektive, regressive Identifikation mit dem scheinbar omnipotenten «Führer», der an die Stelle des Ich-Ideals tritt, befriedigt infantil gebliebene Triebregungen. Der übersteigerte Narzißmus, der einer Ichschwäche entspricht, die nicht nur psychologisch zu erklären ist, sondern in der sich auch die reale Ohnmacht der Individuen gegenüber der etablierten Herrschaft manifestiert, trägt permanente Kränkungen ein, die im Gefühl, zu den «Herrenmenschen» zu gehören, ihre Kompensation erfahren dürfen. Der Narzißmus, der den Unterdrückten erlaubt, sich auf uneingestandene, giftige Art selbst zu lieben, auch wenn sie eigentlich jeden Respekt vor sich selbst verloren haben müßten, wird vom Gefühl eingefangen, zu einer Nation zu gehören, an deren Wesen die Welt genesen soll. Der Faschismus gibt den Massen auf eine paradoxe Weise eine Art Selbstachtung zurück, die er ihnen zugleich ständig entzieht. Er entschädigt die Individuen psychisch für ihre Versklavung, indem er die Aufblähung ihres leeren Selbst organisiert, die ein wahnhaftes Gefühl von eigener Größe erlaubt.

Die mit dem übersteigerten Narzißmus verbundene Entleerung von Objektbesetzungen, die eine liebevolle Bindung an Menschen und Dinge ausschließt und damit deren völlige Funktionalisierung erlaubt, haben Adorno und andere für die Gefolgschaften des Faschismus in den Untersuchungen über den «autoritätsgebundenen Charakter» ausgemacht.[11]

hat, muß es eine Vergangenheit ohne die seine Existenz untergrabende großindustrielle Produktion glorifizieren.

11 Th. W. Adorno u. a.: The Authoritarian Personality. A. a. O., S. 767 ff.

Adorno spricht vom faschistoiden Charakter als einem «manipulativen Typ». Dieser zeigt keine tiefere emotionale Bindung an Menschen, kaum liebevolle Besetzungen der Umwelt; sein Interesse gilt lediglich dem Funktionieren von sozialen und technischen Zusammenhängen. Er ist an Betriebsamkeit schlechthin interessiert, was getan wird, ist ihm gleichgültig. Eine Art Überrealismus verdeckt seine Oberflächlichkeit, Kälte und Teilnahmslosigkeit.

Die faschistischen Kollektive erlauben eine Distanzlosigkeit zwischen den Menschen, ohne daß diese sich wirklich näherzukommen brauchen. Die «Volksgenossen» identifizieren sich untereinander nur vermittelt über die unbewußte kollektive Idealisierung des Führers. Die Massen sind nur dadurch emotional miteinander verbunden, daß sie blind an dieselbe Autorität fixiert sind. Die Identifikationen in den faschistischen Kollektiven verlangen keine wahre Solidarität, keine wirklich menschliche Nähe, die auf bewußten statt auf unbewußten Identifikationen mit Menschen beruhen. In der «Volksgemeinschaft» herrscht Solidarität höchstens scheinhaft, real bleiben die Individuen voneinander isoliert. «In den faschistischen Verbänden herrschen Gleichheit und Brüderlichkeit nur an der Oberfläche. Der Kampf um den Aufstieg in der barbarischen Hierarchie macht aus den Genossen präsumptive Gegner.»[12] Die verdeckte Feindschaft in den «Geschwisterhorden» wird nach außen projiziert und schafft als Reaktionsbildung ein Gefühl der Bedrohung durch fremde Mächte, das die Massenbindungen verstärkt. Die ambivalente Einstellung gegenüber den «Volksgenossen» offenbart sich in diesen Projektionen, die die faschistische Agitation für sich ausnutzt. Ein Lieblingsmotiv dieser Agitation ist der Vergleich aller abzulehnenden Fremden, insbesondere von Juden und Kommunisten, mit niedrigen Tieren, mit Ungeziefer, Bazillen, Wanzen. Freud, Rank u. a. haben aufgezeigt, daß im Märchen und in der Traumsymbolik abgelehnte Geschwister als Ungeziefer, als Ameisen, als Insekten auftauchen.

Die Verfolgung der «Parasiten» neutralisiert die kollektive Erfahrung der Massen, daß ihnen Gewalt angetan wird, daß die Herrschaft sie jederzeit liquidieren kann. Die organisierten oder tolerierten Exzesse gegen wehrlose Minderheiten dienen als «Vernichtungstherapie» der projektiven Entlastung: Die Erfahrung der eigenen Nichtigkeit wird dadurch erträglicher gemacht, daß andere die ihre noch mehr zu spüren bekommen.

Die Zwangskollektivierung der schizoiden Individuen widerspricht deren Distanzierungszwängen und verschärft deshalb mit Verdrängungsmechanismen einhergehende Berührungsängste. Die pathische Projektion verwandelt diese Erfahrung dahingehend, daß einem «Volk ohne Raum» von fremden Mächten der Lebensraum vorenthalten wird. Die ter-

12 M. Horkheimer: Die Juden in Europa. A. a. O., S. 7.

ritorialen Ansprüche des Imperialismus, die Forderungen nach «Lebensraum im Osten» gewinnen dadurch eine emotionale Massenbasis.

Die vom Faschismus organisierte Kollektivität erlaubt es den Menschen, ihre Verdrängungen abzubauen. In den vom System erzeugten Massensituationen kommt das Individuum «unter Bedingungen, die ihm gestatten, die Verdrängungen seiner unbewußten Triebregungen abzuwerfen»[13]. Bisher verdrängte Triebregungen werden im Rahmen der faschistischen Kollektive auf infantilem psychischem Niveau freigesetzt und vom System für seine Ziele eingespannt.

Ein bisher verdrängtes, vom Ich kaum bearbeitetes, aggressives Potential, das sich Bahn brechen darf, wird nicht gegen die Misere gerichtet, die es hervorgebracht hat, sondern in vom System veranstaltete terroristische Exzesse oder imperialistische, kriegerische Unternehmungen eingebracht.

Der Faschismus organisiert das in den von ihm erwirkten Massenbildungen freigesetzte infantile homosexuelle Potential und sorgt zugleich für die zwanghafte Eingrenzung dieses Potentials. Hitler war sich auf bestimmte Weise der passiv homosexuellen Persönlichkeitsanteile seiner potentiellen Anhänger bewußt; den Massen, die es zu agitieren gilt, schreibt er in «Mein Kampf» spezifisch weibliche Züge von Passivität zu. Die faschistischen Verbände fangen ein homosexuelles Potential ein, indem sie die Massen nach Geschlechtern getrennt organisieren. Die passiv homosexuelle Sehnsucht nach der Unterwerfung unter den «Vater Staat», unter den Führer und seine Statthalter, an die sich die Vaterimagines aus der Kindheit anlehnen können, sichert die libidinöse Bindung an die etablierte Macht. Die «weiblichen», homosexuellen Persönlichkeitsanteile der Männer müssen zugleich zwanghaft verdrängt werden. Die manifest Homosexuellen haben im Dritten Reich mit ihrer Liquidierung zu rechnen. Je schwächer das Ich durch die allgemeine gesellschaftliche Repression wird, desto mehr erschöpft es seine Energien beim Kampf gegen die als pervers interpretierten Regungen, desto massiver wird alles abgelehnt, was auch nur in assoziative Beziehung zum Verdrängten gerät und es zu reaktivieren droht. In den Männerkollektiven zielt das Bemühen darauf, rigoros alle Züge des eigenen Charakters zu unterdrücken, die dem anderen Geschlecht zugerechnet werden. Robustheit, stählerne Muskeln, die Abwesenheit von Sentimentalitäten beim kernigen Umgang mit sich selbst und anderen prägen das Klima in der HJ, bei der SA oder beim Arbeitsdienst. «Gelobt sei was hart macht», Schwäche und Weichheit werden nicht geduldet. Verfolgt werden Minderheiten, deren Verhalten virtuell ans Weibliche erinnert: Juden, Intellektuelle, Schwache, Wehrlose aller Art. Verdrängte Homosexualität ist die einzig anerkannte Art des

13 S. Freud: Massenpsychologie und Ich-Analyse. Gesammelte Werke Bd. XIII, S. 77.

Heterosexuellen.

Die erotische Vereinigung zwischen Mitgliedern des eigenen Geschlechts wird nur vermittelt über die pathische Projektion geduldet, die erotische Affinitäten als Ablehnung erscheinen läßt; sie darf nur im Haß gelingen. «Auch der Haß führt zur Vereinigung mit dem Objekt, in der Zerstörung.»[14] Die kriegerische Ausbildung in den Knaben- und Männerhorden, die geförderten tätlichen Auseinandersetzungen ermöglichen es, von Körpern mit den gleichen Geschlechtsmerkmalen Besitz zu ergreifen. Weil zärtliche Körperkontakte zwischen Männern tabuisiert sind, müssen deren körperliche Berührungen gewaltsamen Charakter annehmen, um toleriert zu werden. Während der Exzesse gegen die schwachen Minderheiten ist es erlaubt, mit Gewalt in den Leib des Opfers einzudringen. Ernst Jünger, einer der intellektuellen Wegbereiter des Faschismus, demonstriert mit seinen Kriegsaufzeichnungen die Verbindung von verdrängter Homosexualität und der Lust am Töten, die dem Faschismus für seine Ziele dienlich ist. Das Aufeinandertreffen der feindlichen Männer vor dem Massaker, das Jünger schildert, erfolgt in einer brünstigen, homosexuellen Atmosphäre. «Auch das moderne Gefecht hat seine großen Augenblicke. Man hört so oft die irrige Ansicht, daß der Infanteriekampf zur uninteressanten Massenschlächterei herabgesunken ist. Im Gegenteil, heute mehr denn je entscheidet der einzelne. Das weiß jeder, der sie in ihrem Reich gesehen hat, die Fürsten des Grabens, mit ihren harten, entschlossenen Gesichtern, tollkühn, so sehnig geschmeidig vor- und zurückspringend, mit scharfen, blutdürstigen Augen, Helden, die kein Bericht nennt ... Unter allen nervenerregendem Momenten des Krieges ist keiner so stark wie die Begegnung zweier Stoßtruppführer zwischen den engen Lehmwänden des Grabens. Da gibt es kein Zurück und kein Erbarmen. Blut klingt aus dem schrillen Erkennungsschrei, der sich wie ein Alpdruck von der Brust ringt.»[15] Das Massaker, die Vereinigung von Körpern im totalen, blinden Haß, gewinnt orgiastische Züge. «Der Kämpfer, dem während des Anlaufs ein blutiger Schleier vor den Augen wallte, kann seine Gefühle nicht mehr umstellen. Er will nicht gefangennehmen; er will töten. Er hat jedes Ziel aus den Augen verloren und steht im Banne gewaltiger Urtriebe. Erst wenn Blut geflossen ist, weichen die Nebel aus seinem Hirn; er sieht sich um wie aus einem schweren Traum erwachend. Erst dann ist er wieder moderner Soldat, imstande, eine neue taktische Aufgabe zu lösen.»[16]

Mit der Homosexualität ist eine unbewältigte, infantile Mutterbindung verbunden. Die ambivalente mütterliche Einstellung gegenüber ihrem Kind hat Fixierungen hinterlassen, die die libidinöse Bindung an die über-

14 Th. W. Adorno, M. Horkheimer: Dialektik der Aufklärung. A. a. O., S. 234.
15 E. Jünger: In Stahlgewittern. 1922, S. 73 f.
16 Ebd., S. 204.

mächtige, versorgende, versagende «Allmutter» Kapital gewährleisten. Die erzwungene völlige Abhängigkeit der ohnmächtigen Massen von den Interessen des nationalen Kapitals erscheint in der faschistischen Propaganda verbrämt als Bindung an Natur und Heimat. Unbewußte Mutterfixierungen, die diesen Bildern ihre emotionale Bedeutung verleihen, treten, wie Wilhelm Reich in seiner «Massenpsychologie des Faschismus» aufzeigt, in den Dienst des Dritten Reichs. «Die Vorstellungen von Heimat und Nation sind in ihrem subjektiv-gefühlsmäßigen Kern Vorstellungen von Mutter und Familie. Die Mutter ist die Heimat des Kindes im Bürgertum, wie die Familie seine «Nation» im Kleinen ist. So wird verständlich, aus welchem Grund der Nationalsozialist Goebbels als Motto zu seinen zehn Geboten im nationalsozialistischen Volkskalender 1932 folgende Worte wählte, zweifellos ohne Kenntnis der tieferen Zusammenhänge: «Die Mutter ist Heimat deines Lebens, vergiß das nicht.»[17]

Zum «Muttertag» heißt es 1933 in einem faschistischen Organ: «Muttertag. Die nationale Revolution hat alles Kleinliche weggefegt! Ideen führen wieder und führen zusammen – Familie, Gesellschaft, Volk. Die Idee des Muttertags ist dazu angetan, das zu ehren, was die deutsche Idee versinnbildlicht: Die deutsche Mutter! Nirgendwo fällt der Frau und Mutter diese Bedeutung zu, als im neuen Deutschland. Sie ist die Wahrerin eines Familienlebens, aus dem die Kräfte sprießen, die unser Volk wieder aufwärts führen sollen. Sie – die deutsche Mutter – ist die alleinige Trägerin deutschen Volksgedankens. Mit dem Begriff Mutter ist Deutschsein ewig verbunden – kann uns etwas enger zusammenführen, als der Gedanke gemeinsamer Mutterehrung?»[18]

Unbewältigte Mutterfixierungen speisen ständig unbewußte inzestuöse Regungen. Diese werden von der nationalsozialistischen «Rassenlehre» eingefangen, mit deren Hilfe ihre projektive Verarbeitung politisch verwertet wird. Die unbewußte zwanghafte Abwehr inzestuöser Regungen, als Kampf gegen die «Blutschande», steht im Zentrum der Rassentheorie. «Die Sünde wider Blut und Rasse ist die Erbsünde dieser Welt und das Ende einer sich ergebenden Menschheit»[19], heißt es in Hitlers «Mein Kampf». Die inzestuösen Regungen werden auf diejenigen projiziert, die das Terrorsystem des deutschen Kapitals als seine Opfer oder Gegner ausgesucht hat. «Die jüdische Weltpest will ins arische Blut eindringen.» Blutiger Terror gilt besonders denjenigen, die den «jüdischen Materialismus» von Karl Marx verbreiten, mit dessen Hilfe das deutsche Blut durch eine internationale Verschwörung vergiftet werden soll.

So wenig sich die Massen ihre inzestuösen Regungen eingestehen können, so wenig dürfen sie sich ihre Verstrickungen in das nationalsozialisti-

---

17 W. Reich: Massenpsychologie des Faschismus. Raubdruck o. J., S. 90.
18 Zitiert nach W. Reich, ebd.
19 A. Hitler: Mein Kampf. München 1943, S. 272.

sche Terrorsystem transparent machen. Die Blindheit gegenüber der Natur ihrer Triebregungen muß sich als Blindheit gegenüber ihrem Verhaftetsein an die «Natur» des imperialistischen Kapitalismus reproduzieren, dem sie als Opfer bewußtlos verfallen sind. «Auseinandersetzungen zwischen Blut und Umwelt, zwischen Blut und Blut ist die letzte uns erreichbare Erscheinung, hinter der zu suchen und zu forschen uns nicht mehr vergönnt ist»[20], formuliert Rosenberg in seinem «Mythos des 20. Jahrhunderts». Daß in der vom Kapital regierten Gesellschaft eine Art Dschungelrecht gilt, daß Kriege den Menschen vom Kapital wie Naturgewalten auferlegt werden, formulieren die faschistischen Demagogen in einer Sprache, die den pervertierten, unbewußten Triebregungen von infantilisierten Massen entspricht, die diesem Zustand wehrlos ausgeliefert sind.

Der Faschismus erpreßt die Versöhnung der Massen mit einer ihnen feindlichen Realität, sein Gewaltsystem erzwingt die Identifikation der Unterdrückten mit ihren Unterdrückern. Die Massen müssen ihre Identität preisgeben und sich der Rationalität der Herrschaft widerspruchslos assimilieren. «Führer befiehl, wir folgen.» Was Abweichung, Schwäche, Widerstand repräsentiert, wird von denen verfolgt, die gezwungen sind, vor der Macht des Bestehenden zu kapitulieren. Juden, Geisteskranke, Kommunisten ziehen den Haß der «Volksgenossen» auf sich.

Im Konzentrationslager findet die faschistische Herrschaft ihren reinsten Ausdruck. Die Persönlichkeitsveränderungen von KZ-Häftlingen werfen Licht auf die psychische Verarbeitung des ungehemmten Terrors kapitalistischer Rationalität. Bettelheims Darstellung der Folgen von Konzentrationslagerhaft illustriert in erschreckender Weise den Mechanismus der Identifikation mit dem Aggressor.[21] Selbst diejenigen, die keinerlei materielle Vorteile aus einer Übereinkunft mit dem Faschismus ziehen können, denen er keine Bereicherung aus der Enteignung jüdischen Besitzes oder Teilhabe an der Beute seiner Raubzüge bietet, zwingt er zu einem grauenhaften Arrangement. Als letzte Widerstandsform ergibt sich nach langer Konzentrationslagerhaft «eine Persönlichkeitsstruktur, die bereit und willens war, sich Werte und Verhaltensweise der SS anzueignen»[22]. Die faschistischen Rationalisierungen des Terrors werden auch von denen übernommen, die ihm am wehrlosesten ausgesetzt sind. «Beinahe alle nichtjüdischen Häftlinge glaubten an die Überlegenheit der deutschen Rasse. Beinahe alle waren stolz auf die sogenannten Errungenschaften des nationalsozialistischen Staates, besonders auf seine Expansionspolitik. Im Einklang mit ihrer Annahme der neuen Ideologie übernahmen die meisten alten Häftlinge die Einstellung der Gestapo gegen-

20 Zitiert nach W. Reich: Massenpsychologie des Faschismus. A. a. O., S. 128.
21 B. Bettelheim: Aufstand gegen die Masse. München 1964.
22 Ebd., S. 186.

142

über dem sogenannten untauglichen Häftling. Schon vor der eigentlichen Vernichtungspolitik hatte die Gestapo untaugliche Häftlinge liquidiert. Häftlinge folgten ihrerseits diesem Beispiel. Sie hielten eine solche Handlungsweise für berechtigt, einige glaubten sogar, sie sei korrekt.»[23] Ein unerträgliches, sinnloses Leiden muß dadurch erträglicher gemacht werden, daß man ihm einen Sinn gibt; den Sinn, den diejenigen, die es verursachen, ihm zuschreiben. Die Identifikation mit den Schergen geht bis zum zwanghaften Bemühen, ihr Aussehen anzunehmen. Daß man so sein will wie sie, soll vergessen machen, wie unerträglich das Leben als Opfer ist. «Alte Häftlinge neigten dazu, sich mit der SS nicht nur in Zielen und Werten, sondern auch im Aussehen zu identifizieren. Sie versuchten, sich alte Teile von SS-Uniformen anzueignen und wenn dies nicht möglich war, dann änderten sie wenigstens ihre Häftlingsmontur so ab, daß sie einer Uniform ähnelte. Es war manchmal kaum zu verstehen, wie lange sich Häftlinge damit beschäftigten, besonders da sie für ihre Versuche, wie die SS auszusehen, gelegentlich bestraft wurden. Fragte man sie nach dem Grund, erhielt man zur Antwort, sie wollten fesch aussehen. Fesch aussehen, daß bedeutete für sie, ihren Feinden zu gleichen.»[24] Die Introjektion des Henkers durch das Opfer ist die extremste Form des Versuchs, Gewalt durch Mimesis zu unterlaufen, um eine unerträgliche Angst zu bewältigen. Im Stadium kurz vor dem Tod des Häftlings weichen die letzten Anzeichen des Lebendigen der völligen Erstarrung. «Solche Häftlinge waren im buchstäblichen Sinn wandelnde Leichen.»[25] Vor seiner endgültigen Liquidierung sucht sich das Leben zu wehren, indem es sich dem Tod angleicht. «Doch selbst die Muselmänner, da sie eben Organismen waren, konnten nicht umhin, irgendwie auf ihre Umwelt zu reagieren, und sie taten dies, indem sie die Umwelt all ihrer Macht, sie als Subjekte in irgendeiner Weise zu beeinflussen, beraubten. Um dies zu erreichen, mußten sie aufhören, auf ihre Umwelt zu reagieren, und Objekte werden; doch damit hörten sie auf, Personen zu sein.»[26] Im vom KZ erzwungenen abrupten oder langsamen Selbstmord des Internierten und auch in der Anhänglichkeit der Massen an eine Katastrophenpolitik, die zum kollektiven «Selbstmord» im Zweiten Weltkrieg führt, steckt auch ein blinder Protest gegen die Rationalität des «toten» Kapitals, die den Menschen ihre Lebendigkeit abspricht. Bettelheim über die eigentümliche Widerstandslosigkeit, mit der Hunderttausende von Juden, deren Schicksal paradigmatisch für das aller blinden, wehrlosen Opfer ist, den Weg in die Gaskammer antraten: «Diejenigen, die zurückblieben und ihre Geschäfte wie üblich weiterführten, kamen um. So war schließlich der Gang zur Gaskammer nur die letzte Konsequenz der Philosophie des Business as usual. Es war dies ein letzter

23 Ebd., S. 187.
24 Ebd., S. 188 f.
25 Ebd., S. 167.
26 Ebd., S. 167.

Schritt, der dem Todesinstinkt nicht mehr trotzte und den man als Prinzip der Trägheit bezeichnen könnte. Der erste Schritt war getan worden, lange bevor man das Todeslager betrat. Es ist wahr, das gleiche selbstmörderische Verhalten hat auch eine andere Bedeutung. Es bedeutet, daß der Mensch bis zu einem gewissen Punkt gedrängt werden kann, aber nicht weiter; daß er von diesem Punkt ab den Tod einer unmenschlichen Existenz vorzieht.»[27] Die Todessehnsucht der Massen unterm Faschismus ist die Kehrseite einer unerfüllten Sehnsucht nach einem menschenwürdigen Leben ohne Elend, Gewalt und Einsamkeit.

Nach 1945 glichen viele Menschen in Deutschland ehemaligen Wahnkranken, die die Psychiatrie wieder dazu gebracht hat, das Realitätsprinzip der bestehenden Gesellschaft zu akzeptieren. Sie waren ängstlich, leicht depressiv, kontaktscheu, gehemmt in ihren Liebes- und Aggressionsäußerungen und versuchten durch eine emsige Betriebsamkeit ihre Triebregungen unter Kontrolle zu halten. Mit der Überwältigung der Psychose zerfällt meist weitgehend die Erinnerung an die ihr eigentümlichen Erfahrungsweisen. Präzise Erinnerungen an die Erfahrungen während des psychotischen Schubs tauchen typischerweise nur so auf, daß sie mit der wiedererlangten «normalen» Disposition nicht unmittelbar etwas zu tun haben scheinen. Die Wiederaufrichtung der Abwehrmechanismen, die notwendig sind, um in der bestehenden Gesellschaft zu funktionieren, untergräbt die Möglichkeit, sich die psychotische Episode zu vergegenwärtigen. Nach der Niederlage des Faschismus war die Arbeiterklasse in Deutschland (abgesehen von einer Minderheit, die im Widerstand gearbeitet hatte) weitgehend ohne Geschichtsbewußtsein; eine zwanghafte kollektive Abwehr blockierte auf der subjektiven Ebene die intellektuelle und praktische Bewältigung der faschistischen Vergangenheit. Lebendige Erinnerungen an Erfahrungen unterm Nationalsozialismus wurden von aktuellen Erfahrungen abgetrennt, sie blieben weitgehend auf Ereignisse beschränkt, die scheinbar ohne Beziehung zur Nachkriegsära waren.

Die Psychose ist das Negativ der Versöhnung des Ichs mit den Triebregungen; die Triebregungen setzen ihre Ansprüche durch, indem sie das Ich zerstören. Der Versuch, das aufgezwungene Realitätsprinzip abzuschütteln, führt nicht zur Emanzipation, sondern zur völligen Unmündigkeit. Im sozialen und psychischen Potential, das der Faschismus für seine Katastrophenpolitik einspannt, steckt auf verzerrte Art ein Drang nach Befreiung, der, politisch organisiert, von seinen Schattenseiten abgespalten werden kann. Was die individuelle und kollektive Psychose negativ ausdrückt, läßt sich auch positiv formulieren: Im Aufstand der unterdrückten Natur steckt der Anspruch auf gesellschaftliche Verhältnisse, die den Trieben zu ihrem Recht verhelfen, die Vernunft und Sinnlichkeit versöhnen.

27 Ebd., S. 279f.

In der Homosexualität steckt der Drang nach Gleichheit und Brüderlichkeit. Eine Heterosexualität, die sich dadurch auszeichnet, daß sie homosexuelle Strebungen verdrängen muß, die nicht erlaubt, daß die erotischen Reize des weiblichen Anteils an Männern oder des männlichen Anteils an Frauen genossen werden dürfen, ist der Herrschaft ebenso verhaftet wie eine Homosexualität, die alles Weibliche ablehnen muß. Die Homosexualität neigt dazu, sich ans schlechte Allgemeine zu heften; die Heterosexualität hat eine Affinität zum borniertem Besonderen; die Befreiung der Sinnlichkeit versöhnt Homosexualität und Heterosexualität, Allgemeines und Besonderes. Die Aufhebung eines Ich, das der kapitalistischen Rationalität verfallen ist, setzt alternative Erfahrungsmöglichkeiten frei, die vielleicht der Konsum von Rauschdrogen, auf wenn auch fragwürdige Art, ahnen läßt. Das Ende einer Identität, die an Privateigentum und atomisierende Konkurrenz gebunden ist und deshalb ein sich starr umgrenzendes Ich verlangt, ermöglicht Formen kollektiver Identität, die zugleich der Individualität neuartige Entfaltungschancen zugestehen. Die positive Aufhebung von Raum- und Zeiterfahrungen bringt den erfüllten Augenblick hervor, das Glück nicht in einer fernen Zukunft, nicht an einem anderen Ort, sondern im Hier und Jetzt.

Der politische Kampf um gesellschaftliche Verhältnisse, die humanisierten Bedürfnissen Rechnung tragen, die die freie Entfaltung des Einzelnen mit der Aller versöhnen, verlangt Strategien, die auch die Konstitution der Subjektivität der potentiellen Träger von Veränderungsprozessen in Rechnung stellen. Uminterpretierte therapeutische Erfahrungen aus dem Bereich der Psychiatrie können dazu beitragen, politisches Handeln zu rationalisieren, indem sie die subjektiven Barrieren problematisieren, die emanzipatorischem politischem Handeln im Wege stehen.

Sofern die gesellschaftlichen Zwangszusammenhänge, in die der Psychotiker verstrickt ist, eine erfolgversprechende Therapie überhaupt zulassen, ist diese nicht unter beliebigen organisatorischen Voraussetzungen möglich. Die Hospitalisierungseffekte psychiatrischer Institutionen, die Tatsache, daß diese schizophrene Störungen verschärfen anstatt sie zu beheben, wird von reflektierten Psychiatern daraus abgeleitet, daß deren Strukturen die pathogenen sozialen Konstellationen, die die seelischen Erkrankungen erzeugt haben, reproduzieren oder gar noch verschärfen.[28] Im günstigsten Fall tragen die etablierten psychiatrischen Institutionen für den Patienten die Züge einer überprotektiven Mutter, die ihre Feindseligkeit gegenüber dem von ihr abhängigen Kind durch eine aufdringliche normierte Betriebsamkeit und fragwürdige menschliche Anteilnahme verschleiert. Die Therapie gewinnt erst an Einflußchancen, wenn sie unter institutionellen Bedingungen stattfindet, die gegenüber dem sozialen

28 Vgl. hierzu: Schizophrenie und Familie. A. a. O., S. 221 ff.

Feld, das die Erkrankung hervorgebracht hat, alternative, bedürfnisadäquatere Verkehrsformen zulassen.

Die Psychosentherapie kann sich normalerweise nicht unmittelbar der
Mittel einer «aufdeckenden», analytisch orientierten Therapie bedienen.
Die intellektuelle Auseinandersetzung mit den sozialen und innerpsychischen Konfliktkonstellationen, die die Erkrankung hervorgebracht haben,
kann nur erfolgen, wenn eine gewisse Ichstärke und die mit ihr verbundenen, relativ stabilen Objektbesetzungen vorhanden sind. Solange ein
ohnmächtiges Ich nur mit Hilfe von unbewußten, archaischen Abwehrmechanismen zwischen den Ansprüchen der Triebregungen und denen der
sozialen Realität vermitteln kann, führen analytische Deutungen einzig zu
massiven Angstreaktionen, die diese regressiven Abwehrgänge verstär-
ken. Die Kraft des geschwächten Ich des Psychotikers wird vom Kampf um
die gesellschaftlich geforderten Verdrängungsleistungen absorbiert, für
intellektuelle Anstrengungen, die diese Verdrängungsleistungen mit Hilfe analytischer Deutungen problematisieren, sind keine seelischen Energien frei.

Freud nennt als Ziel seiner therapeutischen Bemühungen die Herstel-
lung von Genuß- und Arbeitsfähigkeit. Da im Horizont von Theorie und
Praxis der Psychoanalyse weder die Frage nach dem Charakter der Arbeit
auftaucht, die die Individuen zu leisten haben, noch die nach der Verfü-
gungschance über Gebrauchswerte oder dem erotischen Reiz von potentiellen Liebesobjekten, die genossen werden sollen, sind ihre Interven-
tionschancen bei Patienten aus der Arbeiterklasse beschränkt.[28a] Die Ein-
flußnahme durch die analytische Therapie gelingt nur bei denen, die keine
völlig entfremdete Arbeit zu leisten haben, die überdurchschnittlich viele
Gebrauchswerte ihr eigen nennen und den Umgang mit Menschen pflegen
können, die unter Verhältnissen leben, die ihnen erlauben, ihre erotische
Attraktivität zu bewahren, weil nur ihnen ein wesentlicher Abbau von
Verdrängungen mehr Genuß und nicht ein unerträgliches Gefühl des
Mangels einträgt. Die Einsicht in bisher unbewußte seelische Regungen
als Voraussetzung des Abbaus psychischer Hemmungen steht triebökonomisch nur denen zu Gebote, denen eine privilegierte soziale Position
einen alternativen Lebensstil mit weniger Angst und mehr Lustgewinn
offenläßt. Die Verbalisierungsunfähigkeit, die nach Ansicht der Psychoanalytiker den Arbeitern den Zugang zur Analyse versperrt, hat ihre Wurzeln in gesellschaftlichen Verhältnissen, die nur erträglich sind, wenn man
sich partiell sprachlos, dumm halten läßt.[28b] Der Abbau von Verdrängungsmechanismen, der diese Sprachstörung beseitigt, ist nur bei Indivi-

28 a Freuds Äußerungen hierüber in seinen kulturkritischen Schriften haben
nur sehr pauschalen Charakter und sind für die therapeutische Praxis der Psychoanalyse ohne Bedeutung.
28 b Daß das analytische Setting speziell für bürgerliche Individuen geeignet
ist, soll hier nicht diskutiert werden.

duen möglich, denen Bewußtheit mehr Genuß und nicht mehr Leiden an der Realität einträgt.

Im Zentrum der Psychosentherapie muß der Abbau der Angst eines ohnmächtigen Ichs stehen. Nur der Abbau von Angst gibt dem Ich ein notwendiges Maß an Autonomie und verleiht ihm die Kraft, zum gekonnteren Umgang mit Triebregungen; nur der Abbau von Angst gibt dem Ich die Chance, Widersprüche auszuhalten, sich Konflikten zu stellen, die vorher durch Symptome bewältigt werden mußten. Eine Angstreduktion, die eine Stärkung des Ichs gegenüber den Ansprüchen des Es, des Über-Ichs und der Außenwelt nach sich zieht, kann beim Psychotiker nicht in erster Linie intellektuelle Einsicht zustande bringen, sondern eine bestimmte Praxis. Je schwächer das Ich ist, desto mehr ist es auf verhaltenstherapeutische Aktivitäten zu seiner Stärkung angewiesen. Vor allem die Erfahrung von Selbsttätigkeit, von Kommunikation, aber auch die von Solidarität, von unaufdringlicher Anteilnahme kann das Vertrauen in die Kraft des Ichs erhöhen. Der Kranke muß die Möglichkeit erhalten, die Angst vor Objektbesetzungen abzubauen, indem man ihm hilft, in den Umgang mit Menschen und Dingen seine Bedürfnisse einzubringen und dadurch Erfolgserlebnisse zu haben. Der Gestörte muß die Chance haben, aggressive und erotische Regungen zu agieren, um den gekonnten Umgang mit ihnen zu erlernen; er muß die Möglichkeit haben, durch Arbeit, durch Leibesübungen, durch Spiel und Tanz, durch körperliche Kontakte mit anderen Menschen, die Entfremdung vom eigenen Körper aufzuheben.

Nur an demokratischen Maximen orientierte psychiatrische Institutionen sind in der Lage, Autonomiebestrebungen des Kranken zu akzeptieren, auch wenn diese sich mitunter falscher Mittel bedienen; nur sie lassen die offene Austragung von Konflikten zu, in denen sich das Ich bewähren lernt; nur sie können darauf verzichten, unruhige, aufbegehrende Patienten ständig mit Hilfe von Tranquilizern oder Schlimmerem «stillzustellen». Eine erfolgversprechende Psychosentherapie ist nur unter organisatorischen Voraussetzungen möglich, die, in einem Zustand relativer Entlastung von sozialen Zwängen, eine aufgeklärte Nacherziehung im Rahmen von durch Solidarität geprägten Verkehrsformen zulassen. Derartige Verhältnisse zu erzeugen, ist freilich selbst einer fortschrittlichen Psychiatrie in einer weitgehend undemokratischen Gesellschaft nur in begrenztem Umfang möglich.

Die Einsicht in die Organisation therapeutischer individueller Emanzipationsprozesse erlaubt Schlüsse im Hinblick auf die Organisation der kollektiven politischen Emanzipationsprozesse der Arbeiterklasse. Psychische Energien für den Widerstand gegen irrationale Verhältnisse lassen sich massenhaft weder schlicht durch Versuche mit Aufklärung, durch Appelle ans Bewußtsein, noch mit Hilfe von politischen Organisationen freimachen, die den Strukturprinzipien kapitalistischer Verhältnisse blind verhaftet sind, die die sozialen Zustände, die die Identität des Arbeiters zerstören, weitgehend verdoppeln.

Naive Intellektuelle, die glauben, Arbeiter einzig mit Hilfe von aufklärerischen Parolen zu massenhaftem politischem Handeln bewegen zu können, verkennen, daß deren falsches Bewußtsein in falschen Lebensverhältnissen fest verankert ist. Der verbreitete Antiintellektualismus in der Arbeiterklasse ist einerseits Ausdruck der Tatsache, daß Intellektualität normalerweise ein Attribut der herrschenden Klasse ist und andererseits, und das primär, Ausdruck eines kollektivierten Abwehrmechanismus. Der Arbeiter ist gezwungen, sich dumm, passiv, gleichgültig zu machen, wenn er das prekäre seelische Gleichgewicht, das sein Funktionieren unter kapitalistischen Verhältnissen erlaubt, nicht gefährden will. Die Angst des isolierten Opfers übermächtiger Verhältnisse, die Wehrlosigkeit des Einzelnen gegenüber der etablierten Herrschaft, zwingt den Arbeiter partiell, das Opfer des Bewußtseins zu bringen, wenn er psychisch überleben will. Der Arbeiter ist nicht einfach zu wenig aufgeklärt, um seine soziale Situation zu durchschauen (die er übrigens wesentlich besser kennt, als viele Intellektuelle glauben), sondern zu wehrlos, um sich das Begreifen seiner Lage dauerhaft psychisch leisten zu können. Der in Verdrängungsprozesse eingelagerte Zwang zur Verschleierung von sozialen und seelischen Widersprüchen ist triebökonomisch notwendig, solange nicht die Chance besteht, diese Widersprüche durch kollektives Handeln relativ angstfrei zu bewältigen. Die Geschichte der Klassenkämpfe zeigt, daß die Arbeiterklasse mit der Erfahrung ihrer Macht und dem damit verbundenen Abbau von Angst, intellektuelle Interessen freisetzen kann, die es ihr erlauben, Lernprozesse sprunghaft durchzumachen, denen sie als passives Objekt der Verhältnisse ständig massiven Widerstand entgegensetzt. Das kollektive Bedürfnis nach Aufklärung kann erst entstehen, wenn sich mit dieser die realistische Hoffnung verknüpfen läßt, daß sie den Kampf um eine wesentliche Veränderung der materiellen Verhältnisse erleichtern kann. Eine freischwebende Intellektualität, die sich nicht unmittelbar an konkreten Interessen und Bedürfnissen festmacht, können sich nur diejenigen leisten, die sozialen Zwängen weniger drückend als die Mitglieder der Arbeiterklasse unterworfen sind.

Bewußtheit in Organisationsfragen ist ein Index für die Reife einer sozialistischen Bewegung. Der Kampf der Arbeiterklasse gegen bestehende Verhältnisse, in dessen Verlauf sie sich als historisches Subjekt mit einer kollektivierten politischen Identität herausbildet, ist an bestimmte, sich historisch wandelnde, organisatorische Voraussetzungen gebunden. Der Widerstand gegen kapitalistische Verhältnisse verlangt Organisationen, die deren identitätszerstörende Aspekte nicht blind reproduzieren, sondern in denen diese, soweit als möglich, mit Bewußtsein aufgehoben werden. Wenn die Herrschaft des Kapitals sich in deformierten Charakterstrukturen niederschlägt, sind politische Organisationsformen notwendig, die dem Emanzipationskampf des Proletariats therapeutischen Charakter verleihen können. Wie Rosa Luxemburg oder Georg Lukács herausgearbeitet haben, müssen die Organisationen der Arbeiterklasse so strukturiert sein, daß sie die gesamtgesellschaftliche Emanzipation, die ihr Ziel ist, partiell antizipieren.[29] Auf der psychologischen Ebene beinhaltet das, daß einzig veränderte Formen des Umgangs, des Zusammenlebens und Zusammenarbeitens, des zusammen Kämpfens und des zusammen Feierns während des Ringens um eine bessere Gesellschaft die notwendigen seelischen Energien für dieses frei machen können. Der politische Kampf verlangt Disziplin und Entbehrung, die Befriedigung individueller Bedürfnisse darf deshalb nicht einzig auf eine ferne, bessere Zukunft vertagt werden. Das politische Handeln muß bereits unmittelbar soziale Bedürfnisse befriedigen, auf die die Gesellschaft nicht eingeht. Es ist notwendig, die klassischen sozialistischen Kampfstrategien durch theoretisch fundierte kulturrevolutionäre Interaktionsstrategien zur Umwälzung der vom Kapital erzwungenen Verkehrsformen zu bereichern. Die Arbeiterbewegung muß die Organisation von Bedürfnisdispositionen, die Umwälzung der Subjektivität des Arbeiters stärker als bisher in Rechnung stellen. Diese Feststellung beinhaltet keinen Ruf nach einer Psychiatrisierung der Politik, keine Propaganda für Gruppendynamik als politisches Kampfinstrument, nicht den Rückfall auf den Subjektivismus der antiautoritären Protestbewegung; sie beinhaltet, daß Theorie und Praxis der Arbeiterbewegung zureichend zur Kenntnis nehmen müssen, daß sich die mit dem Kapitalverhältnis verbundenen Widersprüche, die alle Lebensäußerungen des Arbeiters durchdringen, auch in dessen Psyche reproduzieren und dort politisches Handeln blockieren können.

Es genügt nicht, wenn sozialistische Organisationen, nach einer generalisierenden Analyse des Kapitalverhältnisses, ein objektives Interesse des Proletariats postulieren und dann mit propagandistischem Aufwand die Arbeiter auffordern, dieses Interesse zu vertreten; die Organisation muß die in den konkreten Lebenszusammenhängen, in den unmittelbaren Bedürfnissen der Arbeiter enthaltenen politischen Potenzen einfangen, wenn sie die Arbeiterklasse aus ihrer Apathie befreien will. Eine politische Identität gewinnt die Arbeiterklasse nur durch ihre Praxis, durch den unmittelbaren Kampf um die Durchsetzung ihrer Lebensinteressen, der allerdings in eine langfristige Strategie der gesellschaftlichen Umwälzung eingebettet sein muß. Die Politisierung der Arbeiterklasse wird nicht in erster Linie durch das Ringen um die Organisation des Bewußtseins, sondern durch das Ringen um selbsttätiges organisiertes Handeln zur Durchsetzung von bestehenden Bedürfnissen eingeleitet, durch das die Arbeiter zu

29 Siehe hierzu: Rosa Luxemburg, z. B.: «Massenstreik, Partei und Gewerkschaften» und G. Lukács: Methodisches zur Organisationsfrage. In: Geschichte und Klassenbewußtsein. A. a. O.

Selbstbewußtsein gelangen. Nicht die Dummheit, sondern eine tiefsitzende Angst, die dem solidarischen Kampf im Wege steht, ist der wesentliche subjektive Hemmschuh der Entfaltung einer politischen Identität des Arbeiters. Die Angst zwingt den Arbeiter, sich der Herrschaft zu assimilieren und das Opfer des Bewußtseins zu bringen.

Das Proletariat ist eine Klasse der kapitalistischen Gesellschaft und zugleich keine Klasse der kapitalistischen Gesellschaft; es repräsentiert die Misere der bestehenden Gesellschaftsordnung und zugleich die Kraft, die eine bessere Gesellschaftsordnung durch ihr Handeln verwirklichen kann. Die Existenzweise der Arbeiterklasse macht diese zum Opfer bestehender Verhältnisse, sie enthält aber auch in verstümmelter Form eine alternative Art der Vergesellschaftung. Die Arbeiterklasse ist dem Kapitalverhältnis in extremer Weise unterworfen, zugleich hat sie die Chance, dieses aus den Angeln zu heben. Der Widerspruchszusammenhang, in den die Arbeiterklasse verstrickt ist, bringt psychische Dispositionen mit sich, die der bestehenden Gesellschaft verfallen sind und die zugleich eine bessere Gesellschaft möglich machen können. Die soziale Situation des Arbeiters produziert ein Potential der Unterwerfung und ein Potential der Befreiung, die miteinander verquickt sind. Die Sozialisation des Arbeiters in Familie, Schule und Betrieb zerstört seine Identität und schafft zugleich rudimentär eine andere Identität, die sich im Emanzipationskampf der Klasse entfalten kann. Die Widersprüche in der gesellschaftlichen Lage und im Sozialcharakter des Proletariats sind nur durch offensives, organisiertes Handeln der Massen aufzuheben.

Die Familie in der Arbeiterklasse erlaubt dem Kind nicht, eine Subjektivität auszubilden, wie sie die bürgerliche Familie hervorbringt. Die ausgeprägten individuellen Autonomiebestrebungen eines bürgerlichen Individuums sind dem Arbeiter fremd. Ihre Stellung im System der kapitalistischen Produktion erlaubt den Arbeitern nicht Interessen wie Bürger individualistisch konsequent zu verfolgen. Der kooperative Charakter der industriellen Produktion, ihre gemeinsame Interessenlage gegenüber dem Kapital drängt die Arbeiter zur Kollektivität. Der Arbeiter kann durch das Bemühen, sich den fragwürdigen Individualismus des Bürgers anzueignen, nur die Karikatur eines Kleinbürgers hervorbringen. Die sozialen Verhältnisse, die das Leben des Arbeiters bestimmen, dulden keinen bornierten Individualismus, wie er für den bürgerlichen Sozialcharakter kennzeichnend ist; zugleich dulden sie eine Kollektivität, in deren Rahmen sich eine spezifisch proletarische Identität entfalten könnte, höchstens in falscher Form. Im Betrieb, in der Familie, in der Schule, auf dem Sportfeld, wo Angehörige der Arbeiterklasse als Mitglieder von Gruppen existieren, gehören diese sich nicht selbst, werden sie von der Rationalität des Kapitals zusammengefaßt und damit zugleich voneinander isoliert. Eine Kollektivität, die den Interessen und Bedürfnissen der Arbeiter entspricht,

wird diesen vom Kapital verwehrt. Diese zu entfalten kann der Arbeiterklasse nur durch ihre Emanzipationskämpfe gegen das Kapital gelingen.

Der Arbeiter ist in spezifischer Weise unsozialisiert, was die Chance und
die Notwendigkeit einer emanzipatorischen Nacherziehung durch die Organisation mit sich bringt. Die sozialen Zwänge, denen das Kind in der
Familie oder der Erwachsene in der Fabrik ausgesetzt sind, bleiben diesen
tendenziell äußerlich. Das Über-Ich des Arbeiters funktioniert nur, wenn
es sich an äußerliche Zwänge anlehnen kann: die ausgeprägte Selbstkontrolle des Bürgers ist nicht vorhanden. Da verinnerlichte Kontrollinstanzen relativ wenig ausgeprägt sind, sind die Direktheit von Aggressionsäußerungen, das Drängen auf unmittelbare Bedürfnisbefriedigung, bei einem Wegfall äußerer Hemmungen für den Arbeiter typisch. Mit der
Fähigkeit, bestimmte Emotionen unmittelbar äußern zu können, ist eine
Schwäche des Ichs verbunden. Sobald die der Arbeiterklasse auferlegten
sozialen Zwänge die massive Triebeinschränkung fordern, muß dieses Ich,
beim isolierten Einzelnen infantile Abwehrmechanismen wie Projektion,
Verleugnung, Realitätsflucht oder Identifikation mit dem Aggressor aktivieren, was das Individuum zum Opfer der Verhältnisse macht.

Wo verinnerlichte Kontrollinstanzen fehlen, besteht die Möglichkeit,
diese durch den Druck eines solidarischen Kollektivs zu ersetzen, dessen
Vernünftigkeit vom Einzelnen durch Einsicht beurteilt werden kann und
über den er selbst demokratisch mitentscheidet. Ein ungebundenes
Aggressionspotential, das die mit entfremdeten Verhältnissen verquick-
ten Versagungen hervorgebracht haben, kann emanzipatorisch wirksam
werden, wenn es, anstatt wehrlosen Opfern zu schaden, in den Aktionen
eines solidarischen Kollektivs verhältnismäßig angstfrei für den Kampf
um menschenwürdige Verhältnisse eingesetzt werden kann. Dieser ge-
konnte Einsatz der Aggressivität beim Ringen um eine bessere Gesellschaft verlangt die Organisation als sozialisierende Instanz, die dem Ich
des Arbeiters zur Entfaltung verhilft. Die proletarische Organisation hat
sozialisierend auf einen subjektiven Faktor einzuwirken, der durch eine
relative Freiheit von verinnerlichten Kontrollinstanzen, die Fähigkeit zu
direkten Aggressionsäußerungen, bei geringem Angstpegel, und ein verhältnismäßig schwaches Ich gekennzeichnet ist.[30]

Der Psychotiker zeichnet sich besonders durch schwere Kontaktstörungen, durch seine Unfähigkeit zu solidarischem Handeln aus, was ihn den
bestehenden Verhältnissen wehrlos ausliefert. Wenn, der zentralen Hypothese dieses Textes entsprechend, der proletarische Sozialcharakter als
gemäßigte Variante des psychiatrischen Falles interpretiert werden kann,
wird deutlich, welche Bedeutung der Organisation als sozialisierender

30 Vgl. hierzu: J. Raspe: Zur Sozialisation proletarischer Kinder. Frankfurt am
Main 1973.

Instanz zukommt. Die Organisation, als kollektives Subjekt, muß dem Ich des Einzelnen zur Entfaltung verhelfen. Sie muß ihn solidarisches Verhalten lehren, daß nicht nur ein notwendiges Mittel zur Durchsetzung von Interessen darstellt, sondern auch die Basis einer proletarischen Gegenkultur, einer alternativen Form der Vergesellschaftung ausmacht, in der die Interessen Aller mit den Interessen des Einzelnen versöhnt sind. Die Organisation hilft dem Proletariat eine politische Identität zu entfalten, indem sie in ihrem Rahmen, soweit es der Gegner zuläßt, die freie Gesellschaft antizipiert, die ihr Kampfziel darstellt. Das Ringen um eine alternative Form kollektiver Produktion muß sich ein organisatorisches Gerüst geben, das den identitätszerstörenden Aspekten des Bestehenden entgegenarbeitet, indem es kapitalalternative Verkehrsformen zuläßt und verschüttete produktive Potenzen freisetzt. Das Ziel einer freien Gesellschaft läßt sich nicht mit beliebigen Mitteln erreichen; der Emanzipationskampf der Unterdrückten kann nur mit Hilfe von Organisationen gelingen, die gegen undemokratische Verhältnisse einen demokratischen Massenkampf zu mobilisieren imstande sind.

Die Organisation, die den sozialen und psychischen Bedürfnissen des Proletariats angemessen ist, muß versuchen, die Fragmentierung von Lebensbereichen, die Trennung von kollektiver und individueller Existenz, die Abspaltung der geistigen von den körperlichen Tätigkeiten, die Kluft zwischen Basis und Führung prozeßhaft aufzuheben.

Gegen die vom Kapital erzwungene Fragmentierung aller Lebensbereiche des Arbeiters, die die integrative Funktion seines Ichs überfordert, hat die Arbeiterbewegung ein Bedürfnis nach Synthese zu organisieren. Im Familien- und Freizeitbereich von einem vom Kapital verdorbenen Gattungsleben abgespalten, individuellen Lebensäußerungen hat sie organisatorisch so zu integrieren, daß sie eine alternative Organisation des Gattungslebens fördern oder wenigstens nicht behindern. Das Bemühen um kulturrevolutionäre Umwälzungen muß die Phantasieregungen, die Sehnsüchte, die Fähigkeiten politisieren, die unter den bestehenden Verhältnissen in der Freizeitsphäre verkümmern und politisch neutralisiert werden. Im Zentrum des Kampfes um eine alternative Form der Produktion, in der Fabrik, stehen nur zureichende psychische Energien und intellektuelle Potenzen für Auseinandersetzungen bereit, wenn sie nicht im Familien- und Freizeitbereich privatistisch absorbiert werden. Die ungeheuren seelischen Energien, die vom permanenten Familienzank oder der sportlichen Betriebsamkeit eingefangen werden, stellen ein Kräftereservoir dar, dessen politische Organisation einzig die gesellschaftliche Umwälzung zustande bringen kann.[30a] Die Organisation muß ein Gattungsleben antizipieren, das mehr als ein bloßes Mittel einer fragwürdigen Individuel-

30a Diese Feststellung beinhaltet nicht, daß die Organisierung der Arbeiter im Reproduktionsbereich zu beginnen hat. Die Kommunikationsstrukturen nach Feierabend verändern sich erst, wenn sich die Kollegen im Betrieb nähergekom-

len Existenz ist, sondern in sich, als emanzipierte Kollektivität, ein erstrebenswertes Ziel darstellt. Marx über kommunistische Arbeiter im vergangenen Jahrhundert: «Wenn die kommunistischen Handwerker sich vereinen, so gilt ihnen zunächst die Lehre, die Propaganda etc. als Zweck. Aber zugleich eignen sie sich dadurch ein neues Bedürfnis, das Bedürfnis der Gesellschaft an, und was als Mittel erscheint, ist zum Zweck geworden. Diese praktische Bewegung kann man in ihren glänzendsten Resultaten anschauen, wenn man sozialistische französische Ouvriers vereinigt sieht. Rauchen, Trinken, Essen etc. sind nicht mehr da als Mittel der Verbindung oder als verbindende Mittel. Die Gesellschaft, der Verein, die Unterhaltung, die wieder die Gesellschaft zum Zweck hat, reicht ihnen hin – die Brüderlichkeit der Menschen ist keine Phrase, sondern Wahrheit bei ihnen.»[31] Der Kampf um die Durchsetzung der eigenen Interessen beinhaltet für die Arbeiterklasse immer auch ein Bemühen um proletarische Kollektivität im Betrieb, im Wohnviertel, in der Schule, auf dem Sportfeld, in der Kneipe. Der Klassenkampf ist für die Arbeiterklasse immer auch ein Kampf um Kollektivität, die ihre mit dem Kapitalverhältnis gesetzte Atomisierung aufhebt.

Eine genuine proletarische Identität ist das Produkt des Emanzipationskampfes der Klasse. Die Entfaltung der Subjektivität des Arbeiters resultiert aus dem Kampf um die Durchsetzung seiner Klasseninteressen. Im Kampf entfaltet sich Solidarität, selbsttätiges kollektives Handeln, Selbstbewußtsein; er allein verschafft der Klasse den Spielraum, der es ihr erlaubt, kapitalalternative Verkehrsformen und Bedürfnisse zu produzieren. Die Erfahrung von kollektiver Stärke reduziert die Angst des Einzelnen, gibt seinem Ich die Kraft, Widersprüche bewußt auszuhalten und an ihrer Aufhebung zu arbeiten.

Der Klassenkampf ist für die Arbeiterklasse zugleich eine Schule der Liebe. Ambivalente Gefühlseinstellungen, die soziale Kontakte unterbinden, erfahren eine rationale Aufhebung, wenn die Aggression dem Unterdrücker gelten kann und die Liebe einen Adressaten im Kampfgenossen zu finden vermag. Die Arbeiter gewinnen eine Menschlichkeit, die sie liebenswert macht, indem sie darum kämpfen, eine bessere Zukunft zu repräsentieren, indem sie den aufrechten Gang erlernen. Der Kampf um eine bessere Gesellschaft, der dem Proletarier die menschliche Würde zurückgibt, die ihm das Kapital ständig entzieht, macht diesen erst fähig zu Liebe und Freundschaft gegenüber Menschen, denen man sich nun vertrauensvoll überlassen kann, weil sie sich als Kampfgenossen bewährt haben. Die Solidarität der Genossen befreit homosexuelle Regungen von ihrem Drang, sich der Herrschaft zu assimilieren, sie sublimiert sie zur emotionalen Basis von Gleichheit und Brüderlichkeit im proletarischen Kollektiv.

men sind und daraus Kontakte über die Arbeitszeit hinaus resultieren.
    31 K. Marx: Nationalökonomie und Philosophie. In: Frühschriften. A. a. O., S. 265.

Die emanzipierte Freisetzung der Homosexualität bildet zugleich die Voraussetzung für die Freisetzung von heterosexueller Liebe. Angstfreie libidinöse Bindungen ans andere Geschlecht sind nur möglich, wenn im Fremden das Bekannte entdeckt werden kann, wenn eigene Persönlichkeitsanteile akzeptiert werden können, die dem anderen Geschlecht zugerechnet werden und dadurch die Kluft zwischen Mann und Frau überwunden werden kann, ohne daß die Differenz negiert zu werden braucht, an die die Lust gebunden ist.

Die mit der entfremdeten Arbeit verbundene Verdinglichung menschlicher Regungen, die Fabrikdisziplin, gewinnt emanzipatorische Potenzen, wenn sie zur bewußten, demokratisch legitimierten Disziplin des kämpfenden Kollektivs transformiert wird und dadurch eine neue Qualität gewinnt. Auch der Emanzipationskampf der Klasse verlangt vom Einzelnen, sich partiell – im Dienste der Organisation – zu verdinglichen, sich zum Instrument im Kampf mit einem Gegner zu machen, durch dessen Überwältigung der Zwang zur Verdinglichung aufgehoben werden kann.

Zu den sozialen Verhältnissen, die den Arbeiter an der Entfaltung seiner geistigen Potenzen hindern, muß die Organisation ein Gegengewicht schaffen. Sie muß mit Hilfe von Intellektuellen (die sich auf die Seite der Arbeiterklasse geschlagen haben, weil sie dort soziale, spezifisch menschliche Bedürfnisse, von denen das Kapital abstrahiert, aufgehoben sehen) lernen theoretische Einsichten als Instrument zur Meisterung von sozialen Konfliktkonstellationen einzusetzen. Die Intellektualität des Arbeiters entfaltet sich im kollektiven Kampf um die Produktion alternativer sozialer Verhältnisse. Im Kampf um ihre Veränderung eignet sich der Arbeiter die Realität bewußtseinsmäßig an. Die Waffe der Kritik darf nicht nur beim Bemühen um die Analyse der unter der Regie des Kapitals erzeugten Realität eingesetzt werden, kritische Intellektualität muß sich auch an der von der Arbeiterbewegung produzierten Realität schärfen. Selbstkritik, der Kampf gegen Mystifikationen, Tabus, Verschleierungen in den eigenen Reihen, die soweit wie möglich offene Austragung von Konflikten sind für die Arbeiterbewegung unabdingbar, wenn sie sich nicht von den identitätszerstörenden Zügen des Bestehenden blind infizieren lassen will.

Die Konstitution der Arbeiterklasse als historisches Subjekt ermöglicht ihren Mitgliedern Raum und Zeithorizonte zu entfalten, die ihnen das Kapitalverhältnis nicht zugesteht.

Zukunft in emphatischem Sinn kann es für Proletarier nicht als individuell, sondern nur als kollektive geben. Nur der Emanzipationskampf der Klasse schafft Zeithorizonte, Hoffnungen, die eine proletarische Identität aufladen können. Die Zukunft der Arbeiterklasse ist in ihren kämpferischen Organisationen enthalten. Der Raum für die Planung einer kollektiven Zukunft wird allerdings ständig durch die Misere einer zukunftslosen individuellen Existenz verengt. Die materielle Verelendung zeigt nicht notwendig den Drang nach grundlegenden gesellschaftlichen Veränderungen. «Mit Recht wird darauf hingewiesen, daß es durchaus nicht das tiefste Elend ist, welches die bewußtesten Revolutionäre hervorbringt, doch versäumt man auch die Frage zu stellen, warum häufig ein Aufschwung der Konjunktur die Radikalisierung der Massen nach sich zieht. Dies hat darin seinen Grund, daß die Abnahme des Drucks auf das Leben eine Umstrukturierung des sozialen Raums ermöglicht: Die Horizonte sind nicht mehr eingeengt auf die unmittelbarsten Bedürfnisse, es entsteht ein Spielraum, Raum für einen neuen Lebensentwurf.»[32] Nur wenn kulturrevolutionäre Umwälzungen individuellen Lebensäußerungen eine veränderte Perspektive, gewandelte Horizonte zubilligen, muß die Zeitstruktur bei materieller Verelendung weniger auf eine schlechte Unmittelbarkeit fixiert sein.

Die Politisierung der Arbeiterklasse ermöglicht ihren Mitgliedern eine veränderte Raumerfahrung. Die Entwicklung der Kontakte zu den Genossen im Betrieb macht mit dessen Räumlichkeit vertraut. Der Klassenkampf hebt lokale Beschränktheiten auf, der notwendigerweise internationale Kampf gegen das Weltsystem des Kapitals, die Erfahrung internationaler Solidarität, öffnen dem unpolitischen Arbeiter verschlossene geographische Horizonte. Die Internationalität der Arbeiterbewegung schafft ein Bewußtsein, daß kollektive Zukunftsdimensionen durch eine ihnen entsprechende räumliche Komponente bereichert. Der internationale Kampf der Unterdrückten schafft eine Breiträumigkeit der Geschichtserfahrung, die einem bornierten Geographismus entgegensteht und die historische Zeitperspektive durch eine Art Raumzuschuß erweitert.[33]

Einer Arbeiterklasse ohne kämpferische Organisationen bleibt als Widerstandsform gegen eine feindliche soziale Realität nur die Gleichgültigkeit, die Apathie, als ohnmächtige, blinde Weigerung die «offizielle» Betriebsamkeit zu akzeptieren, sich von politischen Organisationen verplanen zu lassen, die ihre Interessen nicht vertreten. Die isolierten Einzelnen können sich nur in einer falschen Art und Weise gegen das Bestehende wehren, die sie immer weiter in dessen Misere verstrickt. Die Anpassung an kapitalistische Verhältnisse verlangt vom Arbeiter den Verzicht auf eine Identität, in der seine aufgeklärten Interessen und Bedürfnisse aufgehoben sind. Eine Identität, die vom Drang aufgeladen wird, mehr als das Objekt übermächtiger Verhältnisse zu sein, erlangt der Arbeiter einzig als politisches Individuum. Nur im kollektiven Kampf um eine veränderte Form der Produktion, um ein verändertes Gattungsleben, entfaltet sich die Subjektivität des Arbeiters. Das Kapital verdammt den Arbeiter zu einer verkrüppelten, dumpfen, bewußtlosen Daseinsweise, zu einer tierischen Existenz — er wird zum Menschen durch sein organisiertes Nein.

32 M. Merleau-Ponty: Phänomenologie der Wahrnehmung. Berlin 1966, S. 506.
33 Vgl. hierzu: E. Bloch: Tübinger Einleitung in die Philosophie I. Frankfurt am Main 1964, S. 174.

Psychoanalyse

rororo studium · Herausgegeben von Ernesto Grassi

August Aichhorn
Erziehungsberatung und Erziehungshilfe [13]

Hermann Argelander (Sigmund-Freud-Institut, Frankfurt/Main)
Gruppenprozesse
Wege zur Anwendung der Psychoanalyse in Behandlung,
Lehre und Forschung [5]

Michael Balint
Angstlust und Regression
Beitrag zur psychologischen Typenlehre [21]
Therapeutische Aspekte der Regression
Die Theorie der Grundstörung [42]

Igor A. Caruso (Univ. Salzburg)
Soziale Aspekte der Psychoanalyse [101]

Heinz Henseler (Univers. Ulm / Psychosoziales Zentrum)
Narzißtische Krisen
Zur Psychodynamik des Selbstmords [58]

Melanie Klein
Das Seelenleben des Kleinkindes
und andere Beiträge zur Psychoanalyse [6]

David H. Malan (Tavistock-Klinik, London)
Psychoanalytische Kurztherapie
Eine kritische Untersuchung [23]

Hans G. Preuss (Hg.)
Analytische Gruppenpsychotherapie
Grundlagen und Praxis [20]

Hans Strotzka (Univ. Wien)
Einführung in die Sozialpsychiatrie [14]

Prof. Dr. Dr. Horst-Eberhard Richter

Lernziel Solidarität

Nach dem großen Erfolg seines Buches «Die Gruppe» das neue Konzept des Gießener Psychoanalytikers für mehr Gemeinsamkeit in unserer Konkurrenzgesellschaft, die nach einer Neuorientierung der Grundwerte verlangt.
320 Seiten. Brosch.

Die Gruppe

Hoffnung auf einen neuen Weg, sich selbst und andere zu befreien. Psychoanalyse in Kooperation mit Gruppeninitiativen

Wie kann die Arbeit in den modernen Initiativgruppen zur Änderung des Einzelnen und der Gesellschaft beitragen? Richter beschreibt in lebendigen Episoden und analytischen Kommentaren Inhalte und Formen der Gruppenarbeit: Demokratisierung, Abbau von Abhängigkeiten, Minderheitenprobleme, Aggression, Emanzipation, Familientherapie und Hilfe zur Selbsthilfe von sozialen Randgruppen.
352 Seiten. Brosch.

Patient Familie

Entstehung, Struktur und Therapie von Konflikten in Ehe und Familie

Eine grundlegende und umfassende Darstellung der Familientherapie auf der Basis der Psychoanalyse. Das Buch liefert anhand von Therapiebeispielen Informationen über Familienneurosen, die in unglücklichen Ehen, qualvollen Familienverhältnissen, Schulversagen, Depressionen und körperlichen Leiden ihren Ausdruck finden können.
256 Seiten. Geb. und als Taschenbuchausgabe: rororo sachbuch 6772

Eltern, Kind und Neurose

Die Rolle des Kindes in der Familie

Welche Kindheitserlebnisse sind es, die zu seelischen Erkrankungen und zu Störungen der Charakterentwicklung führen? In welchem Ausmaß und in welcher Weise können die Eltern kindliche Fehlreaktionen hervorrufen? Und umgekehrt: Können Eltern durch erzieherische Maßnahmen die Entstehung von Neurosen bei ihren Kindern verhüten?
rororo ratgeber 6082

Rowohlt

756/2

studium

Sozialwissenschaft

rororo studium · Herausgegeben von Ernesto Grassi

Arbeitsgruppe Bielefelder Soziologen (Hg.)
Alltagswissen, Interaktion und gesellschaftliche Wirklichkeit
1 Symbolischer Interaktionismus und Ethnomethodologie. Reader [54]
2 Ethnotheorie und Ethnographie des Sprechens. Reader [55]

Ulrich Beck (Univ. München)
Objektivität und Normativität
Die Theorie-Praxis-Debatte in der modernen deutschen und
amerikanischen Soziologie [62]

Jürgen Friedrichs (Univ. Hamburg)
Methoden empirischer Sozialforschung [28]

Hans Haferkamp (Univ. Bremen)
Kriminelle Karrieren
Handlungstheorie, Teilnehmende Beobachtung und Soziologie
krimineller Prozesse [69]

Steffen Harbordt (TU, Berlin)
Computersimulation in den Sozialwissenschaften
1 Einführung und Anleitung [49]
2 Beurteilung und Modellbeispiele [50]

Horst Holzer (Univ. München)
Kommunikationssoziologie [39]

Karl Otto Hondrich (Univ. Frankfurt)
Menschliche Bedürfnisse und soziale Steuerung [68]

Klaus Hurrelmann (Univ. Bielefeld)
Erziehungssystem und Gesellschaft [70]

Jürgen Kriz (Univ. Hamburg)
Statistik in den Sozialwissenschaften [29]
Einführung und kritische Diskussion

Joachim Matthes (Univ. Bielefeld)
Einführung in das Studium der Soziologie [15]

Karl-Dieter Opp (Univ. Hamburg)
Verhaltenstheoretische Soziologie [19]
Soziologie im Recht [52]

Rainer Prewo / Jürgen Ritsert / Elmar Stracke
(Univ. Frankfurt/Main)
Systemtheoretische Ansätze in der Soziologie.
Eine kritische Analyse [38]